CUNEI

F ● R M

铸 刻 文 化

[美] **理查德·霍夫施塔特** 著

陶小路 译

Richard
Hofstadter

The *Paranoid Style* in American Politics

美国政治中的
偏执狂风格

上海三联书店

图书在版编目(CIP)数据

美国政治中的偏执狂风格 / （美）理查德·霍夫施塔特
著；陶小路译. -- 上海：上海三联书店，2025.7.
ISBN 978-7-5426-7866-9

Ⅰ. D771.2

中国国家版本馆CIP数据核字2025BN5793号

美国政治中的偏执狂风格

[美] 理查德·霍夫施塔特 著　　陶小路 译

责任编辑：殷亚平　徐心童
特约编辑：陈凌云　李　栋
装帧设计：Titivillus
内文制作：刘一芸
监　　制：姚　军
责任校对：王凌霄

出版发行 / 上海三联书店
　　　　　（200041）中国上海市静安区威海路755号30楼
邮　　箱 / sdxsanlian@sina.com
联系电话 / 编辑部：021-22895517
　　　　　发行部：021-22895559
印　　刷 / 山东临沂新华印刷物流集团有限责任公司印刷
　　　　　山东临沂高新技术产业开发区工业北路东段　邮政编码：276017

版　　次 / 2025年7月第1版
印　　次 / 2025年7月第1次印刷
开　　本 / 850mm×1092mm　1/32
字　　数 / 220千字
印　　张 / 11
书　　号 / ISBN 978-7-5426-7866-9 / D·673
定　　价 / 79.00元

如发现印装质量问题，影响阅读，请与印刷厂联系：0539-2925659

目录

前　言

一部文集的作者面临的最为棘手微妙的任务，乃是撰写一篇导言，以期各篇文章在内容和论点上看起来更为统一，远甚于当初写成它们的时候。将文章集结成书的最好理由，其实仅仅是让它们更容易被读到，也能让其更持久地存在。如果说任何此类文集存在某种统一，那只能是一种个人的、非正式的统一，也许正因为这样，很少有人诉之于此：这些文章毕竟是同一个头脑的产物，都有某种特定的印记；它们至少在思想风格和关注的问题上，由某种潜在的思想意旨所统一。

本书收入的文章是在十四年的时间里写成的，在此期间，对于一般性的历史和政治问题或者本书讨论的一些具体事件，我并不总是抱有同样的看法。毫无疑问，一些没有解决的矛盾之处还保留在书中。把这些文章统一起来的，并非某个一以贯之的论点，而是一系列相互联系的关切点和方法。这些文章可以分为两组：一组关注导致1950 年代和 1960 年代极右势力崛起的条件；另一组涉及早期现代的某些典型问题的起源，当时美国人刚开始面对工业主义和自身成为世界强权的事实。所有文章都在探讨公众对于危急形势或持久困境的反应，无论是巨型企业对竞争构成的突然威胁，还是1890年代的恐慌及其带来的长期货币争端和宗派仇恨、我们新生的帝国主义的道德冲击，抑或基要主义复兴对世俗政治的影响、冷战对公众意识的影响。

这些研究关乎我们整个政治文化的风格，以及这一风格之下某些特殊的思想和修辞风格，因此，它们更多地述及我们的政治环境（milieu），而非政治结构（structure）。与制度的形成和权力的分配相比，它们更集中地关注政治的象征性方面。它们聚焦于广大公众如何对公民议题（civic issues）做出反应，如何将其化为自己的议题，并用之于全国性问题的探讨，以及如何以独特的修辞风格表达他们对这些问题的反应。鉴于我的关注点在这个意义上显得有些片面，有必要说明的是——这些文章的意图正是在这一点上更容易被误解——我强调环境而非结构，并不是因为我认为环境更重要。我持一种温和得多的观点。除了我乐于分析思想风格之外，我的观点还建立在两个信念上：首先，直到最近，我们的政治和历史写作都倾向于强调结构，其代价则是严重忽视了环境；其次，理解政治风格和政治的象征性方面，是在公共议题中定位我们自己和他人的一种有价值的方式。

在旧有的观念中，政治所处理的乃是这样的问题：谁得到什么，何时，以及如何得到？政治被看作一个竞技场，人们在这个竞技场里尽可能理性地界定自己的利益，并采取经过深思熟虑的方式竭力实现这些利益。哈罗德·拉斯韦尔（Harold Lasswell）便将这些问题用作自己关于政治本质的一部名作的副标题[1]，但他也是本国最早对这个问题的理性主义假设感到不满，遂转而研究政治生活中的情感和象征性方面的学者之一。在旧观念的基础上增加一个新的观念变得重要：谁在感知和理解哪些公共议题，以何种方式，出于什么原因？对当今一代历史和政治领域的研究者来说，有一点变得越来越清楚：人们不仅在政治中寻求自己的利益，而且在政治中表达自己，甚至在某种程度上定义自己；政治生活为人们表达身份认同、价值观、恐惧和愿望提供了发声平台——以上种种，都将在对政治环境的研究中浮现出来。

我们这个时代发生的事件，其中一些尤为可怕、骇人，无疑比任何其他事情都更能促使社会的研究者不懈探索，寻找新的理解方法。但其他领域的学者的研究，也使当今一代历史学家意识到应该在历史研究中将人类行为的一些重要方面考虑进来，而前代历史学家却对之不太重视。哲学家、人类学家和文学评论家对人类心灵在象征性和神话制造方面愈加强烈的兴趣，也影响到了历史写作，历史学者也因之对文本分析的可能性越来越敏感。在政治领域

---

[1] 指拉斯韦尔的著作《政治学：谁得到什么，何时，及如何得到？》（*Politics: Who Gets What, When, How?*）。——译注（本书页下注均为译注，以方括号的数字标示，之后不再——注明；原注以数字标示，统一置于书末，按章节排列）

运用深层心理学虽然很冒险，但至少让我们敏锐地意识到，政治是人们投射自己感情和冲动的舞台，而这些感情和冲动与摆在桌面上的议题没有多少直接关系。民意调查的发现让我们不再像从前那样自信地认为，公众会对议题本身做出回应，而是更多地意识到，大概只有当这些议题成为引人注目的象征性法案或者令人难忘的宣言关注的对象，或者被有象征性吸引力的公众人物提出的时候，公众才会对之做出回应。我们对政治的非理性一面不断加深的了解，动摇了过去一系列有关选民行为的自信论断。

简言之，人们会对公共舞台上的大戏做出反应。但是，这出戏，在他们面前，在他们的感知和理解中，和那些涉及物质利益和权力掌控的问题并不是一回事。即使那些行使权力的人，也免不了受到这种大戏的影响。在任何情况下，他们都被迫与群众的情感生活打交道，这是他们无法完全创造或操纵，却必须应对的东西。政治竞赛本身就深受人们对它的感知、理解和感受的方式的影响。

这并不意味着对政治中物质利益的考虑可以被心理学化，或者被简化为思想史上的一些事件。以上论述只想说明：历史学家和政治学家在研究工作中总是带着某些心理学上的假设，不管这些假设是隐藏在背后还是被明确提出；研究者需要对这些假设有更清楚的认知；最后，这些假设应当足够精致，从而能够充分考虑政治行动的复杂性。我没有兴趣否认金钱和权力问题的现实性，哪怕是首要性，我只想将注意力转向人文环境（human context），以此来界定金钱和权力问题的现实，因为，它们毕竟是从人文环境中产生，最终也必须在其中得到解决。

接受新观念，并不是要放弃旧的政治史观念中有价值的部分；新观念是对旧观念的补充，它大大强化了我们对政治生活的认知，让我们看到政治活动的多样性。弗洛伊德、韦伯、卡西尔和曼海姆等学者所激起的知识潮流，已经开始让美国的历史写作变得更具实验性。在对知识和修辞风格、象征性姿态的分析，以及对人口中各种亚群体特有的精神气质的分析上，已经产生了一些杰出的作品。亨利·纳什·史密斯（Henry Nash Smith）运用此类分析方法，讨论作为神话和符号的边疆，奥斯卡·汉德林（Oscar Handlin）用之讨论本土和移民群体之间相互冲突的精神气质。除此以外，大卫·波特（David Potter）对美国财富的文化效应的讨论，李·本森（Lee Benson）、马文·梅尔斯（Marvin Meyers）和约翰·威廉·沃德（John William Ward）对杰克逊式民主的讨论，大卫·B.戴维斯（David B. Davis）对19世纪中叶美国社会政治的讨论，大卫·唐纳德（David Donald）和斯坦利·埃尔金斯（Stanley Elkins）对奴隶制问题的讨论，埃里克·麦基特里克（Eric McKitrick）对重建的讨论，C.万恩·伍德（C. Vann Wood）和W.J.卡什（W. J. Cash）对南方身份问题的讨论，欧文·翁格尔（Irwin Unger）对货币改革者及其反对者截然不同的心理的讨论，都运用了此类分析方法。

本书收录的这些文章，涵盖了我长久以来关注的几个相近的主题。多年来，我一直对《美国政治中的偏执狂风格》一文中描述的阴谋论心态感兴趣。如今，这种心态在极右翼——我称其中一些人为伪保守派（pseudo-conservatives）——中表现得很明显，他们相信我们被一个巨大的阴谋所控制，而且这种局面已经持续了一代人的时间。但这并不是右翼独有的思想风格。它也存在于今日以及过往的左翼中，虽然表现方式会有不同；它在从反共济会到平民主义的民主运动中反复出现。"硬币"哈维[1]用阴谋论的思路解释美国历史，这与约翰·伯奇协会[2]创始人小罗伯特·W. 韦尔奇（Robert W. Welch, Jr.）的观点有很多共同之处，尽管前者为被压迫者的利益发声，后者则迷恋于坚韧、强硬的个人主义。

　　"硬币"哈维的思想展现了我们政治中的另一种倾向，我在本书各篇文章中都对这种倾向有所讨论：将宗教衍生的世界观世俗化，用基督教的比喻用语谈论政治议题，并用基督教传统的黑暗符号扭曲它们。"硬币"哈维对世俗世界的期望建立在这样一种信念之上：社会问题可以简单地归结为善与恶之间的斗争。晚年的哈维非常直白地表达这一看法。他对摩尼教式二元论（Manicheanism）达到近乎迷信的程度，认为如果不尽快遏制恶带来的影响，美国社会将会迎来一场末日浩劫——这与今天的极右翼群

---

[1] "Coin" Harvey，原名威廉·霍普·哈维（William Hope Harvey, 1851—1936），美国律师、作家、政治家。主张金银复本位制，著有《硬币小子的金融学校》等影响广泛的著作。

[2] John Birch Society，美国极右翼组织。协会以美国传教士、情报军官约翰·伯奇（1918—1945）命名。伯奇在二战期间于中国从事情报工作，1945年被中国共产党军队击毙，后被美国极右翼塑造为"反共殉道者"。

体流行的看法并无二致。（不幸的是，在当今时代，极右翼的观点更可能成为自我实现的预言。）国际银行家集团作为曾经的恶之最集中体现的地位，如今已经被世界共产主义取代——虽然比较起前者，后者的确是一个远为庞大的存在。但我想说的是，"硬币"哈维和今天的极右翼在解释世界时都同样地夸大其词，有着同样的十字军征战心态，都认为我们所有的弊端可以追溯到一个单一的中心，因此可以通过某种战胜邪恶根源的最终行动来消除。如果那些判断出阴谋的中心为何的人所发出的警告没有尽快得到重视，我们就完了——世界将会面临《启示录》中预示的世界末日。

福音派精神对我们思考政治的影响不止有摩尼教式二元论和末世论。现代"保守主义"依然充满新教的禁欲精神——认为经济生活应当像宗教生活一样，成为砥砺性格的方式。如我对反托拉斯运动、伪保守主义和戈德华特[1]运动的研究中所试图表明的，我们国家的许多焦虑可以追溯到这样一种恐惧，即企业竞争的衰落将会摧毁我们的民族性格；或者说，我们的享乐主义大众文化和道德松懈会带来同样的效果，而这种松懈是随着我们自由主义和相对主义的思想氛围而滋长起来的。

我们的种族仇恨的历史是我关注的另外一个主题，我在本书另外几篇文章中对此作了讨论。在美国，种族仇恨

---

[1] 巴里·戈德华特（Barry Goldwater, 1909—1998），美国参议员，1964年美国大选共和党候选人。

有时几乎是阶级斗争的替代品，而且总是会影响阶级斗争的性质。今天，我们又一次强烈地意识到种族正义这个紧迫的问题。但是，美国黑人的生存处境这个特别令人心痛的问题，只是我们的多族群人口所产生的一系列族群问题中最大以及最困难的一个。我们的种族混杂给我们的阶级结构强加了一个特殊的、复杂的地位体系，让获致一个完整的美国身份成为一个经常性的困难，由此产生了深刻的政治影响。我们所说的"二等公民身份"的诅咒在美国政治中长期存在。

最后，还有一篇文章论述了公众的人道义愤和侵略欲望如何影响了外交政策的决定。1890年代，美国公众就对古巴和菲律宾的政策进行辩论，这件事让人们看到，美国的使命感是如何在上一秒具有侵略性，而到了下一秒又表现出善意。在讨论戈德华特的竞选活动时，我试图阐明，我国当代外交政策中对于终极方案的渴望与本国的历史经验有关，特别是与我们从一个在西半球或多或少拥有完整霸权的大陆性大国向一个目前来说其愿望超出其范围的世界性大国的独特转变相关。

由于本书大量篇幅涉及当代右翼及其背景，可能有必要对此做出澄清。与右翼相关的内容在本书占据突出地位，显示出我在撰写当代事件的历史背景时的某种持久的兴趣。但这并非由于我有意夸大右翼狂热分子的人数或代表性。我希望我的这些研究不止一次地表明，美国右翼只代表美国公众的一小部分人。如果有人在对我们的政治生活做出观察之后，仍然对此判断抱有怀疑，那么他可以将典型的右翼在一些公共问题上持有的态度、提出的政策列一份清单，再与民意调查中民众对相关问题的回答作比较，以此检验这一判断。当然，民意调查并非万无一失，但它们所展现的结果，像许多其他情况一样，可以用其他方式来验证——例如，研究一下近年被选民赶下台的诸多右翼参议员和其他有着相近政治观点的政客的名单。无可否认，从麦卡锡主义到戈德华特主义，右翼已经让人深刻地感受到其存在。它对美国政治形成的影响无疑部分仰仗于巨大的热情、充裕的金钱和激烈的行动，以及越来越完备的组织。但我认为，它也仰赖于国内生活和外交政策上的实际问题，还有那些在美国广泛存在且根深蒂固的观念、冲动。我正是试图在这一更大的背景下阐明与美国右翼相关的一些主题。

理查德·霍夫施塔特
1965 年 6 月

第一部　美国右翼研究

美国政治中的偏执狂风格

本文经由我 1963 年 11 月在牛津大学赫伯特·斯宾塞讲座发表的讲演稿修订和扩充而成。本文的删节版发表于 1964 年 11 月的《哈珀斯杂志》(*Harper's Magazine*)。

1

虽然美国的政治生活很少受到极其尖锐的阶级斗争的影响，但那种异常愤怒的群体却反复出现。今天，这一点在极右翼群体身上表现得最为明显，尤其是在戈德华特运动中，我们看到了少数人的仇恨和激情可以产生多么大的政治影响力。此类运动的背后是一种有着悠久且纷繁历史的思想风格——不一定都与右翼联系在一起——我称它为"偏执狂风格"(paranoid style)。我之所以用这个词，是因为没有其他词能充分传达出我想表达的含义：那种有着极端夸张、多疑和阴谋论幻想的特点的思想风格。我并非在临床意义上使用"偏执狂风格"这个词，而是为其他目的借用了这个临床术语。我既没有能力，也不想把过去或现在的任何人物诊断为精神病人。事实上，如果将偏执狂风格这个概念仅仅用在心智严重紊乱者身上，那这个概念也就没有什么现实意义或历史价值。正是由于精神基本上正常的人会去使用偏执狂式的表达，这一现象才有了重要意义。

我在谈到偏执狂风格这个术语的时候，和一个艺术史家谈到巴洛克或矫饰主义风格时并无多少差异。它首先是一种看待世界和表达自我的方式。韦氏词典将作为一种临床表现的偏执狂（paranoia）定义为一种慢性精神障碍，其特点是对受迫害和自身崇高的系统性妄想。以我之见，受迫害感是偏执狂风格的核心，它借助宏大的阴谋论得到系统性的表达。但是，政治上的偏执狂代言人和临床上的偏执狂之间有一个至关重要的区别：尽管他们都好用狂热、多疑、极有攻击性、宏大以及末日妄想式的表达，但临床上的偏执狂认为自己生活在一个充满敌意和阴谋的世界，自己是唯一的受害者[1]；而政治上的偏狂执代言人则认为阴谋所针对的是一个民族、一种文化、一种生活方式，随之受到影响的不是他自己一个人，而是还有千百万人。他通常不把自己看作是某个阴谋唯一的受害者，就此意义而言，他更理性、更无私。他认为自己的政治激情是无私的，是爱国的，这种意识极大地强化了他的正义感和道德义愤。

当然，"偏执狂风格"这个词是贬义的，它也应该是贬义色彩；这种风格更多地出现在人们鼓吹某些糟糕的主张之时。但是，没什么能防止人们以偏执狂风格去支持一个合理的方案或议题，不能因为我们觉得在一个论点的表述中听到了典型的偏执狂论调，便直接判断此论点的优劣。风格与人们相信和鼓吹某些观念的方式有关，与其真假无关。[2]

来看几个简单、相对没有争议的例子，便可弄清楚区别在哪里。肯尼迪总统遇刺后不久，一项主要由来自康涅狄格州的参议员托马斯·E.多德提出的法案受到了广泛关注，该法案的目的在于让联邦收紧对邮购枪支的控制。在随后就该法案举行的若干场听证会期间，有三个人从亚利桑那州的巴格达驱车2500英里到华盛顿表达自己的反对立场。不管人们觉得反对多德法案的论点多么没有说服力，它们都还属于传统政治论说的范围，但其中一人所发表的反对观点则可能被视作典型的偏执狂风格表达。他坚持认为该法案的提出是"颠覆势力又一次企图将我们变成世界社会主义政府的一部分"，它可能会"制造混乱"，帮助"我们的敌人"夺取政权。[3]

同样，众所周知，反对城市供水氟化的运动吸引了各类怪人，特别是那些对中毒有强烈恐惧的人。科学家们可能会在未来某个时候发现确凿的证据，证明饮用水氟化总的来说是有害的，这个发现也意味着反氟化主义者的主张是正确的。但同时，很难证实他们中的一些人提出的带有典型偏执狂风格的论点：他们指控城市供水氟化是打着公共卫生的幌子推进社会主义，或者通过在供水中添加化学物质搞坏民众大脑，以便人们更容易受到社会主义或共产主义阴谋的影响。

因此，扭曲的风格可能是一个信号，它提醒我们，判断可能是扭曲的，就像在艺术中，丑陋的风格提醒人们，品位存在根本缺陷。我感兴趣的是通过政治修辞来了解政治病理的可能性。在这方面，关于偏执狂风格的一个最令人印象深刻的事实是，它代表着我们公共生活中一种古老且反复出现的表达方式，经常与某些可疑的不满情绪催生的运动联系在一起，即使被目的截然不同的人采用，其表达的内容却大致相同。我们的经验也表明，虽然它是以不同强度一波接着一波出现，但几乎无法消除它的存在。

　　我选择美国历史来说明这种偏执狂风格，只是因为我恰好是美国人，于我很是便利。但这种现象并不限于美国经验，也不限于我们的同时代人。在整个现代史上，许多国家都流传过某个群体制造惊天大阴谋的故事，可能是耶稣会士或共济会、国际资本家、国际犹太人或共产主义者，因时因地而异。[4] 只要想想肯尼迪总统被暗杀在欧洲引发的反应，就知道并非只有美国人才有偏执狂风格即兴创作的天赋。[5] 更重要的是，在现代历史上，偏执狂风格大获全胜的一次不是在美国，而是在德国。它是法西斯主义和受挫的民族主义的常见成分，尽管它也吸引了许多不是法西斯主义者的人，而且左翼报刊经常能看到偏执狂风格的表达。斯大林时期著名的"大清洗"审判据说以司法形式进行，其审判过程则是偏执狂式的。在美国，它一直是少数派运动更偏爱的风格。当然，我们历史的某些特点使偏执狂风格在美国比许多西方国家有更大的影响范围和影响力。不过，我的目的并不是要做这样的比较，而只是要证实这种风格的存在，对其在历史上的反复出现做出说明。

我们可以先举几个美国的例子。参议员麦卡锡 1951 年 6 月这样谈及美国面临的危局：

除了相信政府高官正合力将我们推向灾难以外，又该如何解释我们目前的状况？这一定是一个大阴谋导致的结果，与这个惊天大阴谋比起来，人类历史上的任何阴谋都会相形见绌。这个丑陋黑暗的阴谋，等它最终被揭露以后，它的主犯将遭到所有诚实人永久的唾弃……该怎么去解释导致失败策略的一连串决定和行为？不能把它们归咎于无能……因为即使从概率来说……[这些]决定中至少应该有一部分会符合国家利益。[6]

现在我们往前再翻五十年，看一看 1895 年平民党[1]的一些领导人签署的宣言：

早在 1865—1866 年，欧洲和美国的黄金赌徒之间就达成了一项阴谋。近三十年来，这些阴谋家让人民围绕着一些旁枝末节争吵不休，自己却以不懈热情追求一个中心目的……这些国际黄金团伙的秘密阴谋家，使用其所知的全部欺骗方式、政治手腕和诡计，来算计人民财富以及我国财政及商业的独立地位。[7]

---

[1] Populist Party，又称人民党，美国左翼农业主义政党，出现于 1890 年代，是当时美国南方和西部地区的重要力量，支持有利于农民的政策。

再来看 1855 年刊登在得克萨斯州的一份报纸上的文章：

> ……一个臭名昭著的事实是，就在此刻，欧洲的君主和罗马的教宗正密谋摧毁我们，我们的政治、公民和宗教机构面临灭顶之灾。我们有理由相信，我们的政府中心已经被腐蚀，我们的总统已经沾染上了天主教那极富有传染性的毒液……教宗最近派他的国务大使秘密出访我国，整个美国的天主教会胆子随之大了起来……教宗的这些爪牙大胆地侮辱我们的参议员，斥责我们的政治家，宣传教会与国家的媾和，用污言秽语诽谤、辱骂除天主教以外的所有政府，对新教发出最尖锐的嘲讽。美国的天主教徒每年从国外获得 20 多万美元，用于宣传天主教教义。另外，他们在此地聚敛了大量金钱……[8]

最后这段引文来自 1798 年在马萨诸塞州的一次布道：

> 在一些国家里，邪恶、狡猾之辈采取了秘密和系统性的手段，狂热、积极地破坏着宗教［基督教］的根基，推翻它的祭坛，世界将因此失去宗教对社会的良好影响……这些不敬神的阴谋家和诡辩家在欧洲的大部分地区完全实现了他们的目的，吹嘘着自己要在整个基督教世界实现计划的手段，洋洋得意地确信自己会取得成功，视反对者为无物……[9]

　　这四篇引文之间隔了约半个世纪，足以让人了解偏执狂风格的基调。在美国历史上，人们可以在诸如反共济会运动、本土主义和反天主教运动中发现这种思想风格。另外，还可以在某些认为美国受奴隶主阴谋左右的废奴主义代言人身上，在许多对摩门教感到忧心忡忡的作家身上，在炮制出"国际银行家大阴谋"的绿背党[1]和平民党作者身上，在对第一次世界大战中军火制造商阴谋的揭露中，在流行的左翼报刊中，在当代美国右翼，在当下围绕种族问题进行争论的双方——白人公民委员会（White Citizen Councils）和黑人穆斯林——身上，都可以发现这种思想风格。我不打算追溯在上述所有事件、运动中有着这样或那样变化的偏执狂风格，而只想谈历史上的几个主要事件，偏执狂风格在其中显现得最为充分、典型。

2

　　一个很适合作为开始讨论的事件是：18 世纪末在某些地方爆发的对巴伐利亚光明会（Bavarian Illuminati）所谓颠覆活动的恐慌。这种恐慌伴随着整个西方世界对法国大革命的反应而来，在美国，这种恐慌情绪又因为

---

[1] Greenback Party，活跃于 1874 年至 1889 年主张反垄断主义的美国政党。其名得自美国在南北战争时期所发的"绿钞"。该党反对通货紧缩，支持通货膨胀，降低债务人的偿债代价，得到农民和城市劳工的支持。

一些反动人士（主要集中在新英格兰，另外还有神职人员）对杰斐逊式民主制兴起的反应而加强。光明会由英戈尔施塔特大学的法学教授亚当·魏斯豪普特（Adam Weishaupt）于1776年创立，其教义在今天看来不过是另一个版本的启蒙运动理性主义，其中又掺入了对教会的敌意——考虑到18世纪巴伐利亚亲教会的反动氛围，这种敌对情绪也是必然的。这个有些天真和乌托邦式的运动，渴望最终实现人类按照理性规则行事。1780年以后，德意志各邦国有许多杰出的公爵和侯爵皈依光明会，据说赫尔德、歌德和裴斯泰洛齐[1]等人都效忠于光明会。光明会虽因迫害在巴伐利亚公国分崩离析，但它的人本主义理性主义似乎在共济会有着相当广泛的影响。人们很容易相信，它对一些有着阴谋思想的激进分子颇具吸引力。

美国人第一次了解到光明会是通过1797年在爱丁堡出版的一卷书（后来在纽约重印），书名为《共济会、光明会以及各种读书会举行秘密会议反对欧洲所有宗教以及各国政府的阴谋之证据》。作者是约翰·罗比森（John Robison），一位知名苏格兰科学家，他本人曾是英国共济会的半心半意的追随者，但他认为欧洲大陆的共济会运动远没有那么单纯，这就激发了他的想象力。罗比森的书是根据德意志的资料费尽心思地拼凑出来的，他在书中认真描述了魏斯豪普特运动的起源和发展。大多数时候，罗

---

[1] 约翰·海因里希·裴斯泰洛齐（Johann Heinrich Pestalozzi，1746—1827），瑞士教育家和教育改革家，要素教育思想的主要代表人物，被尊为欧洲"平民教育之父"。

比森似乎尽可能地让自己的写作符合事实，但当他评论起光明会的道德品行和政治影响时，便以典型的"偏执狂式的一跃"，进入幻想之境。他认为，这些人组成社团，"目的很明确，就是要铲除欧洲所有的宗教机构，推翻各国现政府"。他声称，法国大革命最积极的领导人都是光明会成员；它已形成了"一个庞大而邪恶的阴谋，在整个欧洲发酵，四处为害"；他还认为它是法国大革命爆发的主要推手。在他看来，这是一场自由放荡、反基督教的运动，致力于败坏妇女、助长感官享受、侵犯财产权。其成员计划制造一种堕胎茶，还有一种"喷到脸上会致盲或致死"的秘密物质，以及一种听起来像臭气弹的装置——"让卧室充满有害气体的手段"。[10] 罗比森对各种传说的轻信，不仅表现在上述内容中，他还坚信，光明会虽然是坚定的反基督教团体，但也受到耶稣会的严重渗透。

法国神父奥古斯丁·德·巴鲁尔（Abbé Augustin De Barruel）撰写的四卷本皇皇巨著几乎与罗比森的书同时问世，书名为《阐释雅各宾派历史的回忆录》。巴鲁尔是一名耶稣会士，1773 年耶稣会遭镇压时，他被驱逐出法国。这部作品被翻译成英文，在英国和美国出版。巴鲁尔在书中表达的观点与罗比森类似，描述了反基督教徒、共济会和光明会破坏宗教和秩序的"三重阴谋"。"我们将揭示，"巴鲁尔写道，

　　各国人民及其领导人必须知道的事情。我们要对他们说：法国大革命中的一切，甚至是那些最可怕的罪行，

都是被预见、考虑、谋划和决定的；这一切都是最深重恶行的结果，这些人掌控着早已在秘密社团中就谋划好的阴谋，他们知道如何选择对自己的计谋有利的时机，乃至加快这一时机的到来。虽然在每天发生的事件里，有一些似乎很难说是由阴谋所致；但这个阴谋有其最终目的，还有那些秘密的执行者：他们会诱发这些事件，他们知道如何让条件对自己有利，甚至如何去创造条件，让一切朝着他们的主要目的发展。条件可能只是借口和机会，但其发动革命之意图，实施极大之罪行和暴力之目的，一直是独立的，是那些蓄谋已久的阴谋的组成部分。[11]

这些观点很快传播到美国，尽管我们不能确定有没有任何一位光明会的成员到访过美国。1798 年 5 月，波士顿马萨诸塞州公理会的一位著名牧师杰迪代亚·摩尔斯（Jedidiah Morse），及时地发表了一篇对这个年轻的国家具有重要意义的布道文。在当时的美国，杰斐逊派和联邦派、亲法派和亲英派之间存在着尖锐的分歧。读了罗比森的文章后，摩尔斯确信，光明会引发的雅各宾派阴谋也危害到了美国，因此美国应该团结起来，抵御国际阴谋。在新英格兰地区，联邦派对宗教信仰越发不虔诚或势头凶猛的杰斐逊式民主感到忧惧，很重视摩尔斯的警告。耶鲁大学的校长蒂莫西·德怀特在摩尔斯的布道之后，发表了一篇以《美国人在当前危机中的责任》为题的国庆日演讲，以一番激昂的言辞斥责反基督者。

这些与基督和基督徒为敌的人犯下了难以描述的罪孽，无论从数量还是从程度上说。大红龙的恶意和不信神，野兽的残忍和贪婪，假先知的虚伪和欺骗[1]所能犯下的罪孽不胜枚举。没有哪个个人或国家的利益不被侵犯，没有任何不虔诚的情绪以及反对上帝的行动不会被利用……我的弟兄们，我们要成为这些罪的共犯吗？我们要让这些罪充斥我们的政府、我们的学校、我们的家庭吗？难道我们的儿子要成为伏尔泰的门徒、马拉的骑兵，难道我们的女儿要去给光明会成员做妾吗？ 12

这种腔调也被其他人所采用，很快，新英格兰大大小小的教堂里都在谴责光明会，仿佛全国到处都是光明会的势力。如果我们记得，美国虽然没有光明会，但的确有一些民主共和主义社团[2]，这些社团被广泛认为是雅各宾派，并煽动了威士忌暴乱[3]，那么，光明会在许多地方遭到谴责这件事就更容易理解了。正如一位传教士所说，现在"普遍认为"，

---

[1] "大红龙""野兽""假先知"均出自《圣经·启示录》。

[2] Democratic-Republican societies, 1793—1794 年在美国成立的地方政治组织，目的是促进共和与民主，打击贵族倾向。

[3] Whiskey Rebellion, 是一场在 1791—1794 年间发生于美国宾夕法尼亚州西部的抗税运动。

一个以人类的技艺和恶毒所能制造的最广泛、最阴险、最邪恶的阴谋如今得到了逐步实施。它的目的是要彻底摧毁所有的宗教和文明秩序。如果其目的实现了，地球就会成为一个污秽的容器，充斥着暴力和谋杀，像地狱一般，到处都是苦痛。[13]

以上引文的作者展示了偏执狂风格的中心观念：存在着一个庞大、暗中行事且执行能力异乎寻常的国际阴谋网络，意图实施最邪恶的行径。当然，偏执狂风格还有些辅助性主题，这些主题出现的频率较低。不过，在讨论辅助性主题之前，再来看几例偏执狂风格在历史上的表现。

1820 年代末和 1830 年代的反共济会运动继承了那种对阴谋的迷恋，并有所发展。乍看之下，这场运动似乎不过是早先反巴伐利亚光明会运动中反共济会主张的延伸或重复——事实上，如罗比森和巴鲁尔这一类作者的作品也常常被用来作为证据，证明共济会是邪恶团体。

但是，1790 年代的恐慌主要局限于新英格兰地区，并且与极端保守的论调联系在一起，而后来的反共济会运动则影响了美国北部的许多地区，并且与大众民主、乡村的平等主义完全契合。[14] 虽然反共济会恰好是反杰克逊[1] 的（安德鲁·杰克逊是共济会成员），但这次运动表现出了普通人在面临机会减少时相同的恐惧，此外，其对贵族机构的强烈反感与杰克逊对美国第二银行发起攻击时所表现

---

[1] 安德鲁·杰克逊（Andrew Jackson, 1767—1845），第 7 任美国总统。

出的敌意也是一致的[1]。

反共济会运动虽然是自发的，但很快就被政党政治的时运变迁所左右。许多并不认同原本的反共济会主张的人也加入其中，对其进行利用。例如，它吸引了几位有名望的政治家的支持，他们对其最根本的信念只是勉强接受，但作为政治家，又不能忽视这场运动。不过，这仍旧是一场非常强有力的民间运动，那些全心全意相信反共济会主张的乡村积极人士为这场运动提供了真正的推动力。

人们起初肯定就对共济会有相当大的怀疑，也许是残留的对光明会的敌意。1826年，一位名叫威廉·摩根的人神秘失踪，令这场运动真正开展起来。摩根住在纽约州西部，是一位前共济会成员，当时他正在撰写一本揭露共济会的书。人们确信他遭到一小群共济会成员绑架，尽管他的尸体从未被发现，但许多人认为他已遭到谋杀，这一点也可以理解。案件的细节不需多说。摩根失踪后，共济会遭到了许多类似指控，比如绑架或非法监禁，而这些指控无一例外都没有事实依据。在很短的时间内，一个反共济会的政党就在纽约州政坛崭露头角，很快成为全国性政党。但这里关注的是这场运动的意识形态，而非其政治历史。

作为一个秘密社团，共济会被认为对共和政府持续构成威胁。它尤其被认为是叛国者的巢穴——例如，亚伦·伯

---

[1] 史称"银行战争"（Bank War），安德鲁·杰克逊总统在1830年代为摧毁美国第二银行而进行的政治斗争。1832年否决国会的展延联邦特许状案，复于1833年自该行抽走国家基金，成功地摧毁美国第二银行。

尔[1]的著名阴谋[2]据说就是共济会所指使的。[15]共济会还被指有独立的忠诚体系，在联邦和州政府的框架内构成了一个独立王国。人们还有一个似乎合理的指控：共济会建立了自己的司法体系，有一套针对成员的义务和惩治措施，其中甚至包括死刑。据传，共济会成员要进行宣誓，如果成员没有履行义务，会遭到可怕的报复，反共济会者对宣誓的内容很着迷。秘密和民主之间发生了根本性的冲突，连其他如美国大学优等生荣誉学会[3]等很无辜的社团也受到了攻击。

由于共济会成员承诺在危难情况下互相帮助，并在任何时候都给予兄弟般的宽容，因此人们认为，该秘密社团的存在，使得常规法律无法执行。身为共济会成员的警察、警长、陪审员、法官等会与同为共济会成员的罪犯、逃犯沆瀣一气。媒体也被认为受到作为共济会成员的编辑和老板的"钳制"，有关共济会不法行为的新闻都会被压下来——这也是像摩根案这样令人震惊的丑闻很少被报道的主要原因。最后，在美国几乎所有所谓特权堡垒都受到民主力量攻击之时，共济会被认为是特权阶层的兄弟会，商机因之减少，公职几乎被垄断，吃苦耐劳的普通民众遭到排挤——反共济会运动正是宣称要为这些普通民众发声。

---

[1] Aaron Burr（1756—1836），美国独立战争英雄，民主共和党成员，曾任联邦参议员（1791—1797）、副总统（1801—1805）。
[2] 指亚伦·伯尔担任美国副总统期间和之后的几年里策划的一项阴谋。根据对伯尔的指控，他企图利用他的国际关系和美国种植园主、政治家、军官的支持，在美国西南部和墨西哥部分地区建立一个独立国家。
[3] Phi Beta Kappa，美国历史最悠久的学术荣誉学会，1776 年成立于威廉玛丽学院。

　　这些关于共济会的看法中可能有真实和符合现实的成分，许多杰出、负责任的领导人接受了这些观点，至少是部分地接受。并非所有这些指控和恐惧都应当被认为是毫无根据的。然而，这里必须强调的是，这种对共济会的敌意通常是在世界末日和绝对主义的框架下表达的。反共济会者并不满足于仅仅说秘密社团不是一件好事。大卫·伯纳德（David Bernard）在反共济会材料的标准手册《揭露共济会》中宣称，共济会是有史以来最危险的组织，"是撒旦的工具……黑暗、贫瘠、自私、消沉、渎神、杀戮成性、反对共和、反基督教"。[16] 反共济会演说家（他们为数众多）中的一位称，共济会"由黑暗势力催生，因为它身上有明确的标志，是使徒约翰所预言的邪恶势力之一……它将联合世人拿起武器对抗上帝，最终在大决战中被战胜"。[17]

　　反共济会者的另一个方面会令现代人既震惊又困惑，那便是他们对共济会誓言特点的迷恋。在反共济会者看来，誓言是渎神的，因为那是与神做交易，同时也违反社会秩序，因为誓言建起了一套隐秘的忠诚体系，与正常的公民义务会有龃龉。在第一次全国性的反共济会大会上，一个委员会花了大量时间庄严地做出说明，此类誓言有颠覆性，不能被视为有约束力的承诺。许多反共济会者特别着迷于共济会员未能履行其义务时的惩罚措施，他们对这些惩罚措施的想象非常有创造力，也十分之血腥。据说共济会中的导师级别成员（master mason）会发誓，如果不履行共济会的义务，"愿把我当作骗子处理，砍掉我的右耳和右手"。我本人最喜欢的是一位"皇家拱门级别"

（royal arch mason）成员发的誓言，"把我的头骨敲开，让我的大脑在日光下灼烤"。[18] 在反共济会者看来，共济会的血腥本性从会所举行的仪式也可以看出来，据说共济会成员需要在仪式中使用人的头骨饮酒——而在禁酒的地区，从任何容器里饮酒都是一种罪。

3

对共济会阴谋的恐惧还未平息，就有传言说，天主教密谋破坏美国价值观。我们可以看到同样的心态、同样的信念：美国人民的生活方式受到阴谋威胁，但这回制造阴谋的不是共济会，而是天主教会。当然，反天主教运动与日益增长的本土主义（nativism）汇合在一起，虽然二者不完全相同，但合在一起，它们影响到了美国相当大一部分人群，这其中必然会有许多人立场温和，而偏执狂风格对这些温和派来说并不具有吸引力。此外，生活在东北各州的扬基人[1]希望维持一个种族和宗教上同质化社会的愿望，以及新教徒对个人主义和自由的承诺，我们也不必将其当作偏狭或卑劣的表现而断然否定。但这场运动中充斥着偏执狂的表达，最有影响的反天主教激进分子显然对偏执狂风格有着强烈的偏爱。

_____

[1] "Yankee Americans"这个词主要是指美国东北各州的人，但特别是指那些与新英格兰文化有联系的人，强调加尔文派清教徒的基督教信仰和传统。

1835 年出版的两本书描述了美国生活方式遭遇的新危险，这可以看作是反天主教心态的表现。一本是《威胁美国自由的外国阴谋》，出自著名画家和电报发明者 S. F. B. 摩尔斯之手，他是反光明会者杰迪代亚·摩尔斯之子。"这个阴谋是存在的，"摩尔斯宣称，"它的计划已经在实施了……受到攻击之处正是薄弱环节，无法用我们的船只、堡垒或军队防御。"西方世界正进行一场大战，一边是政治上的反动势力和教宗至上主义，另一边是政治自由和宗教自由，而美国是自由的堡垒，因此不可避免地成为教宗和暴君打击的目标。在摩尔斯看来，梅特涅政府是该阴谋的主要策划者。"奥地利在我国开展了行动。它已经谋划出一个庞大计谋，在我国部署了行事方案……命令它的耶稣会士在我国旅行；为这些传教士提供资金，让他们定期获得供应。"[19]

"一个确定的事实是，"另一个新教激进分子写道，

> 耶稣会士正以各种可能的伪装在美国各地徘徊，专门寻找有利的场合和方式来传播教义。一位来自俄亥俄州的福音牧师告诉我们，他曾在他的会众中发现有人正在搞这样的把戏；他说，西部乡村到处都是这些人，扮作木偶戏艺人、舞蹈老师、音乐教师、兜售图画和装饰品的小贩、手摇风琴演奏者等，四处游走。[20]

摩尔斯说，如果阴谋得逞，那么用不了多久，哈布斯堡家族的某个后裔就会被立为美国皇帝。天主教徒"与专

制欧洲的组织以及资金发生联系"，所以专制欧洲要对美国施加影响，势必会借助美国天主教徒。无知、未受过良好教育的移民无法理解美国的制度，他们成为狡猾的耶稣会士在此地行动的助手。危险迫在眉睫，必须立即应对。"毒蛇已经缠绕我们的四肢，它的毒液正在慢慢麻痹我们的全身……难道敌人不是已经在这片土地上组织起来了吗？我们还没有意识到我们周围已遍布敌人存在的证据吗？……我们必须保持清醒，否则我们就输了。"[21]

莱曼·比彻是一个名门望族的长辈，也是哈里特·比彻·斯托的父亲，他在同一年写下了《为西部发出的恳求》，书中讨论了基督教的千年至福（Christian millennium）在美国各州到来的可能性。在他看来，一切都取决于支配大西部的是何种影响，因为那里决定着整个国家的未来。新教正在那里与天主教进行着一场生死之战。时间已经不多了。"无论我们要做什么，都必须尽快完成……"在"欧洲的权贵"资助和派遣下，一股敌视自由制度的移民大潮正席卷这个国家；骚乱和暴力倍增，监狱和贫民窟人满为患，税收翻了两番，人数不断增加的选民的到来，也就意味着"更多缺乏经验者干预我们的国家权力"。比彻说，我们应该相信，梅特涅知道美国会有一群人愿意让大量移民和煽动者获得美国公民身份，并且赋予其权利，会有一群人愿意"出卖自己的国家，令其永世受奴役"。哪怕只占到十分之一的选民人口，"在欧洲天主教势力控制下，聚集到一起，也可能决定我们的选举，搅乱我们的政策，煽动和分裂国家，打破联盟的纽带，破坏我们的自由制度"。[22] 比彻不赞成侵犯天主教徒的公民权利，也不赞成焚烧修道院，但他敦促新教徒团结起来，以更强的战斗力抵御可能在不远的将来降临的厄运。

反天主教主义一直是清教徒的春药。反共济会者想象的是共济会成员狂放的酒局，幻想过恐怖的共济会誓言中那些惩罚被实施的画面，而反天主教者则编出大量传说，内容包括放荡的神父、成为诱惑之机的忏悔、淫荡的修女院和修道院等等。在《汤姆叔叔的小屋》之前，当时被阅读最多的一部作品可能是据称由玛丽亚·蒙克写的《骇人听闻的天主教秘闻》，该书于 1836 年问世。作者自称曾是蒙特利尔主宫修女院的见习修女和修女，在修女院生活了五年之后逃了出来，后来将自己的修女院生活写了下来，细节翔实，但以推测为主。她回忆说，修女院院长告诉她，她必须"一切服从神父"；她很快就知晓了这种服从是什么意思，感到"非常惊讶和恐惧"。她说，修道院中神父和修女私通所生的婴儿都要在接受洗礼之后杀掉，这样婴儿就可以即刻进入天堂。这本书的高潮是玛丽亚·蒙克对两个婴儿被勒死全过程的目击记录。她的书受到了激烈的攻击，也有人积极地为之辩护；她的母亲是新教徒，生活在蒙特利尔附近，她后来作证说，玛丽亚年幼时曾将铅笔扎进头里，之后就一直思维混乱。在那之后，虽然为数日渐减少，但仍然有读者群阅读和相信她的书，即使在该书出版两年后，可怜的玛丽亚生了一个没有父亲的孩子。后来，她因在妓院盗窃被捕，1849 年死于狱中。[23]

反天主教运动和反共济会一样，其命运与美国的政党政治紧密相连。如果要追溯其政治历程，需要非常多篇幅来讲述，但它确实成了美国政治中一个持久因素。1890年代，美国保护协会[1]又一次掀起反天主教运动，只是做出了适应时代的意识形态上的调整——例如，1893年的大萧条据称是天主教徒通过制造银行挤兑造成的。一些运动的发言人散布一份据说是教宗利奥十三世[2]发布的假通谕，指示美国天主教徒在1893年的某一天消灭所有异端，许多反天主教人士每天都在等待天主教徒的这场全国性起义。一场由天主教发动，旨在残害、灭绝异端的战争即将到来的神话一直持续到20世纪。[24]

4

如果我们来看当代右翼，会发现其与19世纪的那些运动有一些相当重要的区别。早期那些运动的发言人觉得自己代表的主张和群体仍然主宰着自己的国家，他们是在捍卫一种地位仍然稳固的生活方式（他们在其中扮演着重要角色）。但是现代右翼，如丹尼尔·贝尔所写的[25]，感到自己失去了对国家的控制权：美国已经在很大程度上从他们和他们的同类那里被夺走了，尽管他们决心试着要重

---

[1] The American Protective Association，1887年由新教徒成立的美国反天主教秘密协会。该组织发起了19世纪后期美国最大的反天主教运动，在中西部地区的力量尤其强大。

[2] Leo XIII（1810—1903），于1878年至1903年出任教宗。

新夺回它，并防止最后的破坏性颠覆行为的发生。传统的美国美德已经被世界主义者和知识分子所腐蚀；传统的竞争性资本主义逐渐遭到社会主义者和共产主义阴谋家破坏；传统的国家安全和独立已经被叛国的阴谋摧毁，这些阴谋最有力的谋划者不仅包括国内权力中心之外的人和外国人，而且还包括处于美国权力中心的主要政治家。当代激进右翼的前辈发现了外国阴谋；他们自己则发现，国内背叛也是阴谋的一部分。

重要的变化可以追溯到大众传媒的影响。当代右翼眼中的大反派比其偏执狂前辈眼中的大反派要生动得多，也更为公众所熟知；由于同样的原因，在对大反派的描述和谩骂方面，带有偏执狂风格的当代文献也就更加丰富和周密。之前共济会成员面目不清，藏在各种伪装之下的耶稣会士身份不明，教宗的代表鲜为人知，货币阴谋里的国际银行家神秘莫测，现在就不同了，当代右翼清楚地知道恶势力的代表是哪些人，因为他们都是声名显赫的公共人物，比如罗斯福、杜鲁门和艾森豪威尔三位总统，马歇尔、艾奇逊[1]和杜勒斯[2]三位国务卿，弗兰克福特[3]和沃伦[4]这

---

[1] 迪安·古德哈姆·艾奇逊（Dean Gooderham Acheson，1893—1971），美国律师、政治家，第 51 任美国国务卿（1949—1953）。

[2] 约翰·福斯特·杜勒斯（John Foster Dulles，1888—1959），美国共和党政治人物，第 52 任美国国务卿（1953—1959）。

[3] 费利克斯·弗兰克福特（Felix Frankfurter，1882—1965），出生于维也纳，12 岁移民美国，著名法学家，曾担任美国最高法院大法官。

[4] 厄尔·沃伦（Earl Warren，1891—1974），美国著名政法学家，第 14 任最高法院首席大法官（1953—1969）。

两位最高法院大法官，还有以阿尔杰·希斯[1]为首的一连
串不及前面这些人显赫但仍然有名的阴谋家。[26]

1939年以来的大小事件层出不穷，为当代右翼偏执
狂人士驰骋想象力提供了一个巨大的空间，其中充斥着大
量丰富的细节，还有数不清的线索和不可否认的证据，用
以证明自己观点的真实性。当代右翼的作战领域不再只是
美国，而是整个世界，他们不仅可以借用第二次世界大战
中发生的事件，还可以用朝鲜战争和冷战中的事件。任何
战争史学家都知道，一场战争在很大程度上是一部由错误
组成的喜剧，一个收集了各种无能表现的博物馆。但是，
如果每一个错误和无能的表现都被认为是叛国行为，我们
便可以看到，偏执狂的想象中可以有多少惊人的历史阐释：
几乎在所有紧要关头，都存在着政府高层的叛国行为——
最终，阅读了主要的几本带有偏执狂风格的作品之后，读
者真正感到迷惑不解的不是美国如何被带进现在的危险境
地，而是美国是如何到现在还没有亡国。

当代右翼思想的基本内容可以归纳为三点。首先，有
一个现在已经为人熟知的阴谋持续了一代人以上，罗斯福
新政是该阴谋所达到的最高点，那便是：破坏自由资本主
义，实现联邦政府对经济的指挥，为社会主义或共产主义
的实现铺平道路。右翼人士可能会在细节上有争论，但许
多人会同意《所得税：万恶之源》[27]一书的作者弗兰克·乔

---

[1] 阿尔杰·希斯（Alger Hiss, 1904—1996），美国政府官员，于1948年被指控为苏
联间谍，并于1950年被指控作伪证，入狱五年。

多罗夫（Frank Chodorov）的观点：这个阴谋始于 1913
年通过的宪法所得税修正案。

　　其次，政府高层被共产党人严重渗透，至少从珍珠港
事件之前开始，美国的政策就已经被那些狡诈且持续出卖
美国国家利益的恶人所主导。

　　最后，这个国家已经布满了共产党的特工网络，就像
以前被耶稣会士渗透一样。所以，包括教育、宗教、新闻
和大众传媒在内的整个系统共同发挥作用，瓦解美国人民
的抵抗。

　　当代右翼的主张有极其丰富的细节，难以在简短篇幅
中讨论。在当代右翼的麦卡锡主义阶段，最具代表性的文
件可能是 1951 年 6 月 14 日参议员麦卡锡在参议院宣读的，
对国务卿乔治·马歇尔的长篇控诉书。这篇控诉书后来做
了一些结构上的调整，以《美国躲避胜利：乔治·卡特利
特·马歇尔的故事》为题出版。麦卡锡将马歇尔描绘成美
国利益背叛团伙的中心人物。从第二次世界大战的战略计
划到马歇尔计划的制定，麦卡锡坚持认为，马歇尔几乎与
美国的每一次失败或者失利都有关联，而这一切都不是偶
然或无能造成的。你能从马歇尔对战争的干预中发现一种
"令人困惑的特点"："他极为顽固又很有技巧地坚持自己
的决定，而他的这些决定无一例外地总是服务于苏联的世
界政策。"在他的指导下，战争结束时，"我国的失利似乎
是计划好的"。马歇尔的访华报告不能被理解为无能的产
物，如果把它当作"代表其他利益、另一个国家和文明的
宣传文件"来读，你会发现它很雄辩、杰出。马歇尔和艾

奇逊意在将中国拱手让与苏联。马歇尔计划是"利用美国人民的慷慨、善意和粗心而设计出来的邪恶骗局"。最重要的是，1945 年到 1951 年美国相对实力的急剧下降并非"客观因素导致"，而是"人为因素一步步促成的"，不是错误致使，而"一定是一个大阴谋导致的结果，与这个惊天大阴谋比起来，人类历史上的任何阴谋都会相形见绌"。这个阴谋最终的目的是要"遏制、阻挠我国，最后，在苏联间谍的阴谋和苏联的军事力量的内外夹击下，我国的国家利益将受到严重损害"。[28]

　　如今，从糖果生意退下来的小罗伯特·H. 韦尔奇接过了麦卡锡的衣钵，虽然没有麦卡锡所处的战略地位，但他的约翰·伯奇协会追随者的组织严密，影响巨大。几年前，韦尔奇宣称，"共产党的影响现在几乎完全控制了我们的联邦政府"——注意这句话里"几乎"这个词的细致、谨慎。他对我们的近代史进行了全面的解读，共产党的身影在其中无处不在：他们 1933 年开始了对美国银行的挤兑，迫使银行歇业；同年，在他们策划下，美国承认了苏联，避免了苏联发生经济崩溃；他们在种族隔离问题上大做文章；他们接管了最高法院，使其成为"共产主义最重要的机构之一"。在围绕对"报刊、布道坛、广播电视媒体、工会、学校、法院和美国立法大厅"控制的争夺战中，他们正处在上风。

　　韦尔奇先生密切关注历史，这给了他非同寻常的洞察力。"出于许多原因，经过大量研究，"他几年前写道，"我个人认为 [约翰·福斯特·] 杜勒斯是共产党间谍。"他还揭露了其他表面上清白的人物的真面目。阿瑟·F.伯恩斯教授是艾森豪威尔经济顾问委员会的负责人，但他担任该职很可能"只是为了掩人耳目，他实际上是艾森豪威尔和他背后集团老板的联络人"。艾森豪威尔的弟弟米尔顿"实际上是艾森豪威尔在整个左派集团中的上司和老板"。至于艾森豪威尔本人，韦尔奇称他是"一名竭诚为共产党阴谋效力的间谍"——这话让韦尔奇声名远扬；另外他补充说，这个结论"建立在大量内容详尽的证据基础上，这些证据非常多且明显，所以这个结论是不容置疑的"。[29]

韦尔奇先生小心翼翼收集的"详细证据"的源头是一群人数虽然不多但声量不小的公众人物，从他们提供这些"证据"的表达来看，不能算太有学者风范。据共和党参议员、参议院少数党党鞭托马斯·R.基克尔透露，他每月会收到6万封信件，大约有十分之一可以被归为他所谓的"惊恐邮件"——关于"发现推翻美国的最新阴谋！！！！"的一些表达激愤或者苦闷的信件。写信者肆意挥洒着想象力：

> 我能想到的一些更令人难忘的"阴谋"包括：3.5万名共产党军队全副武装，为掩人耳目，将制服染成了蓝色，这支军队在墨西哥边境上蓄势待发，即将入侵圣地亚哥；美国已经——或者说随时都会——将其陆、海、空三军交由联合国的一名俄国上校指挥。美国或自由世界的几乎每一个领导人，实际上都是共产党的高级特工；美国陆军在佐治亚州进行的一

项名为"Water Moccasin III"的游击战演习，实际
上是联合国准备接管我国进行的行动。[30]

5

现在来总结一下偏执狂风格的基本要素。其中心意
象是一个巨大而险恶的阴谋，它有庞大而又精巧的影响机
制，目的是要破坏、摧毁一种生活方式。也许有人会反对
说，历史上的确发生过一些阴谋行动，注意到这些阴谋并
不是偏执狂的表现。这说得没错。所有的政治行动都需要
策略，许多策略性行动的效果都取决于它们在一段时间里
不为人所知，而任何秘密行动都可能会被描述为阴谋行
动——虽然这样的描述有些夸张。偏执狂风格的差异之处
在于，它的拥护者并非发现了历史上这里或者那里发生的
阴谋，而是把一个"巨大的"或者"庞大的"阴谋视为历
史事件的推动力。历史本身就是一个阴谋，由几乎具有超
凡力量的恶势力发动，因而要击败它，不能靠政治上寻求
折中妥协的通常方法，而是要依靠一场毫不妥协的十字军
式的征战。偏执狂风格的代言人用末世论的语言描述这个
阴谋的最终结果——他动不动就要谈到整个世界、整个政
治秩序、整个人类价值体系的诞生和死亡。他总是在守卫
文明。他总是活在某个转折点：要即刻组织起来抗击阴谋，
否则就太晚了。时间永远是刚好快要不够了。和宗教中的
千禧年派（millenarians）一样，他表达的焦虑，是那些

认为自己生活在末世之前最后时日的人的焦虑，他有时会倾向于为末日定下一个日期。"时间不够了，"韦尔奇1951年说，"从许多来源得到的多方证据表明，斯大林会在1952年10月发动攻击。"[31] 偏执狂风格的末世论非常接近那种绝望的悲观主义，但通常也就只是接近，并不会成为悲观主义。末日警告能唤起激情，号召人们去战斗，人们产生的是在受到基督教类似主题影响时的反应。如果表达得当，这种警告能发挥的作用，会与复兴派布道中对罪的可怕后果所做的描述的作用相同：虽然描绘了即将发生的事情，但许多事情仍然可以避免。这些警告是一种世俗、恶魔版本的再临宗[1]。

作为先驱者的偏执狂人士是一位斗志旺盛的领导者，他能在阴谋还没有被公众完全察觉之前就察觉到其存在。他并不像职业政治家那样，面对社会冲突时，认为需要做的是进行调解以及做出妥协。既然一直是绝对的善与绝对的恶之间的冲突，那么，需要的品质不是愿意做出妥协，而是将斗争进行到底的意志。除了彻底的胜利，其他都不能接受。既然敌人被认为是完全邪恶、完全不能和解的，那么就必须将之彻底消灭——即使不能从世界上消灭，至少也要在偏执狂人士重视的作战区域将敌人消灭。[32] 这种对无条件胜利的要求，导致极其苛刻和不切实际的目标被制定出来，因为这些目标无法实现，失败就会不断加剧偏

---

[1] Adventism，威廉·米勒1830年代发起，故又称米勒派，是基督新教的分支之一，起源于19世纪美国第二次大觉醒时期。

执狂人士的挫败感。即使目标部分得到实现，也会让他产生与起始相同的无力感，而这反过来只会让他更强烈地意识到敌人的强大和可怕。

敌人的形象被清晰地勾画出来：他是恶的完美化身，是没有道德的超人——阴险、无处不在、强大、残忍、追求情欲、热爱奢华。这个敌人不像我们其他人那样，困在历史规律之中疲于奔命，能够限制他的只是他的过去、他的欲望和他的缺陷。他是自由、主动、邪恶的行动者。他用其意志改变，乃至创造自己的历史规律，或者让历史进程偏离正常轨道，令其走向歧途。他挑起危机，引发银行挤兑，造成经济萧条，制造灾难，然后享受他制造的痛苦，并从中获利。偏执狂人士对历史的解释在这个意义上显然是从个人角度出发的：决定性事件不被看作历史潮流的一部分，而是某个人的意志导致的后果。很多时候，这个敌人被认为掌握着一些特别强大的获取权力的工具：他控制着新闻界；他通过"操纵新闻"来引导公众的思想；他拥有无穷无尽的资金；他有影响人们观念的新秘诀（洗脑）；他有一种特殊的引诱技术（天主教的忏悔）；他对教育系统施加着愈发强大的压制力。

这个敌人似乎在很多方面都是自我的投射：自我理想的以及不可接受的方面都在敌人身上找得到。偏执狂风格的一个基本悖论是对敌人的模仿。例如，敌人可能是世界主义的知识分子，但偏执狂人士会在学术研究，甚至是在迂腐程度上超过自己的敌人。麦卡锡参议员连篇累牍记录翔实的小册子，频频向公众展示自己掌握的信息；韦尔奇先生积累的那些无可辩驳的证据，约翰·罗比森极为艰辛地研究以他不擅长的语言写就的文档，反共济会者无休止地讨论着共济会的仪式——所有这些行为都隐含着对敌人的赞美。为打击秘密组织而成立的秘密组织也同样是对敌人的赞美。三 K 党借用了许多天主教元素，他们穿神父的法衣，制定了繁复的仪式以及同样繁复的等级制度。约翰·伯奇协会模仿共产党的基层组织，通过设立"掩护机构"开展半秘密行动，宣扬进行无情的意识形态战争，而其斗争路线与它的敌人又很相似。各种基督教反共"斗争运动"的发言人曾公开表示，他们很钦佩共产主义事业唤起的献身精神、纪律性和战略上的聪明才智。[33]

大卫·布里昂·戴维斯写过一篇关于内战前"反颠覆"运动的出色文章，他在文章里这样评论 19 世纪的本土主义者不知不觉地师法自己的敌人：

> 本土主义者想参加一项崇高的事业，想要寻找获得传统和权威准许的一个群体中的团结，因此他宣称自己相信民主，相信人们有平等的权利。然而，他在热烈追求自由的过程中，自己却很奇怪地表现出他想象中的敌人的样子。他谴责颠覆者狂热效忠于某种意识形态，同时他也肯定了对另一种意识形态同样不加批判的接受；他攻击颠覆者对异见不容忍，自己却在努力消灭异见，不允许多种意见的存在；他抨击颠覆者的放荡不羁，自己却在幻想肉欲之事；他借着批评颠覆者对一个组织的忠诚，以此来试图证明自己对现

存秩序的无条件忠诚。本土主义者比他的敌人走得更远：他组织起联系紧密的秘密社团和党派，个人要为实现集体目标服务。虽然认为颠覆者最大的恶是"为了实现目的不择手段"的做法，但他们也采取最激进的手段，清除国家中的不安分群体，强制其对国家绝对效忠。[34]

　　敌人的主要功能不在于作为模仿对象，而是作为被彻底声讨的对象。敌人通常拥有性自由，没有道德，因而不会抑制本性，另外还掌握着特别有效的技术来满足自己的欲望，偏执狂风格的拥护者因而有机会去投射，去自由地表达他们自己思想中那些不可接受的部分。在他们看来，天主教的神父和摩门教长老对女性有特别的吸引力，于是有淫乱的特权。因此，天主教徒和摩门教徒——后来是黑人和犹太人——都对不正当性行为情有独钟。很多时候，偏执狂人士的幻想让他们强烈的施虐受虐欲望得到了宣泄，例如，反共济会者一直关注据传是共济会使用的残酷惩治手段，便是一个生动表现。关于这种现象，戴维斯说：

　　　　共济会成员将受害者开膛破肚或割喉；天主教徒切开母亲的子宫，当着其父母的面，拿未出生的婴儿喂狗；摩门教徒强奸和鞭打不服从的妇女，或用烧红的铁块烫女人的嘴。这种对虐待狂细节的痴迷，在诸多文献中所占篇幅之多，达到病态的程度。这显示出一种确保要把敌人描述为十恶不赦的魔头的狂热决心。[35]

偏执狂风格反复出现的另外一个特点是：敌对势力的叛变者被赋予特殊意义。反共济会运动有时似乎是前共济会成员创造的产物；他们所揭露的事情无疑被赋予了最高的重视和最无条件的信任。同样，反天主教运动利用出走的修女和叛教的神父；反摩门教者找来曾经在一夫多妻制中生活的女性；在我们这个时代，反共产主义运动的先驱们则是利用前共产党员。从某种程度上看，叛变者之所以会被赋予特殊权威，其源头是这些运动特有的对秘密的痴迷：叛变者是进入到敌人秘密世界的男人或女人，他或她揭露的真相可以彻底打消世人存在的疑虑，否则这个多疑的世界始终不会相信这些运动的主张。但我认为，叛变者还被赋予了更深的末世论意义：在善与恶的精神角力中——这也是偏执狂人士脑中世界斗争的原型——叛变者的存在证明了，不是只有从善倒向恶的情况。叛变者带来了救赎和胜利的承诺。

在当代的右翼运动中，前共产党人扮演了一个特别重要的角色，他们从偏执狂左派迅速地转到偏执狂右派，虽然这个转变不无苦恼。同时，他们执着于摩尼教式二元论，而这种心理正是偏执狂左派和偏执狂右派的基础。这些共产主义权威让人想起古代那些从异教皈依基督教的人，据说他们皈依后并不会完全不信旧神，而是将这些旧神变作恶魔。

偏执狂风格的最后一个特点与我之前提到的那种迁

腐有关。偏执狂人士写就的文本令人印象深刻的地方之一，恰恰是它几乎无一例外地表现出对呈现方式的精心关注。不能因为这种政治风格所特有的幻想性结论，就认为它一定不是通过枚举事实来进行论证的。它极其具有幻想色彩的结论让它不懈地追寻"证据"，从而证明那不可思议的事情是唯一可以相信的。当然，偏执狂人士也有高、中、低段位之分，如同任何政治立场一样，从中世纪开始的偏执狂运动就对业余知识分子有吸引力。但是，比较体面的偏执狂文本不仅从某些在非偏执狂人士看来合理的道德承诺出发，而且还小心翼翼、近乎痴狂地积累"证据"。偏执狂人士以某些合乎情理的判断作为写作的起点。反共济会者的判断有其合乎情理的地方。毕竟，一群有影响力的人组成一个秘密社团，其中的成员需要遵守一些特殊的义务，这类秘密团体会对公民秩序构成某种威胁，并非是不可想象的事情。新教的个性和自由原则以及本土主义者想要在北美发展出一种同质文明的愿望也有某些道理。同样，在我们这个时代，第二次世界大战和冷战中的无数决定都可以被指责，而且怀疑者很容易相信，这些决定并非善意的人所犯的错误，而是叛徒的计策。

高段位偏执狂风格作品的典型程序是，从一些合乎情理的假定出发，精心积累事实（至少是看起来是事实），然后将这些事实编列成不容置疑的"证据"，证明某个阴谋的真实性。论证过程确保连贯——事实上，偏执狂人士的思考方式比真实世界要连贯得多，因为错误、失败或模棱两可是不容许存在的。这种思考方式如果不是完全理性的，至少可以说是有着强烈的理性主义色彩；它相信自己面对的是具有无懈可击的理性以及彻底邪恶的敌人，试图让自己与据说是全知全能的敌人并驾齐驱，构架出一个解释所有事物、理解一切现实的理论。它在写作技术上务求"学院风格"。麦卡锡的96页的小册子《麦卡锡主义》包含了不少于313个脚注，韦尔奇先生在他的《政客》里对艾森豪威尔发起了荒诞不经的攻击，书目和注释达到100页。我们这个时代的整个右翼运动就是连绵不断的专家、研究小组、专著、脚注和书目。有时，右翼人士对学术深度和包容世界观的追求会产生惊人的结果：例如，韦尔奇先生指控说，阿诺德·汤因比的历史著作之所以流行，是费边主义者、"英国工党头目"和英美"自由主义机构"阴谋造成的结果，目的是要遮蔽奥斯瓦尔德·斯宾格勒更真实、更有启发性的作品。[36]

偏执狂风格的与众不同之处，并不在于缺乏可证实的事实（尽管出于对事实的狂热追求，偏执狂人士偶尔也会制造事实），而是在叙述事件的某个关键点上，总是会出现想象力的奇特飞跃。约翰·罗比森写的关于光明会的小册子遵循了一个半世纪以来一直重复的模式。他一页又一页地耐心记录着他所能搜集到的有关光明会历史的细节。然后，突然间，法国大革命发生了，光明会是幕后主使。他的小册子里缺少的不是关于该组织的确凿信息，少的是关于什么能引起革命的理智判断。对于那些认为偏执狂风格可信的人来说，其合理性在很大程度上就在于偏执狂人士以极其仔细、认真并且看似连贯的方式对待细节，在于他们为了那些无比荒诞不经的结论，费尽心思地积累足以令人信服的证据的材料，还有他们为从不可否认的事实飞跃到不可置信的结论所做的精心准备。这些繁重工作有个奇特之处，那就是这种对事实证据的热情并没有像大多数学术交流那样，让偏执狂风格的发言人与他的群体之外的世界——尤其是那些怀疑他的观点的人——进行有效的双向交流。他对用自己的证据说服一个充满敌意的世界几乎不抱希望。他为积累证据所做的努力，颇像是一种防御行为：他关闭了自己的"接收系统"，不去关注那些不能强化他的想法的干扰因素。他拥有他所需要的一切证据；他不需要接收信息，只需要向外传递信息。

考虑到我引用了大量美国的例子，我想再次强调，偏执狂风格是一种国际现象。它也不限于现代。诺曼·科恩（Norman Cohn）在他那本杰出的作品《追寻千年至福》（*The Pursuit of the Millennium*）中研究 11 世纪到 16 世纪欧洲一些信奉千年至福的派别，他发现的这种持久存在的情结与我在本文关注的主题非常相似——沉溺于某些事物、好幻想的风格。"自大狂地认为自己是上帝选民，是至善的，自己受到了严重迫害，但又确信自己将获得最终胜利；认为对手拥有巨大的、恶魔般的力量；拒绝接受人类生活不可避免的局限和不完美，比如无常、分歧、冲突、出错——无论是智力上还是道德上的。痴迷于永不会出错的预言……系统化的、粗暴且怪诞的曲解……以及决绝地要朝着一个目标进发，而这个目标本质上无法实现——一个无法在任何实际的时间或具体情况实现的、彻底和最终的解决方案，只能在永恒和自闭的幻觉中实现。"[37]

偏执狂风格在漫长时段、不同地方反复出现，表明人口中有着相当数量的少数群体可能始终会抱着这样的心态，以偏执狂的眼光看待世界。但是，采用偏执狂风格的运动并非持续存在，而是不定期地一波一波出现，这个事实表明，偏执狂风格会被调用，往往是在涉及终极价值体系的社会冲突中；这种社会冲突带入政治行动中的是恐惧和仇恨，而非可以进行谈判的利益之争。灾难或对灾难的恐惧最容易催生偏执狂言辞。

在美国的经验中，种族和宗教冲突往往会危及整个价值体系，显然是好斗和多疑者集中发力的领域，但在其他地方，阶级冲突也会调动这种能量。偏执狂倾向由相互冲突的利益之间的对抗所激发，而两边的利益是（或被认为是）完全不可调和的，因而，不能容许讨价还价、妥协退让这类正常的政治活动存在。如果某一特定政治利益的代表——也许是由于他们的要求从本性上就非常不现实且无法实现——无法在政治活动中获得存在感，情况就会变得更糟。因为他们感到自己没有机会参与政治中的讨价还价或决策过程，发现自己原来对权力世界的理解——无所不能、阴险邪恶和居心叵测——完全被证实了。他们只看到了权力的结果，而且视角还是扭曲的，几乎没有机会观察到权力的实际机制。L. B. 内米尔曾经说过："历史研究的最高造诣是对能直观认识到事情如何没有发生。"[38] 偏执狂人士恰恰未能形成这种认识。当然，他自身会抗拒这种意识，但环境往往让他没有机会去了解可以对他有启迪的事件。我们都受困于历史，但偏执狂人士的受困却是双重意义上的，因为他不仅和我们其他人一样受到现实世界的折磨，而且还被他的幻想折磨。

伪保守主义的反抗运动——1954

1954 年春，我应巴纳德学院美国文明课程主任的邀请，就美国异议运动的某些方面发表意见。由于当时麦卡锡主义运动正处于高峰期，我选择以右翼异议运动或我所说的伪保守主义异议运动为讲演题目。右翼运动很喜欢把自己称为"保守派"，自认是某种意义上的异议运动，我试图围绕如何给右翼运动下定义这个问题构建我的论点。这篇演讲后来发表在《美国学者》（*The American Scholar*）1954—1955 年冬季刊。此前我所写的篇幅相当的文章从未引起过如此大的关注，也没有收到过如此多的引用或重印的要求。

很快人们就发现，几位同时、独立写作的作者对麦卡锡主义和相关现象的研究方法大致相似。丹尼尔·贝尔在《新美国右翼》（*The New American Right*, 1955）中收入并介绍了相关文章，这些文章的作者包括大卫·里斯曼（David Riesman）、内森·格雷泽（Nathan Glazer）、西摩·M. 李普塞特（Seymour M. Lipset）、塔尔科特·帕森斯（Talcott Parsons）以及彼得·维耶克（Peter Viereck）；这些文章现在非常易得，它们连同编者和作者的增补，以及艾伦·F. 韦斯廷（Alan F. Westin）和赫伯特·H. 海曼（Herbert H.

Hyman）的新文章，被收进了《激进右翼》（*The Radical Right*, 1963），该书将早期的分析放到了1960年代的背景里。不可避免的是，尽管这些作者在政治和社会观点上存在重大差异，他们已被视为一个流派，但在本书随后的文章中论及我们相近观点的地方，我只能代表我自己。

在某些问题上，我不再坚持我在1954年写的东西了。但仅仅通过修改这篇文章，不可能充分弥补其中的不足之处；我们可以把它视为1954年我们中的一些人对事物的看法的记录，并作为开启现在和最近的过去之间的对话的一种有用的方式，这样看来，把它放在这里似乎仍然是可取的。因此，我只对文字做了些许改动，并增加了一些脚注。我会在之后的两篇文章对本文做出纠正，另外也会延伸讨论更多内容。《伪保守主义问题重谈——1965》一文是对这些议题的重新阐述，《戈德华特与伪保守主义政治》一文则是对1964年的戈德华特竞选如何体现了伪保守主义政治所作的说明。

20年前，美国政治生活中的活力来自自由派的异议，来自改革经济和社会制度中的不平等、改变我们做事方式的冲动，目的是让大萧条给美国人民带来的苦痛不再重演。今天，我们政治生活中的活力不再来自推动新政实行的自由派。到1952年，自由派至少在表面上已经掌权了20年。他们可以回顾1930年代中期，那是一个短暂的、令人兴奋的时期，自由派当时真正掌握着权力，有能力改变国家的经济和行政生活。20年后，新政自由主义者不自觉地有了守成者的心理。另外，新政之下，公众中有很大一部分人，即1933年的失业者、落魄者和困惑者，在之后的20年中找到了属于自己的位置，成了业主、郊区居民和可靠的公民。他们中的许多人对自由主义异议仍然怀有感情，毕竟这是他们年轻时的政治主张，但如今他们的生活已经非常舒适。在他们中间，一种满足的调子，甚至是保守主义的调子已经成为主流。1952年阿德莱·尤因·史蒂文森二世[1]之所以能够激起他们的热情，部分是因为他在民主党大会上展现的沉稳可靠的保守主义气息。相比之下，哈里·杜鲁门慷慨激昂的言辞，以及偶尔对"华尔街"的抨击，似乎已经过时，而且相当令人尴尬。这种变化并没有逃过史蒂文森的眼睛。"时间真是一种奇异的炼金术，"他在哥伦布市的一次演讲中说，"在某种程度上，民主党如今变成了这个国家真正的保守党——一个致力于保守一切最好的东西，并在这些基础上坚实而安全地建设的党。"现在大多数自由主义者所希望的，并不是继续推行一些雄心勃勃的新计划，而只是尽可能地捍卫旧有成就，并努力维护受到威胁的传统言论自由。

　　然而，今天的美国存在着一个颇有势头的异议群体。这个群体只占选民的一小部分，不像新政时代的自由派异

---

[1] 阿德莱·尤因·史蒂文森二世(Adlai Ewing Stevenson II，1900—1965)，美国政治家，以其辩论技巧闻名，曾于1952年和1956年两次代表民主党参选总统，但皆败给艾森豪威尔。

议者那么强大，但其力量足以为我们的政治生活定下基调，并在全国范围内形成一种惩戒反应。这一新兴异议力量当然并不激进——如今本国几乎没有任何形式的激进分子——也不是真正保守主义的。与过去大多数的自由主义异见人士不同，这种新异见不仅不待见反守旧主义，而且其基础正是建立在对传统的严格遵守之上。对这种异议最准确的描述是"伪保守主义"（pseudo-conservative）——这个词借用于阿多诺和他的同事合著的出版于 1950 年的《威权人格》（*The Authoritarian Personality*）——用这个词的原因是，他们虽然相信自己是保守主义者，并且通常采用保守主义的话语，却表现出对美国生活、传统和制度的严重不满。他们与古典意义上真正保守主义的节制和妥协精神没有什么共同之处，他们对以艾森豪威尔政府为代表的，在当下占主导地位的实用性保守主义也极为不满。他们的政治反应表达了一种对我们社会及其运作方式相当深刻的，虽然很大程度上无意识的仇恨——如果没有来自临床技术和他们自己的表达方式的暗示性证据，人们会很难确认他们的这种仇恨。

从临床访谈和主题认知测试中，阿多诺和他的同事们发现，这些伪保守主义受试者的政治表达，从形式上看虽然是大体上的保守主义与偶发的激进观念的奇特混合，但他们成功地掩盖了自己凭借冲动行事的倾向，而这种倾向如果转化为行动，则距保守主义甚远。阿多诺写道，伪保守主义者在他的意识思维中表现出"循规蹈矩，对威权驯顺（authoritarian submissiveness），在无意识领域中表现出暴力、无政府冲动和混乱的破坏性……伪保守主义者是这样一种人：他们以维护美国传统价值和制度、防止其遭受或多或少虚构出来的危险威胁为名，实质上自觉或不自觉地以废除美国的传统价值和制度为目的"。[1]

伪保守主义者是谁？他想要什么？你无法说出他从属于哪个特定社会阶级，因为伪保守主义的冲动几乎可以在任何一个阶级中找到，尽管它可能对中产阶级中受教育程度较低者最有吸引力。伪保守主义的意识形态可以被定性，但无法被定义，因为伪保守主义者在政治上态度很不一致，这种不一致的程度远超普通人。1952年的大选中，艾森豪威尔将军最终战胜塔夫脱参议员。消息传出来时，一位女士从希尔顿酒店怒冲冲地走出来，宣称"这意味着我们还要在社会主义之下生活八年"，她的话很好地表达了伪保守主义的思维方式。一年多之前，一些"爱国"组织在奥马哈举行了自由大会（Freedom Congress），会上那位反对任命厄尔·沃伦为最高法院大法官的先生同样也是如此，他声称"折中思维可能且将会毁掉我们"；在会上发言的一位将军要求建立"一支能够一举消灭俄国空军和工业的空军"，但同时也要求"大幅削减军费"；[2]几年前认为我们没有必要在朝鲜作战的人们，同时又认为一场反对共产主义的战争应立即扩大到整个亚洲；另外，他们还是《布里克修正案》最坚定的支持者，该修正案提出改变宪法，剥夺总统主导国家外交政策的权力。根据该修正案的条款，与其他国家签署的行政条约只有在获得国会批准，并与国家法律不发生冲突的情况下才能生效。麦卡锡参议员的众

多最热心的追随者也是伪保守派，尽管他对更广泛的公众
拥有号召力。

伪保守派反抗运动各个阶段表现出的不安、怀疑和
恐惧，显示出伪保守派作为公民所体验到的痛苦。他认
为自己生活在一个受监视、被阴谋算计、被背叛的世界，
这个世界很可能注定要彻底毁灭。他觉得自己的自由遭
到了任意的、无耻的侵犯。他反对过去 20 年来美国政治
中发生的几乎所有事情。他对富兰克林·D. 罗斯福的思
想恨之入骨。他对美国加入联合国深感不安，对他来说，
联合国只能是一个邪恶组织。他一方面认为自己的国家如
此软弱，将会不断地受到颠覆的威胁，另一方面又觉得自
己的国家无所不能，它在世界上——例如在东方——遭遇
的任何挫折都不可能是因为它的能力有限，而必定是由于
被出卖。[3] 在我们所有人中，他对美国曾经参战这件事最
为痛心疾首，但似乎又在防患未然这件事上最漠不关心。
他当然不喜欢苏联，但他与我们这些同样不喜欢苏联的人
的不同之处在于，他对增强美国应对苏联挑战能力的现实
措施没有什么兴趣，而且常常表现出尖锐的敌视。他宁愿
把注意力放在共产主义力量薄弱的国内，而不关心其力量
真正强大、具有威胁性的地区。他不想与西欧的民主国家
有任何瓜葛，这些国家比苏联更令他愤怒，他反对所有援
助，反对所有旨在提升这些国家国力的"施舍计划"。事
实上，他可能反对联邦政府的大部分运作——国会调查除
外——也不认可联邦政府的几乎所有开支。然而，他并不
总是像在自由大会上的演讲者那样，把我们国家的大部

分困难归咎于"这个可恶、臭不可闻的第16条[所得税]修正案"。

伪保守主义思想很大一部分的表现是试图去设计出绝对的保护措施，防止遭到本国政府的背叛——伪保守主义者认为这种背叛一直都是迫在眉睫的事情。《布里克修正案》的确可以被当作伪保守主义的主要症状之一。每一个异议运动都会提出修改宪法的要求；伪保守主义的反抗不仅不是这一定律的例外，而且似乎一心扑在修宪上面，至少是当作一种投机活动在做。众多伪保守主义者对美国体制怀有潜在敌意，这种敌意的表现形式之一便是，提出大量旨在让我们的基本法律体系发生剧烈变革的提案。1954年6月，理查德·罗维尔在一篇尤为精辟的文章中指出，修宪几乎成了第83届国会的主要活动。[4]大约有100项修正案被提交给委员会。数个修正案的具体方案不同，但是其目的都是要将非军事支出限制在国民收入的一个固定比重。一项修正案提议禁止联邦在"一般福利"上的一切开支；另一项提出禁止美国军队在任何外国服役，除非是在潜在敌国；还有一项修正案提出要重新定义叛国罪，认为不仅试图推翻政府者应被定罪，那些试图"削弱"政府者，哪怕其采取的是和平手段，也应该被定为叛国罪。最后一个提议可能会把伪保守派划进叛国罪的惩治范围：因为这些修正案如果被通过，其共同发挥的力量，很容易使美国社会的整个结构轰然倒塌。

正如罗维尔先生所指出的，大量宪法修正案散落在国会议案箱，这件事本身并不罕见。不寻常的地方在于，参议院表现出对这些修正案的尊重，另外，一些主要成员用平民主义论点来说明将这些修正案提交给州立法机构的合理性。一般情况下，国会考虑的修正案几乎不会超过一项，但在第83届国会，有6项宪法修正案被提交到参议院，全部获得了多数票，其中4项赢得了送交众议院所必需的三分之二的多数票，最终送交州立法机构。必须补充说明的是，除了《布里克修正案》可能是个例外，被提交到参议院的6项修正案，没有一项可以被归为最极端的修正案。但是，参议员们如此容易受到影响，他们中的一些人急于推诿责任，听从"全国人民"的意见，这说明他们感受到了强大压力，需要去支持某种变革，从而让否定过往的含糊愿望得到表达，而正是这种愿望导致了伪保守主义反抗运动。

在我们这个时代，我们可以对美国提出的一个最紧迫的问题是：所有这些情绪是怎么产生的？一个现成的答案是，新的伪保守主义只是旧的极端保守主义和旧的孤立主义在当代世界的巨大压力下的强化。这个答案虽然没有错，但听起来太熟悉，熟悉到会产生一种欺骗性，因为这个回答无法让我们对这个问题有更深的理解，而且美国孤立主义和极右翼思想的特殊之处都没有经过非常充分的探讨。仅举一例，如果说，因为税收在过去的20年里变得非常沉重，所以有些人希望废除所得税修正案，这个说法是不成立的。因为这个说法不能解释为什么处于相同税率等级的三个人中，一个人会愿意承担这个税负，继续支持社会福利方面的立法以及建立一个强大的军事力量；另一个人对所得税修正案的反应是以切乎实际的态度，支持务实的保守主义领导层；而第三个人则去愤怒地控诉有人玩阴谋，提出伪保守主义的极端要求，唯有这么做才能让他心满意足。

毫无疑问，决定任何一个人的政治风格的情况都是复杂的。虽然我在这里关注的是伪保守主义的一些被忽视的社会心理因素，但我不想让人以为我看不到重要的经济和政治上的因素。例如，我知道富裕的守旧人士试图利用伪保守主义的组织者、发言人和团体来宣传他们的公共政策观念，一些伪保守主义和"爱国"团体的组织者常常在这项工作中找到谋生的门路——从而把偏执狂倾向变成了一种职业资产，这可能是人类已知的最变态的职业疗法（occupation therapy）[1]之一。其他一些情况——当代剧烈的通货膨胀和沉重的税收，我们政党制度的不平衡，美国城市生活的恶化，党派出于权宜之计所做的各种考量——也起到了一定的作用。但是，这些因素似乎都不能解释伪保守主义为何能有如此广泛的吸引力，为何会引发那样强烈的情感反应，为何导致如此多的人陷入强烈的非理性之中，也不能解释伪保守主义催生的一些奇特的思想。它们也不能解释，为什么那些从有组织的运动中获利的人能找到这么多积极主动的追随者，为什么伪保守主义

---

[1] 职业疗法即通过有目的、有计划的活动来治疗、协助及维持患者的生理和心理的健康；或减轻及舒缓患者的发展障碍或社会功能上的障碍对他们的影响，使他们能获得最大的生活独立性。

的普通信奉者如此热衷于谩骂，给国会议员和媒体编辑写信，为显然不会给他们带来任何物质回报的运动投入如此多的情感和四处征战的理想主义。

　　埃尔默·戴维斯在他最近出版的《但我们生来自由》一书中试图解释这种情绪。他提出了一个心理学假设。如果我没有理解错的话，他得出的结论是，面对国际共产主义的力量，我们当前处境中遭遇的真正困难引起了广泛的恐惧和挫折感，而那些不能以更理性的方式面对这些问题的人则会"把气撒在自己那些影响力没那么大的邻居身上，就像一个在家庭口角中不敢直面自己妻子的男人，只有通过踢猫来缓解情绪"。[5] 这个假设简洁且合理，它或许可以用来解释伪保守派当中的一部分人。虽然我们会去谈论踢猫的人在个人成长中的某些特异之处导致他做出该举动，然后可能对他失去好奇心，但我们不禁要问，在伪保守主义冲动的背后，是否存在一些共同的情况，可以解释他们一起踢猫的这个举动。

　　我们所有人都有理由害怕国际共产主义的力量，我们所有人的生活都深受其影响。为什么有些美国人直面这个威胁，认为这是一个存在于世界范围内的问题，而另一些人则试图把它归结为主要是国民不够遵循传统的问题？为什么我们中的一些人更愿意在民主世界中寻找盟友，而另一些人似乎更喜欢威权主义盟友或根本没有盟友？为什么伪保守派对自己的政府表示出如此持久的恐惧和怀疑，不管它的领导权是在罗斯福、杜鲁门还是艾森豪威尔手中？为什么伪保守主义者忍不住超越多少有些算是例行公事的党派立场——过去20年里大量政策错误令我们深受其害——而一定要引起不安，做出以下指控：我们实际上是持续发生的阴谋和背叛的受害者，并提出所谓的"叛国20年"？这是为什么？此外，与伪保守主义者非常相似的政治群体在美国有着悠久的历史，可以追溯到苏联对我们而言尚还不构成巨大威胁的时候，难道这不是事实吗？比如三K党现象与伪保守主义的反抗运动真的完全不同吗——据可靠估计，三K党成员在1920年代的高峰期有400万到450万人？

　　我想提出的是——本着不过是提出一个推测性假说的精神——伪保守主义在很大程度上是美国生活的无根状态和异质性的产物，尤其是美国生活中那种美国独有的、对地位的争夺以及寻求安全身份的产物。通常情况下，一个人的民族认同感或文化归属感与一个人的社会地位之间存在着天壤之别。然而，在美国的历史发展中，这两种在分析上很容易区分的东西，在现实中却被混在一起，也正是如此，我们的地位争夺才显得特别尖锐和紧迫。在我国，一个人的地位，也就是他在社会的声望等级中的位置，和他对这个社会的基本归属感，也就是我们所说的"美国主义"（Americanism），紧密地结合在一起。作为一个在社会制度上极其民主的民族，我们没有明确、一致、容易辨别的地位体系，我们个人的地位问题因而变得尤其尖锐。因为我们八十年前的那种相对来说同质性较高的族群结构已经不复存在，我们的归属感早已变得高度不确定。我们自诩是个"大熔炉"，但我们并不十分确定，我们熔化后留下的会是什么。

　　我们一直为我国高度的职业流动性而感到自豪。与其他国家相比，在我国，一个人的出身若是处于社会结构中非常卑微的位置，可以快速上升到中等水平的财富和地位，若是中等地位出身，可以迅速上升到非常杰出的地位。我们认为这一点在原则上值得称道，因为它是民主的，在实用层面也是可取的，因为它激励了许多人努力奋斗。另外，毫无疑问的是，它与我们的经济生活那种富有活力、注重实效的特点有很大关系。美国人的职业流动特点，虽然常常被夸大了——就像霍拉肖·阿尔杰（Horatio Alger）写的励志小说和我国其他大量神话所夸大的那样——但人们通常列举的那些美德和有益影响，可能的确是由这种特点带来的。但是，这种职业和社会流动，加上我们从一地到另一地的超常流动性，也有其常常不被注意的缺点。其中最重要的是，在这个国家里，许多人不知道自己是谁，不知道自己是什么，不知道自己属于什么，也不知道什么属于自己。这是一个人们的地位期望随机而不确定的国家，然而在我们的民主精神和白手起家的神话刺激下，人们对地位的渴望却达到了非常高亢的程度。[6]

　　按世界生活水平的标准，美国人的物质需求总体上已经得到充分满足，因而，对地位的追求在我们的公民意识中异常突出。政治生活，它不仅是各社会群体关于具体物质利益冲突的角斗场，也是心理学家所说的，地位渴望与挫折的投射场。正是在这个意义上，政治之中的各种议题，或者各种虚假议题，与个人问题交织在一起，并且依附于这些个人问题。我们的政治中存在着相互之间有着千丝万缕联系的两种进程：一是利益政治（interest politics），即各种团体在物质上的目标和需要之间的冲突；二是地位政治（status politics），即源于对地位的渴望和其他个人动机的各种带心理投射的合理化解释之间的冲突。在经济萧条、民众生活存在不满的时代——以及国家面临严重危机的时代——政治的主题是利益，虽然人们对地位的考量自然也是存在的。在物质繁荣和普遍幸福的时代，人们对地位的考量则会对我们的政治产生更大的影响。我国近代史上，地位政治特别突出的两个时期分别是1920年代和当代，这两个时期都是繁荣时期。

在萧条时期，人们通过提出改革建议或开出万能药方来表达异议。因此，异议往往具有很强的纲领性，也就是说，借助各种具体的立法建议来表达自己的主张。这种异议也是面向未来的、有前瞻性的，它希望在未来的某个时间，通过采用这样或那样的方案，实质性地减轻或消除某些不满。但在繁荣时期，地位政治变得相对更为重要，人们往往不会借由立法建议来表达自己的不满，而是用抱怨来表达。因为构成"地位不满"基础的基本愿望只有一部分是人们能够意识到的；而且，即使这部分愿望，也很难将其表达为一个纲领性的表述。对于一个加入了"美国革命之女"[1] 的老太太来说，当她看到自己的祖居地到处都建起工人阶级的新住宅时，难免心生不满，可是她很难通过提出有哪怕一点现实性的具体建议来表达自己的敌意。相比之下，在经济不景气的时候，失业工人会制定具体的行动方案，为了政府能够出台救济方案而团结起来。因此，比起提出现实主义的积极行动建议，地位政治的表现方式更多是怀恨在心、痛苦地回忆过往以及寻找替罪羊。[7]

吊诡的是，现今政治中对地位有着强烈关注的是这样两类人：第一类是一些来自古老世家的盎格鲁-撒克逊新教徒；第二类是许多后来的移民，尤其是德国和爱尔兰移民，他们通常是天主教徒。这两类人对地位的强烈关注出于完全相反的原因，前者在失去自己原先的地位时最容易倒向伪保守主义，而后者则是因为获得地位才倒向伪保守主义。[8]

先来谈美国老家族。这些家族在美国曾经占据着远比现在明确的主导地位，他们觉得自己的祖先建造起了这个国家，在这个国家定居，为这个国家而战。他们对这个国家有某种从祖上承继而来的主人翁意识。由于美国总是给予这些老资格家族某种特殊的尊重——那么多家族都是新近才到这片土地上——这些人认为，出身让自己有权利获得相应的地位，他们通过加入"美国革命之女"和"美

---

[1] Daughters of the American Revolution，一个以血统为基础的会员服务组织，为参与美国独立运动的人的直系后裔提供服务。该组织的成员仅限于美国革命时期协助独立事业的士兵或其他人的直系后裔，在美国和其他国家有超过 18.5 万名成员。

国革命之子"[1] 等组织来颂扬这种地位。他们中间有相当
多的寒门士绅，这些人由于这样或那样的原因，在商业、
政治和职业生活中失去了原来的地位，因此他们异常绝望
地紧紧抓住能够从祖先那里争取到的残存的威望。这些人
虽然往往相当富裕，但他们觉得自己被从应有的位置挤
出，甚至被挤出了自己的社区。他们中的大多数人因家族
传承而成为传统的共和党人，他们觉得自己在过去的 30
年里被移民、工会和城市组织边缘化了。在移民群体弱小
时，这些"本地人"认为自己在族裔、宗教方面高人一等，
欺压新移民。9 现在，移民群体已经发展出了非常充足的
政治和经济自卫手段，第二代和第三代移民可以非常好地
捍卫自己的利益。来自老家族中的一些人于是转而在自由
主义者、左翼分子、知识分子和类似的人中寻找新的怨恨
对象——这些人有着真正的伪保守主义行事方式，喜欢欺
负弱者，对强者则畏首畏尾。

新移民有其特殊的地位问题。从 1881 年到 1900 年，
超过 880 万移民来到这里。在接下来的 20 年里，又有
1450 万移民。这些移民连同他们的后代构成了人口中的很
大一部分，玛格丽特·米德在一篇给人很多启发的文章中
分析了我们的民族性格，她令人信服地论述道，现在美国
人特有的世界观是第三代移民的世界观。10 在寻找新生活

---

[1] Sons of American Revolution，美国国会特许的组织，成立于 1889 年，总部设在
肯塔基州的路易斯维尔。该协会的成员是在美国革命战争中服役或为美国独立做出
贡献的人的男性后裔。它致力于延续美国的理想和传统，保护美国的宪法；官方承
认的宪法日、国旗日和权利法案日是通过它的努力确立的。

和新国籍的过程中，这些移民吃了不少苦头，他们受到"本地人"的排斥，感到自卑，普遍地被排斥于较好的职业之外，甚至都不属于被人们忿忿地称作"一等公民"（first-class citizenship）之列。因此，对社会地位的不安全感与对自身身份和归属的不安全感混杂在一起。获得更好的工作或更好的社会地位和变得"更美国化"几乎是同一个意思，通常与社会地位关联的激情，由于和对归属感的需要联系到一起，而被极大地强化。[11]

保持家庭团结，管教孩子去赢得美国社会的成功，努力去遵循陌生的标准，守住以极大的牺牲换来的经济和社会地位，让比自己变得更"美国人"的孩子尊重自己——这些都是新移民家庭要完成的任务。这些任务带来了许多问题，给许多家庭的内部关系造成了沉重的负担。新老美国家庭都被过去30年的变化所困扰——对于前者来说，是因为他们努力追求令人尊重的中产阶级地位和美国人身份；而对后者来说，则是因为他们要努力保持自己继承得来的社会地位，在越来越不利的社会条件下，实现根植于19世纪东北各州的乡村新教背景、在性格和个人品行上对人的要求。代际关系由于没有形成稳定的模式，已经被打乱，父母的地位焦虑令孩子深受其害。[12]父母往往怀有无法满足的地位诉求，或者只有付出巨大的精神代价才能满足。他们指望子女能减轻他们的挫折感，拯救他们的生活。为了实现这一目的，孩子成为被操纵的对象。他们期望孩子可以取得极高的成就，同时去为顺应社会规则、获得别人的尊敬付出巨大努力。从孩子们的角度来看，这些期望往往以一种过分苛刻的权威形象出现，让他们不敢质疑或反抗。孩子的抵抗和敌意无法在和父母的相互迁就中得到适度的发泄，不得不将其压抑在心中，形成具有破坏性的愤怒情绪。对权威的巨大敌意因为不能进入意识层面，导致巨大的过度补偿的发生，这种补偿表现为对强权的过度顺从。在阿多诺和他的同事所进行的调查里，那些有强烈的民族偏见和伪保守倾向的被测试者中，有相当大一部分人无法培养出公正地、适当地批评父母的失误的能力。另外，这些人不能容忍现实生活中很常见的思想和感情上的暧昧不明。伪保守主义有许多特质，其中之一是与权威之间失常的关系，其特点是，除了几乎完全的统治或彻底的服从之外，无法找到其他的相处模式。伪保守主义者总是想象自己被支配、被强迫，因为他觉得自己不是支配者，也不知道还有什么别的可以解释自己所处地位的方式。他想象自己的政府和领导人一直以来都在阴谋算计自己，因为他习惯于认定，权威是为了操纵和剥夺自己而存在的。正是这个原因，他喜欢看到那些杰出的将军、国务卿和著名学者受欺侮。

地位问题在美国人的生活中有特别重要的意义，因为有很大一部分人为地位问题中最麻烦的一个所困扰：将自己的国籍当作一件自然而然的事情对他们而言是奢侈的，他们怀疑自己是否是真正的、完全的美国人，并一直被这种难以摆脱的怀疑折磨。因为自己的祖辈自愿离开了一个国家，来到另一个国家，所以他们不能像其他地方的人那样，认为国籍是与生俱来的东西；对他们来说，国籍是一

个选择，也是奋斗的目标。这也是为什么"忠诚"问题会
引起许多美国人如此情绪化的反应，为什么在美国的舆论
环境中，很难将国家安全问题和个人忠诚问题明确区分开
来。当然，我们没有真正的理由怀疑移民及其后代对美国
的忠诚，也没有理由怀疑他们是否愿意全力为国家效力，
仿佛自己的祖辈在美国生活了 300 年那样。然而，过去有
人对他们是否有充分的美国主义认同表示怀疑，他们也因
此被迫需要为自己辩护。可能他们也会自觉或不自觉地感
到不安，认为既然自己的先辈已经放弃了一个国家，中止
了对母国的效忠，那么他们自己的忠诚可能也会被认为是
不可靠的。对于这一点，我相信在我们国家的实际举措中
也有一些证据。美国有一套制度化的仪式，其唯一目的是
向人民保证移民的国籍是名副其实的。除了美国，还有哪
个国家认为建立这样一套仪式是必要的呢？法国人、英国
人或意大利人是否认为有必要说自己是"百分之百"的英
国人、法国人或意大利人？他们是否觉得有必要设立他们
的"我是美国人日"（"I Am an American Day"）？当他
们在国家政策上意见相左时，他们是否认为有必要称对方
为非英国人、非法国人或非意大利人？他们无疑也会受到
颠覆、间谍活动困扰，但是，他们是否会组织起非英国、
非法国或者非意大利活动委员会来采取对策？[1]

---

[1]"众议院非美活动委员会"是美国众议院的一个调查委员会，成立于 1938 年，负责
调查公民个人、公职人员和那些被怀疑与法西斯或共产主义有联系的组织涉嫌的不
忠诚和颠覆活动。该委员会的反共调查通常与麦卡锡主义有关，尽管作为参议员的
麦卡锡本人没有直接参与该委员会。

爱国社团和反颠覆的各类观点对其拥护者的主要价值在这里就体现出来了。它们对老家族出身且在地位问题上心怀不满者提供额外的、持续的保证，也让那些新移民家庭出身并因此感到需要消除对自己国籍的疑虑的人安心。各种退伍军人组织提供了同样的满足——还有什么比在国旗下服兵役更能证明国籍的货真价实以及公民身份的受之无愧呢？当然，这些组织一旦成立，就很容易被既得利益者利用，成为既得利益者用来推进某些举措和利益的压力集团。（退伍军人团体由于是为退伍军人的具体利益游说，发挥了双重作用。）但将新老家族出身者维系在一起的，是地位需求的驱动以及对身份的渴望。

社会学研究表明，社会流动与民族偏见之间有着密切的关系。在社会阶层中向下流动的人，很多情况下甚至是向上流动的人，对犹太人、黑人等少数族裔的偏见，往往比他们离开或进入的社会阶层中普遍存在的偏见更深。[13] 虽然这方面现有的研究都集中在偏见上，而不是我最关注的那种超级爱国主义和超级守旧主义，但我认为，典型的怀有偏见者和典型的伪保守异议者常常是同一个人，两种情结的作用机制是完全一样的[14]，仅仅是出于当今形势的权宜之计和策略考虑，那些之前强调种族歧视的群体找到了其他替罪羊。无论是那些失掉原有地位的老家族出身者，还是急切地渴望自己最基本的美国主义得到确认的新移民，都可以方便地把矛头指向自由主义者、批评家和各种非守旧主义者，另外还有共产主义者和疑似共产主义者。他们宣称自己时刻保持警惕，追击那些哪怕只是被指控对美国"不忠诚"者，这样做不仅可以重申自己对国家的忠诚，而且可以借此宣传自己的忠诚——美国超级爱国主义的主要特征之一便是不断地自我宣传的内在冲动。这波新的守旧主义浪潮的一个显著特点是，其倡导者更乐于把盎格鲁—撒克逊出身，生活在东部地区，在常春藤联盟从事知识工作的绅士作为自己的仇恨对象，而不是像朱利叶斯·罗森堡和埃塞尔·罗森堡[1]这样已经被打倒批臭之人。在我看来，其原因在于，在受地位需求驱动者心目中，比罗森堡夫妇更像真正的美国人并不是什么特别的优点，但比迪安·艾奇逊或约翰·福斯特·杜勒斯或罗斯福更像真正的美国人才真的了不起。15一些族群的地位诉求实际上比20年前更高——这也是为什么在威权右翼的意识形态中，反犹主义和其他公然表达的偏见近来调低了调门。有人说，反犹主义是穷人的势利。我们美国人总是在努力提高生活水平，现在看来，同样的原则也适用于仇恨的标准。所以在过去15年左右的时间里，威权主义者从反黑人、反犹主义发展到反艾奇逊主义、反智主义、反非守旧主义等其他相同主张的变种，就像如果条件允许，美国人就会从开福特车升级到开别克车一样。

　　这种对地位的争取，也许可以帮助我们理解伪保守主义意识形态中一些原本难以理解的臆构——比如说，那种

---

[1] 朱利叶斯·罗森堡 (Julius Rosenberg) 和埃塞尔·格林格拉斯·罗森堡 (Ethel Greenglass Rosenberg) 夫妇是冷战期间美国的共产主义人士。他们被指控为苏联进行间谍活动，判决与死刑的过程轰动了当时西方各界。

针对联合国的令人难以置信的仇恨。一个老家族出身的美国人和一个第二代或第三代移民有着同样的仇恨，这看上去是个悖论，可是也不难理解：前者觉得自己的社会地位未达到他所期望的那样，联合国里的外国人正涌进他的国家，削弱美国主权，就像"外国人"已经在自己的社区定居了一样；而后者一直在竭尽全力让自己去欧洲化，从他的个人承继中去除欧洲，却发现自己的政府成了欧洲计谋的参与者，这在他看来是对自己付出的努力的嘲弄。

同样，促使伪保守主义者要求他人在生活中的各个领域遵守传统的，很大程度不也是对地位的渴望吗？对于那些不确定自己是否足够受人尊敬的人来说，要求他人遵守传统是一种确保自己受人尊敬且能让外人看到自己受人尊敬的方式。这些人努力想融进这个秩序之中，在他们看来，不遵从传统的行为是对整个秩序的轻率挑战，自然会产生反感；而在公共场合要求他人遵从传统，既可以表达这种反感，又可以展示自己很好地遵从了传统。这种习惯有从政治蔓延到知识和社会领域的趋势，几乎可以用来挑衅、质疑任何生活方式与众不同的人，以及在伪保守主义者想象中享有优越社会地位的人——如一位煽动者所说，出入于"见多识广者、知识分子和所谓学术人的会客室"的那些人。

为什么这种伪保守主义异议运动在我们这个时代会发展到这种程度？首先，我们必须记住，在相当大的程度上，它是对现实做出的一种反应，无论这种反应有多么不切实际。我们确实生活在一个失序的世界，受到一个大国和强大的意识形态的威胁，这个潜藏着巨大暴力的世界已经向我们展示了人类精神最丑恶的潜能。在我们自己的国家，确实存在着间谍活动，而对国家安全的松懈让一些间谍升至高位。近代以来，刚好有足够的现实，让伪保守派想象中极富戏剧性的事件有了一丝可信度。

不过，如果考虑到我国近代史上出现的一系列变化，这种伪保守主义反抗运动就变得容易理解起来。200多年来，美国发展的各种条件——在这块大陆定居，在新地区不断建立新的地位模式，不断有新的移民潮到来，每一波移民潮都把前一波在族裔上的地位推到更高一级——使得被激起的对地位的热烈追求在很大程度上能够得到满足。在美国社会这栋大厦里，曾经装有一部自动电梯，它不断地抬升人们的社会地位。今天，这部电梯不再自动运行，或者至少不再以同样的方式运行。[16]

其次，大众传媒的发展及其在政治中的应用，使政治比以往任何时候都更接近人民，政治成了一种娱乐形式，观众感到自己也是其中的参与者。因此，比以往任何时候更甚，政治成了一个可以轻易投射私人情感和个人问题的舞台。大众传播使得大众几乎经常处于政治动员的状态。

再次，伪保守派最反对的自由派的长期执政，以及我们社会、经济和政治生活中出现的各种各样的变化，这些都加剧了反对这些变化的人的无力感和受害感，令他们不满的社会问题也愈加增多。除此以外，还出现了一种全新的斗争：原本存在于某些类型的商人与新政官僚机构之间的冲突，蔓延为对知识分子和专家的怨恨。

最后，与以往的战后时期不同，我们所处的战后时期是一个危机持续的时期，并且未来这种困局未必会舒缓。在我国历史上，没有任何一场对外战争像第二次世界大战那样，让我们打了这么长的时间，或者付出如此大的牺牲。战争结束后，我们不仅不能恢复和平时期的各种事务，反而很快又面临另一场战争。对外面的世界不怎么思考，也不愿意思考的某一类美国人，很难理解为什么我们必须卷入这样一场旷日持久的斗争。在今后很长一段时间内，当权者的命运将是在得不到本国大多数民众的同情和理解的情况下，小心翼翼地进行外交活动，以此维系冷战中的和平。艾森豪威尔和杜勒斯今日从痛苦的经验中所学到的东西，也正是杜鲁门和艾奇逊之前所学到的。

以上这些因素告诉我们，伪保守主义政治风格的影响力虽然可能已经过了高峰期，但它是 20 世纪美国历史中的诸多长浪（long wave）之一，而不是一时的情绪。我并不认同众多自由主义者的不祥预感，认为此类异议的力量会不断增长，直到它完全夺走我们的自由，使我们陷入极权主义的噩梦。事实上，那种认为伪保守主义是我们从近代欧洲历史中了解的那种不折不扣的法西斯主义或极权主义的观点，在我看来是没有从独特的美国政治现实来解读美国社会发生的新变化而做出的误判。[这让我想起那些在全国步枪协会和墨索里尼的"公司国家"（corporate state）之间发现了一些相似之处，因而曾经深深忧虑全国步枪协会是美国法西斯主义之肇始的人。] 然而，在我们这样一种平民主义的文化中，似乎缺乏一个负责任、在政治和道德上自主的精英阶层，公众情绪中最狂野的部分可能会被利用来为私人目的服务；有一种情况至少是可能发生的：一个高度组织化的、声量强劲的、积极的、资金充足的少数派会创造出一种政治气氛，在这种气氛中，理性地追求我们的福祉和安全将变得不可能。

伪保守主义问题重谈——1965

戈德华特的竞选活动表明，过去十年来，极右派在组织方面和影响力方面有了很大的发展，哪怕人数变化不大，因此，我们依旧迫切需要努力理解极右翼运动。虽然以戈德华特运动为高潮的十年经验和探究（戈德华特运动本身几乎就是伪保守主义基本特征的一个理想的测试案例）证实了《伪保守主义的反抗运动——1954》一文和类似解释里提出的一些观点，但这些观点似乎也有需要做出修正的地方。

我认为我的旧文现在有四个一般问题需要加以限定或修正。第一个，同时也是最复杂的问题是，地位焦虑和地位怨恨在麦卡锡主义时代的右翼骚动中占据怎样的位置。在我写作《伪保守主义的反抗运动——1954》一文的时候，地位因素在很大程度上被人们忽略了，因此需要去强调它，但我毫不怀疑，一篇专门讨论复杂形势中的一个因素的文章，不可避免地会夸大该因素的重要性。另外，前文对"地位"一词的使用过于宽泛，需要给出更多的定义。但我这么说并不意味着我要收回前文关于地位因素重要性的说法，而只是表明要对我原来的表述作一些改进。在我看来，前文中对地位政治和利益政治的区分极为重要。虽然这种区分是针对 1950 年代的问题而提出的，但它对于理解我国政治历史的其他问题也是有帮助的。

其他几个问题比较容易处理。前文在从类型上刻画伪保守主义者时，过分强调临床研究结果，没有对伪保守主义者的言论、论点和策略进行更常规的历史分析。我希望在下一篇论述戈德华特竞选活动的文章中能够弥补这一点。另外，我现在认为，前文过分夸大了某些少数族裔在右翼中的作用。可以肯定的是，如后来的数据所显示的，这些少数族裔的确在其中发挥了作用；但这些少数族裔的作用在逐渐消退，而非不断增加，右翼中的"本土派"才是我们应当主要关注的。最后一个问题与前一点有关，我只在前文的一个脚注中顺便提到了基要主义的作用，而基要主义显然是右翼中很突出的因素之一，其重要性在过去十年中变得越来越明显。

最后两点最好结合右翼最近发生的重大变化来讨论，尽管右翼在思想和领导层方面有一定的连续性，但这些变化使得对右翼的任何静态描述都会产生误导。前文在讨论伪保守主义时将重点放在族裔因素上，现在看来，我的做法只考虑了早年间的情况，没有看到最新的发展。前文中与事实相符的地方在于，极右翼确实在一定程度上利用了早年的孤立主义，德裔和爱尔兰裔美国人的态度在其中有很重要的位置；另外，在一定程度上，极右翼也利用了与苏联支配下的东欧国家有着各种联系的美国人的感情。[1]

我们在第二次世界大战中的角色短暂地激起了这些群体的民族错位感（national dislocation）和恐英症，麦卡锡适时地利用了这些情绪。但1960年代的激进右翼主要是一场盎格鲁-撒克逊、新教、共和党白人的运动，其他族裔只占据边缘位置。德国人的恐英症现在似乎没有以前那么严重了；1960年，一位信奉天主教的爱尔兰裔总统的当选，可能令爱尔兰裔美国人感到安慰——自1928年以来，因为觉得自己的文化没有被美国完全接受，爱尔兰裔美国人一直备受困扰。回过头来看，即使到了1954年，伪保守主义中的族裔因素似乎也在减弱，而非增强。

在过去的30年里，右翼运动吸引了诸多不同的公众群体，他们之间虽然存在重叠，却有很大的区别。1930年代，右翼不满情绪主要是通过查尔斯·库格林神父领导的社会正义运动（Social Justice movement）表达出来的，这是在经济不景气时代出现的社会现象，其支持者大多数是那些在大萧条中受到最大影响的群体——工人阶级和失业者、农民和中下层阶级的一些人。这场运动的基调更多是伪激进主义，而不是伪保守主义。它利用平民党的老话题，攻击国际银行家，支持"自由白银"以及其他货币和信用体系上的变革，其反犹主义言论之狠毒远超平民党人所能想象的程度。它在农村地区和小城镇的势力比在城市的更强大，在天主教徒，特别是在爱尔兰天主教徒中的势力比在新教徒中更强大。它的孤立主义和仇视英国的论调得到了信仰天主教和路德宗的德国人的支持。它在以下两个地区的势力最为强大：中西部各州和新英格兰，前者的吸引力背后既有族裔因素，也与乡村生活方式有关，后者则吸引了爱尔兰天主教徒。库格林在南方几乎没有什么力量，这点很有意思，也许是残余的宗教偏见所致；另外，南方有自己本土的、更有吸引力的大救星休伊·朗[1]，直到他被暗杀。

随着"二战"的爆发以及战后繁荣时期的到来，库格林主义没有了存活的土壤。麦卡锡时代的新右翼既有延续库格林主义的地方，也有其不同之处。麦卡锡是爱尔兰裔天主教徒，许多因为族裔和宗教原因追随库格林的人这时候成了麦卡锡的追随者。另外，麦卡锡也从来自东欧"受奴役"国家的移民那里得到了一些支持。但是，作为一种繁荣的现象，麦卡锡主义几乎完全没有经济方面的内容，也不提供任何经济方案。可是，因为麦卡锡既吸引了那些不满自己的政党被东部势力控制的共和党人，也吸引了两党中被冷战的反共激情冲昏头脑的人，所以他的追随者比库格林多得多。总的来说，他从天主教徒和受教育程度不高的人，以及共和党人、美籍爱尔兰人、下层阶级和老年人那里得到的支持，远超过他们在总人口中的比例。除了经济议题，麦卡锡也突然放弃了老右翼打的反犹主义牌。

麦卡锡的部分优势在于，他有能力将对大众的吸引力与对上层阶级中一部分人的特殊吸引力结合起来。相比而

---

[1] 休伊·朗（Huey Long,1893—1935），美国律师和政治家，曾任路易斯安那州第40任州长、联邦参议院议员，1935年遇刺。大萧条期间，凭借他对罗斯福总统及其新政的强烈批评而在全国崭露头角，朗拥有广泛的支持者并经常采取有力行动。支持者认为他是穷人利益的捍卫者，反对者谴责他为法西斯主义煽动家。

言，库格林的追随者则几乎完全是底层民众。麦卡锡能够赢得相当多的社会中上层人士的支持，将那些从未接受过新政带来的变化的共和党人动员了起来，这些人对本党长期未能入主白宫的愤怒情绪达到了顶点。也有证据表明，麦卡锡对战后新富阶层有着特殊的吸引力。对右翼的未来最有预见性的一点是：他对具有基要主义倾向的新教徒有着强烈的吸引力，他们如今和天主教徒一起，在右翼中占据着重要位置。[2]

浸礼会教徒观点的变化就很能说明这一点。可能是由于库格林的神父职业，在支持他的福音派教派中，浸礼会教徒的人数并不多；然而，虽然麦卡锡是天主教平信徒，但浸礼会对他的支持却超过了其他任何新教教派。正是在麦卡锡时代，反共问题对这个福音派的成员（大概还有其他教派）来说变得非常突出，以至于他们放弃了传统的对天主教的敌意，以参与右翼普世的反共活动。

1960 年代，右翼的领导权已落入约翰·伯奇协会手中，他们在社会经济阶梯上更进一步。约翰·伯奇协会坚定地支持极端保守的经济思想，因此对贫困人群没有什么吸引力。它主要是由受过良好教育的中上层共和党人组成，这些人在几个方面都是受教育阶层中的异类，其种族偏见高于全部人口的平均水平。[3] 作为一个精英团体，约翰·伯奇协会的成员当然比其他右翼团体成员的受教育程度更高。美国社会受过教育的上层阶级内部因此呈现出了有趣的两极分化，这一点与他们所从属的党派有关。在民主党人中，受教育程度越高，对约翰·伯奇协会的认同就越低；

而在共和党人中，受教育程度越高，对伯奇协会的支持越多。

虽然伯奇协会作为一个整体从富裕的共和党新教徒那里获得了最重要的公众支持，但如果从属的党派不变，它对天主教徒也有着特殊的吸引力。从社会学角度来描述的话，这是一个占据强势社会地位的群体，他们在财富积累和受教育程度上超过一般水平，但表现出一定程度的偏见以及对其他社会群体的敌意，这一点在富裕阶层和受过教育者中是不常见的。

虽然1960年代的极右分子人数不一定比麦卡锡主义时期的极右分子更多，但到了1960年代，右翼已经学会了组织的秘诀，这在很大程度上令其取得了更大的成功。库格林主义和麦卡锡主义主要是电台和报刊上大量一针见血的宣传的产物，其组织上的工作相形见绌。库格林有组织的团体相对来说不太重要，而麦卡锡几乎无法组织起自己的小团体，更不用说全国性的运动了。与麦卡锡获得的公众支持比较起来，约翰·伯奇协会只获得非常少的公众支持，但其组织严密，激进的骨干队伍运用类似于共产主义小组的活动方式，使得该协会获得了成功；它与共和党的联系不是通过宣传，而是通过在地区、选区和社区组织中的积极工作，意识形态上的亲和在这些地方被转化为权力。

在基层，极右派现在主要从两种基本类型（有时是重叠的）的社会群体中获得支持。第一，富裕的（也许是新富）、生活在郊区、受过良好教育的中产阶级，主要在东北地区以外，这个群体对极端保守的经济议题以及好战的民族主义和反共主张反应积极，并试图在美国的政治结构中赢得能够和他们已经在社会获得的稳固地位相称的位置。第二，庞大的下层中产阶级，他们受教育程度较低，对老式经济自由主义的热情也不如第一类人高，但他们更恐惧共产主义——在强烈的福音派–基要主义思想的影响下，他们以一种更为抽象的方式感知和理解共产主义。

2

在冷战的各种条件和富裕社会的刺激下，基要主义在政坛重新崛起，这是过去15年里一个非常显著的现象。出于必要考虑，我用"基要主义"这个词是为了描述一种宗教风格，而不是用来描述对教义的坚定信奉，因为没有人知道有多少福音派右翼分子坚持对《圣经》和其他基要主义信条做字面上的解读。另外还要加两个限定条件：第一，大量基要主义者把他们的宗教信仰解释为退出世俗政治的理由，他们在世俗政治中看到的希望并不比在这个世界的其他事物中看到的多；第二，许多基要主义者在涉及国内经济改革方面继承了较为宽容的观点，对此他们不会轻易放弃。但在文化政治的某些问题上，基要主义者始终是僵化的，当这些问题变得更突出时，基要主义者会更容易受伪保守派先知们的哄骗。此外，基要主义传统中盛行的摩尼教式二元论和世界末日式的思想风格很容易被带入世俗事务的讨论中，并转化为一种相当粗鄙、近乎迷信的反共主张。

不仅整个右翼运动在群众层面受到基要主义思想风格的全面影响，而且这种思想风格在基要主义传教士、前传教士和传教士后人中也占据着显要地位，从这一点我们可以看到两边在思想上的亲和。右翼的主要发言人把复兴主义福音派的方法和风格带进了政治，就像许多传教士发现，比起单纯诉诸听众的宗教情感，将自己传达的内容政治化更能激发人们的狂热，也能筹措到更多的钱。[4]

在右翼政治支持下，那些曾经立场强硬、激烈反天主教的新教徒，现在与同样好战的天主教徒联合起来，以一种巨大的基督教合一的热情反对共产主义，捍卫基督教文明。新教徒以前骚扰天主教徒的精力现在可以用于更有效地寻找共产主义者，甚至用于攻击自由派新教教派的所谓颠覆性。那种认为人生是一场绝对善与绝对恶之间进行的斗争的观念，还有那种世界末日将不可阻挡地来到的观点，只需稍稍地用世俗语言包装一下，就被用在了关于冷战的谈论中。基督教与共产主义之间的冲突被设想为一场殊死斗争，基督教被当作唯一可以抗衡共产主义信条的力量。

基要主义领袖在右翼组织中发挥的作用，远远超过基要主义在广大民众中的力量。其中有约翰·伯奇协会的创始人小罗伯特·H. 韦尔奇、基督教反共产主义十字军运动的负责人弗雷德·C. 施瓦茨博士，以及在西南地区蓬勃发展的基督教十字军组织的比利·哈吉斯牧师。[5] 基要主义极端保守主义的兴起在很大程度上可能与南方浸礼会的惊人壮大有关，它的成员从 1936 年的 230 万人增加到了 1962 年的 1000 万人。右翼基督教会也有相当的增长。这些团体的增长幅度远远超过了同期较为温和的新教教派。[6] 这类教会团体带来了一个庞大的信众，这些人以前的经济状况很差，但现在相当多的人有了不错的生活，因此我们可以从他们身上时不时看到新富阶层特有的在经济问题上的偏见，另外也有反现代性的道德偏见。

当然，比起基要主义在广大信众中的影响，我们对基要主义领袖在右翼团体中的作用了解更多。雷蒙德·E. 沃尔芬格和他的同事对加利福尼亚州奥克兰市的基督教反共产主义十字军运动的部分成员进行的一项研究表明，该组织中存在着两种亚文化。他们的研究结果指出，该组织成员分成两派：相对富裕、受过教育、"见多识广"的一派，他们最关注的是极端保守主义的经济内容；另一派信仰上更虔诚，更倾向于基要主义，主要关注宗教和道德问题。在 308 名同意接受采访的人中，属于基要主义教会的人占 20%（在南加州的比例更大）。那些自称因为教会的影响而加入这场右翼运动"派系"（school）的人，在一些重要方面与整个受访者群体存在差异：他们更倾向基要主义，更积极地参加教会事务，没那么富裕，受教育程度较低，更少参与政治。他们对待医疗保险和联邦政府教育援助等改革的态度比其他受访者更积极，也更愿意接受工会的合法性。他们更强烈的基督教信仰也许还体现在：比起其他成员，他们更少同情南方各州在种族融合上的态度。但他们更反对进化论，更忧心于共产主义对有神论信仰的威胁，也更焦虑共产主义对美国国内所谓的威胁。[7]一些研究者运用参与式观察法，对一个中西部工业小城的基督教反共产主义十字军运动成员进行了印象式的研究，结果发现，运动成员主要是基要主义的浸礼会信徒，教育程度只有高中水平（除少数人以外），积极反智，对传统美德的存续备感焦虑，并倾向于以偏执狂风格认知世界。[8]

3

增进我们对 1950 年代和 1960 年代政治的理解的一种方法是将其与 1920 年代的政治进行比较。我们的政治生活在 1920 年代受到了某些文化斗争的深刻影响，并且这些文化斗争一度占据了主导地位，后来被大萧条、新政和战争打断，转移了方向，但在一定程度上，在战后这几十年的不同环境中重新发挥作用。无论是 1920 年代，还是战后，都是相对繁荣的时期，经济议题的影响力减弱，而地位政治议题——宗教、道德、个人风格和文化相关议题——的影响力则急剧上升。值得注意的是，在美国历史上所有的竞选活动中，彻底被地位政治主导的是 1928 年的"阿尔"·史密斯[1]与胡佛的竞选活动。当时，1920 年代的繁荣正值巅

---

[1] 艾尔弗雷德·E. 史密斯 (Alfred Emanuel "Al" Smith, 1873—1944)，曾四次担任纽约州州长，并于 1928 年成为民主党的总统候选人，也是美国民主党首个信奉天主教的总统候选人。

峰，但却命运多舛。1964年，同样是在繁荣期，地位政治议题再次发挥了异常重要的作用。

1920年代，小城镇和农村的新教徒强烈地捍卫自己的文化价值，对抗迅速壮大的敌人——一边是不断进犯的天主教徒和少数族裔群体，另一边是宗教中的现代主义者和知识文化方面的世俗主义者。三K党、禁酒主义、反对在学校教授进化论的阵营、反天主教以及对"阿尔"·史密斯的造谣中伤都是这场斗争的组成部分。守旧派在限制移民上取得了重要的、永久的胜利，在禁酒令上取得了令其满意的、即使只是暂时的成功。但在其他方面，他们节节败退。他们反对在公立学校教授进化论的斗争遭受重大挫败，令其遭到全世界的羞辱。他们反对放松礼仪、道德和审查制度的要求，也失败了。他们试图遏制移民在政治上的影响，这一努力在民主党内又一次失败了。1924年，农村的新教民主党人为使自己的政党不受城市少数族裔控制展开斗争，两派在1924年的民主党大会上几乎肢解了民主党。到了1928年，农村新教民主党人的敌对方控制了局面，史密斯被提名。他为自己的宗教信仰以及对建制派礼仪、道德的蔑视付出了沉重的代价，但他确实成功地使民主党从前两次选举的绝望状态中恢复过来，这部分是通过动员信仰天主教的选民而实现的。民主党成了新的城市多民族美国的联盟党。史密斯所开启的事业后来被罗斯福完成了；罗斯福把国内的少数族裔和工人阶级整合成一股有影响力的政治力量，这一点几乎和他的经济改革一样重要。

经济大萧条和第二次世界大战在某种程度上掩盖了这些文化上的对立，尽管透过表面常常可以看到它们涌动的暗流。事实上，作为一种政治力量的基要主义—福音派的美国，长期以来一直处于分裂或沉寂状态，许多知识分子已经忘记了其存在。这个基要主义—福音派的美国从未放弃其对禁酒主义的坚持，也没有放弃其对大众教育教授进化论的憎恶。[9] 即使在最近的 1959 年，根据盖洛普的民意调查，仍有 34% 的新教徒赞成禁酒。五分之三的新教农民和五分之二居住在人口不到一万的城镇中的新教徒都持这种立场。[10] 同样，就在几年前，另一项调查的结果显示，这个基要主义—福音派的美国为了让年轻人不受达尔文主义和世俗主义的影响，做出了坚决的、虽然是不事声张的努力。在这项样本数量巨大的对青少年的调查中，只有 35% 的受访者在回答"人类是由低等动物进化而来的"这项问题时选择了"是"，多达 40% 的人回答"不是"，24% 的人回答"不知道"。[11]

谈到这些内容并不是说，1920 年代那些旧的文化议题在目前条件下成了十分显著的重要议题，而是说，主张禁欲的新教仍然是当代美国的重要暗流，其追随者已经找到了新的方式来重申他们的一些信念。他们无法让政府再次推行禁酒令，也无法完全让学校停止教授进化论。他们无法让公立学校公开祷告，也无法阻止《生活》杂志刊登泳衣照片。但他们可以反过来控诉和惩罚这个令自己震怒的美国，而且他们已经找到了强有力的领导人来呼应自己的观点。[12] 他们以往进行的反移民活动逐渐变得没那么重要，黑人"革命"使他们中的许多人感到害怕，并使种族冲突成为新的焦点。这场反抗现代性的参与者不再是土包子和乡巴佬，因为现代的城市化提升了他们的见识和凝聚力。他们也生活在城市和郊区，与令其厌烦的事物的距离更近，但他们彼此之间的距离也近了，也就更容易组织起来。

最重要的是，他们找到了一个可以帮助他们克服以往孤立状态的战斗议题。在这个议题上，他们终于和所有美国人有了共同点：他们是坚定不移的、激烈的反共产主义者，在这种由反共激情而促成的普世运动中，他们欢迎所有的盟友。他们尤其乐于与天主教徒达成协议，并接受少数族裔成为自己的亲密战友。巴比伦的娼妓[1]现在在莫斯科，而不在罗马，这对他们来说有着无可估量的好处，因为他们把天主教会这个强大的国内敌手变成了盟友，天主教会原来的头号敌人的位置如今留给了弱小无能的美国共产党。真正的共产党人在美国几乎找不到，他们也不会因而感到烦恼。自由主义者、和平主义者、垮掉的一代、种族正义鼓动者、其他教派的激进分子——罗伯特·韦尔奇称之为"共产主义同情者"——都可以充作共产党。

持这种观点者在解释世俗政治问题的时候，表现得仿佛这些问题只是道德和精神层面的斗争。他们不关心世界范围的反共产主义斗争，而是更关心据称由共产主义造成的对国内政治和道德的破坏。冷战为他们提供了源源不

---

[1] Whore of Babylon，是《圣经·启示录》中提到的寓言式的邪恶人物。新教改革者用"巴比伦的娼妓"来指代罗马天主教会。

断的理由来攻击我们在道德和物质上的失败。在这些人看来，这场在世界政治舞台真实发生着的较量所带来的挑战，远不如其作为一场与绝对邪恶的爪牙在精神上的搏斗带来的挑战巨大，而这些绝对邪恶的爪牙对人施以不可抗拒的吸引力，就像撒旦的力量经常对人所做的那样。以这种方式看待世界的人，会将自己要进行的根本斗争视为一场发生在国内的、与其他美国人之间的斗争。他们也会积极响应在右翼中非常普遍的观念，即认为美国自由的最大敌人在华盛顿。此外，过去偶尔只有少数古怪的富豪才有兴趣资助对天主教的攻击，而反共产主义则引来右翼基金会和美国一些大型商业公司的慷慨捐助。

尽管许多有基要主义倾向的美国人历来同情经济和社会改革，但右翼思想有一个方面总是吸引着他们，那便是其经济思想的道德意蕴。基督教的经济道德主义，固然常常提倡仁爱，激发社会改革，但它也有另一面：只要经济生活被视为新教禁欲主义美德得以实现的领域，基督教的道德主义就会服务于右翼的不满情绪。新教思想中的一支一直关注经济生活，不仅因为它在生产商品、提供服务方面的作用，而且还因为它是一个庞大的道德训诫体系，奖励美德和勤奋，惩罚恶习和懒惰。过去，职业生活被认为可以培养审慎、节俭和勤奋之类的品质——许多论者似乎觉得，经济带给人的约束可以比布道和劝诫更有效地培养这些品质。职业生活是道德的试验场。今天，这些看法遭到了公然蔑视。现代经济建立在广告、奢侈消费、分期付款、社会保障、救济穷人、政府对财政的控制和不平衡的预算之上，即使碰巧是富有成效的，也显得鲁莽和不道德。在当代极端保守主义的知识综合体中，新教禁欲主义的冲动因此可以被用来支持商业个人利益和新古典经济学家优美的数学模型。

4

我们现在可以回到最初关注的问题上来：新富阶层、基要主义者以及现代美国右翼中的其他群体，在多大程度上受到地位怨恨和焦虑的影响？这个问题似乎没有十年前那样紧迫，因为《激进右翼》的作者群体当时所要表达的观点已经被广泛接受。当时，一个突出的事实令我们印象深刻：美国右翼的文献所表达的不是那些自认为是拥有者的人的感受，而是那些觉得自己是被剥夺者的人的感受——这是一种表达怨恨的文字，有着强烈的反建制冲动。[13] 它的那种令人难以信服的对保守主义的自我标榜，对文化以及围绕在其周边的一些机构的强烈敌意，都令我们印象深刻。

《激进右翼》中的文章之所以用大量篇幅来论述地位怨恨，并不是因为该书的作者们认为自己已经找到了右翼思想路线的最终的、单一的解释，而是因为我们发现了这场运动中迄今为止被忽视、未被解释的一面。我们在《激进右翼》中的论述，是对有关右翼的已有知识的补充，而不是试图取代右翼产生的不可否认的结构和历史背景。简而言之，我们不是要否认显而易见的东西，而是要超越它。

我们强调美国社会中某些社会和心理力量的作用，并不是要否认是许多客观条件共同催生了右翼——朝鲜战争带来的冲击、我国外交政策的失败、共和党由于在总统政治中遭遇长期失败产生的挫折感、金钱势力的常年干扰、持续的高税收、通货膨胀的影响、共产党间谍以及政治腐败的曝光、对新政及其建立的社会改革长期积压的不满、对因新政上台的国家领导人的反感。我们试图解释清楚，社会学和心理学层面的作用力是如何让所有这些条件聚到一起，获得了一种修辞形式，令这种反体制的仇恨显得格外尖利。我们对繁荣时期产生的特有的不满形式印象深刻，这种不满不像困难时期那样广泛，但也同样激烈。

《激进右派》中的文章对地位怨恨和焦虑的强调，部分是基于对有关麦卡锡主义信徒的社会经济地位和受教育程度的民意调查数据做出的推断，部分是基于对当代社会变迁的不精确的观察，还有部分是基于麦卡锡主义的言论及其不满所针对的对象。对于麦卡锡主义右翼分子来说，不仅犯了什么错误是重要的，而且谁犯了这些错误也是重要的；对"官僚主义外交官"（striped-pants diplomats）、常春藤联盟毕业生、高级将领、大学校长、知识分子、东海岸上层阶级、哈佛教授和美国大学优等生荣誉学会成员的反复诋毁，似乎是为了达到心理上的目的，与对本国遭遇的困难和失败做出现实主义的历史说明没有什么关系。[14] 正如麦卡锡在惠灵（Wheeling）的著名演讲中所说的那样，这个国家已经被"那些享受着地球上最富有的国家所提供的一切福利——最好的住宅、最好的大学教育和政府中最好的工作——的人出卖了……那些生来就含着银汤匙的聪明的年轻人是最糟糕的人"[15]。

这似乎表达了某些地位上的不满，但很难从数量上加以评估，也很难衡量其在众多发挥作用的影响因素中的地位。据我所知，只有一项研究试图对地位怨恨进行定义，以便对这一概念进行检验，该研究的结果对《激进右翼》提出的假设做出了一定程度的确认。[16]其他的实证研究则十分正确地强调了导致右翼形成的大量因素，但也没有有效地论证地位怨恨应该从这些因素中被排除出去。[17]

《激进右翼》中的文章，是出于对某些迄今为止被认为是理所当然的事实的好奇心而写就的。我们想知道，为什么以类似方式受到许多事件影响的美国人对它们的反应会如此不同。当然，党派、社会经济地位和地理区域总会影响人们的政治观点，但在面对激进右翼崛起这一现象时，这些容易察觉的因素加总起来并没有产生一个令人满意或详尽的解释。比如说，在同一个社会阶层以及同一个政党的人们对待1950年代的事件有非常不同的反应。谈起人们对政治事件的反应上的差异，他们不仅对应该奉行何种政策持有非常不同的意见（人们向来如此），而且在精神和修辞风格上也存在巨大差异。人们都知道，朝鲜战争和共和党人长期被排斥在白宫之外跟当时的时代特色有很大关系，但为什么有些共和党人欢迎朝鲜战场实现和平，而另一些人却把促成和平的共和党总统骂作叛徒呢？同样，不能指望百万富翁喜欢累进税，但我们如何解释得克萨斯州的第一代或第二代石油百万富翁与纽约的第三代石油百万富翁之间的政治差异？为什么有着同样收入、属于同一个政党的纳税人对承继于新政的社会改革有如此差异巨大的看法？

我承认，我对于用"地位政治"这个词来解释右翼所激发的不满情绪有着复杂感受。一方面，我并不想过分夸大地位（狭义界定）对于1950年代或今天的右翼的作用。有大量的社会和经济因素会影响右翼的构成，与任何其他单一的解释一样，用"地位政治"来解释必然有其局限。然而，如果因为它在这方面的作用有限，就得割舍极端重要的对地位政治和利益政治所做出的区分，我肯定会感到遗憾。我想找一个可以描述各种心怀不满群体共同的冲动的词，最后选择了"地位政治"。如果说"地位"这个词有什么误导性的话，那是因为它的含义有些过于具体，无法说明它试图描述的东西，而且它的部分含义被当成了全部含义。很少有批评家否认它的存在或意义，但有人提出，"文化政治"（cultural politics）和"符号政治"（symbolic politics）等术语更适用。

在我最初的文章中，我用"地位政治"一词来指代三件相关但不完全相同的事情：首先是美国人的身份问题，这又因为我们的移民起源和少数族裔的问题而变得复杂；其次是社会地位问题，指的是各种群体和职业在社会中获得个人尊重的能力；最后是有着不同文化和道德信念的美国人，为了确保他们的价值观能够为大众尊重而付出的努力。这个词的目的是要提高我们对一种持续的政治斗争的认识，这种斗争并非源于利益集团政治中常见的真实的或想象的利益争夺——历史上为廉价土地、廉价信贷、更高的农产品价格、更高的利润、各种市场保护、更多的工作机会、更大的议价能力、经济安全而进行的斗争——而是源于对某些价值的承诺，这些价值被信奉者视为应当毫无私心地追求的终极道德目标。这些人认为，他们在社会中的威望，甚至他们的自尊，都取决于这些价值能否得到公开的尊重。除了经济上的期望，人们在其他领域——宗教、道德、文化、种族关系——也有很深的情感承诺，他们也希望在政治行动中看到这些承诺的实现。地位政治所寻求的不是促进可见的物质利益，而是为了表达对这些问题的不满和怨恨，向社会提出要求，让社会对非经济价值给予尊重。一般来说，地位政治更多的是表达情绪，而不是制定政策。事实上，很难将地位政治的诉求转化为方案或具体目标（全国性的禁酒令是个例外，尽管最终没有成功）；而且，在大多数情况下，地位政治的支持者更关心权力在什么地方上被误用，而非使用权力去做什么，提出解决社会问题的方案不是他们要做的。他们提出的要求更可能是消极的：他们所呼吁的主要是去禁止、预防、审查以及谴责、诋毁和惩罚。

将地位政治的概念应用于我国历史的一个方面的最有益的尝试是约瑟夫·R. 古斯菲尔德最近出版的关于禁酒运动的书《象征意义上的十字军征战：地位政治与禁酒运动》。他相当明确地将地位政治定义为"围绕声望之分配发生的政治冲突"，认为它的重要性"恰恰在于指出非经济性因素在某些社会和政治冲突中发挥关键作用"。[18]古斯菲尔德谈到他所谓的"文化基要主义者"和"文化现代主义者"各自的政治目标——前者的性格更僵化，只关心生产、工作和储蓄，而后者则更关注消费和享受。用罗伯特·默顿（Robert Merton）的说法，基要主义者是"本地人"（local），他们的价值观来自所在地的社会传统；而现代主义者则是"世界主义者"（cosmopolitan），因为他们更熟悉整个国家大众社会发生的事情，不管他们是否赞同这些事情。两者都参与政治，但基要主义者有一个特殊优势，因为他们想恢复以往时代的简单美德，觉得自己所努力的是一个注定会失败的目标。

禁酒运动很好地说明了这一点，古斯菲尔德将其政治承诺从共和国的早期追溯到近代。他指出，19世纪末和20世纪初的禁酒运动常常与进步潮流——女权主义、基督教和平主义、罗斯福–威尔逊时代的进步运动——联系在一起，但随着其成员越来越感到与现代性的疏离，也随着运动中较温和的追随者被吸收进世界主义群体的轨道，运动的倡导者变得越来越愤懑。他们知道自己被当作怪人，那些最值得尊敬的人不再支持他们的事业。自从新政——罗斯福政府很大程度上是属于城市和世界主义的——给全国性的禁酒运动以致命一击之后，运动成员转向右翼。禁酒党[1]

---

[1] Prohibition Party，历史上以反对出售或消费酒精饮品而闻名，也是禁酒运动不可缺少的一部分。这个政党是美国现存最古老的还在活跃的第三党，虽然该党从未成为美国的主要政党，但曾经是19世纪末和20世纪初第三党制度中的重要势力。

不再像上一代人那样试图吸引改革者和自由主义者，而是如古斯菲尔德所总结的那样，"立场右转，吸引两个主要政党的右翼分子"。

在生活的诸多领域，地位政治的风格很大程度上是由僵化的道德和宗教态度所塑造的，那些受到地位政治相关议题影响的人会将这些态度带到对社会和经济问题的讨论中。他们把经济问题当作信仰和道德问题，而非事实问题对待。例如，人们反对某些经济政策，常常不是因为他们已经或将要受到这些政策的经济损害，甚至不是因为他们对这些政策的经济效益有任何深思熟虑的看法，而是因为他们基于道德不赞成他们认为这些政策所依据的假设。

一个著名的例子是关于财政政策的争论。在我们的社会中，赤字支出遭到许多人的强烈反对，他们没有认真思考——事实上，他们几乎没有这个思考能力——赤字开支作为一种经济手段有着哪些功效这样的复杂问题。他们之所以反对赤字支出，是因为，根据他们在支出、债务和审慎经营方面的个人经验或训练，赤字开支是对他们生活所依据的道德戒律骇人听闻的否定。从地位政治角度考虑，赤字开支是对数百万人的侮辱，他们从小就过着（某些情况下是被环境所迫）节制、俭朴、谨慎的生活。从利益政治角度来看，赤字开支可能对他们有利；但他们真正能够理解和感受的道德和心理影响则完全不同：如果赤字开支政策被采纳，那些一直按旧规则管理自己事务的小商人、专业人员、农民和白领会感到自己的生活方式被公开否定了，这是对他们的羞辱。

这一代的历史学家和社会批评家特别迫切地需要地位政治这样一种分析工具，它将防止他们在理解政治冲突时，受到那种在前两代历史学家和政治学家作品中无处不在的过度理性主义的影响。在查尔斯·A. 比尔德（Charles A. Beard）、弗雷德里克·杰克逊·特纳（Frederick Jackson Turner）、V. L. 帕林顿（V. L. Parrington）、阿瑟·F. 本特利（Arthur F. Bentley）等作者的指引下，我们曾经把政治人基本上看成是一个理性人，会去尽可能地计算自己的经济利益，会去组建压力集团和政党来推进这些利益；作为公民，则会去投票，以确保这些利益的实现。

当然，这些作者也明白，人们对自己利益的本质以及追求利益的最佳方式可能会有误判，他们也知道有时非经济因素也会对政治行为产生显著的影响，但他们坚持在几乎所有政治冲突中寻找根本性的经济动机。当他们的现实感迫使他们处理非经济因素时，他们往往会低估这些因素的重要性，而把它们看成是一时的反常现象，不认为有必要发展一种能充分考察这些因素的理论。当政治冲突实际上完全来源于经济问题时，他们的文章最为有力；可一旦其他问题在政治冲突中更为凸显，他们的论述则漏洞百出。他们对于历史变迁的观念尤其不适用于处理繁荣时期形成的不满情绪，这种情绪很大程度上跨越了阶级界限。

在我们的时代，这种理性主义的偏见在很大程度上被打破了，部分是由于各种政治事件的冲击，部分是因为人们从民意调查和精神分析学中获得的新知。[19] 那种将公众主要当作不同经济团体的集合来对待的政治概念，不足以应对进入我们政治历史的其他各种因素——其中包括习惯和党派忠诚，民族出身和传统，宗教信仰和宗教风格，种族和民族偏见，对自由和审查制度的态度，对与商业目标完全无关以及与国家利益关系可疑的外交政策的感受等因素的影响。在美国历史上，这些力量的综合影响异常之大。国家的富裕和阶级意识的淡漠释放了许多政治能量，使得人们可以对那些和经济冲突没有直接关系的问题发表意见；而我们异常复杂的种族和宗教混杂，也引入了一些在情感上更加紧迫的复杂因素。

值得注意的是，地位政治最突出的时期是相对繁荣的1920年代和1960年代。在繁荣时期，经济问题变得没有那么尖锐或者成为次要问题，其他问题就变得特别突出。我们注意到，在经济萧条时期或经济改革时期，人们会为他们认为代表自己经济利益的人投票，而在繁荣时期，他们则觉得可以自由地把票投给能够表达他们偏见的人。在顺境中，随着最严重的经济困难的过去，许多人觉得他们有余力投身于更大的道德问题，他们很容易相信，由此产生的那种政治要比利益政治那种粗鄙的物质主义优越得多。他们不忌惮去施加压力，让自己的道德关切成为公共政策的目标，无论这种举动是多么苛刻，考虑是多么欠周全；相比之下，他们不会为追求自己的利益而这么做，无论这种利益是多么合理和符合现实。我将在下文说明，巴里·戈德华特相当清楚地看到利益政治和地位政治之间的区别，并在其竞选活动中不遗余力地谴责利益政治的不道德，呼吁强化地位政治的观念。

戈德华特与伪保守主义政治

1

　　戈德华特夺得共和党提名，是美国政治中伪保守主义的胜利时刻。也许有人会说，这是一个意外，因为结果与右翼共和党人的实力不相称，只是由于温和派共和党人的一系列失误和不幸才会发生，而这种情况不可能重演。但从另一个意义上说，此事远非偶然：它是由少数党长期的、令人沮丧的无力感，以及党内右翼力量悄然建立起来的高效组织所催生的。

　　称戈德华特为保守主义者会让人摸不着头脑，但如果把他当作伪保守主义反抗的产物，那就可以说得通了。质疑他的保守主义似乎是不必要的，但其中的利害关系远比一个空洞的问题或一个合适的标签重要。正如罗伯特·J.多诺万（Robert J. Donovan）所说，关键在于共和党能否学会"区分戈德华特参议员及其支持者所代表的保守主义和真正保守的保守主义"。[1]

　　毋庸置疑，戈德华特的思想确实留存着一些真正的保守主义的残渣碎片，但他职业生涯的主要历程使他更亲近那些对其成功至关重要的右翼意识形态宣传家——正是这些人对戈德华特的策略形成了决定性影响，对他的论证路线做出了回应。而戈德华特在职业生涯的关键时刻选择捍卫他们的极端主义。如果不去考虑这些对戈德华特的思想形成影响深远的政治派系，我们该如何解释这位"保守主义者"的特质？他的整个政治生涯都在极力主张与过去彻底决裂，他成为共和党领袖的重大时刻标志着对我们传统政治治理方式的否定，他的追随者以其破坏力和制造分裂的能量闻名，他最为公众所知的不是抵制变革或过度谨慎，而是冲动和鲁莽。

戈德华特的保守主义很容易在这样一些思想家——美国盛产此类思想家——那里找到源头：在这些人的理解里，保守主义与经济上的个人主义基本没有区别。相比于美国保守主义在实践中的精明和微妙的运作、让步与调和的传统，戈德华特对意识形态层面的保守主义的怀旧幻想以及宣告永恒之真理的反应更热烈。大多数保守主义者主要关心的是维持一个由各种机构、制度组成的系统，认为国家的商业精英和政治精英对该系统的稳定性和有效性负有责任。戈德华特则认为保守主义是一种永恒不变的观念和理想的体系，它对我们的要求必须不断得到肯定和充分的尊重。[2] 作为一套学说，保守主义的合理性要通过论战来确立，但作为一套规则，其合理性则需要通过其在政府中的作用来确立，两者之间的差别并非细枝末节，而是根本和实质性的。

颇有启发意义的是，戈德华特对永恒之真理的虔诚，使他远离了艾森豪威尔这样的前共和党领袖的立场，甚至让他比罗伯特·A.塔夫脱[1]的保守主义还要走得更远。从艾森豪威尔在担任总统前以及卸任后的许多言论来看，我们可以得出这样的结论：他的社会思想与戈德华特的很相似。艾森豪威尔也经常为老式的审慎美德说话，也会对日益扩张的联邦官僚体系发出反对的声音，他的内阁中至少有两名成员——乔治·汉弗莱和埃兹拉·塔夫脱·本森——完全认同右翼哲学。但在实际进行政治活动时，艾森豪威尔忠于美国保守主义的机会主义传统。虽然作为一个平庸的政治家，艾森豪威尔对政治游戏没有什么热情，但他在直觉上却是美国政治传统的"内行"，他本能地用职业政治家的方式来对待美国保守主义的分裂心理。他知道，许多保守派向往企业不受约束、外交问题容易解决、税收可以忽略不计的日子，但他们往往也能认识到当代世界的复杂，自己的国家承担了怎样艰难的国际义务，认识到将我们从农业社会的那种简单环境带到现代城市生活和企业组织的复杂环境的历史进程不可逆转。因此，当艾森豪威尔谈起哲学理念时，他常常表达出保守派对旧日理想的留恋，但在施政中，他通常会向他眼里最紧要的事务低头。

在这里，我们的三位重要政治家所采用的策略颇具启发意义。艾森豪威尔相信老派价值，至少是半心半意地相信，但他还是断定——虽然带着些许疑虑——这些价值不

---

[1] 罗伯特·A.塔夫脱（Robert A. Taft, 1889—1953），美国第 27 任总统威廉·霍华德·塔夫脱的长子，在美国参议院代表俄亥俄州，曾短暂担任过参议院多数党领袖，是共和党人和保守派民主党人组成的保守联盟的领导人，阻止了新政的扩张。

能被当作行动准则。戈德华特则不仅相信这些价值，而且认为应当不折不扣地遵循。林登·约翰逊大概根本不相信这些价值；但他明白，既然这么多诚实的人相信，那么为了向这些人表明他至少尊重他们的价值观，可以做出一些象征性的姿态。他把节俭挂在嘴边，以及他大肆宣传的关闭白宫灯光以节省开支的做法，就是这类姿态。在对约翰逊持怀疑态度的人看来，他的这些做法自然是可疑的。但他的姿态也可以被视为一种人道上的努力：既然没有办法给那些信奉老派价值的人提供更多实质性的安慰，那么至少可以给他们提供一些象征性的安慰。

极端保守主义者将老派价值视为必须遵守的道德原则，对他们而言，艾森豪威尔政府不仅令人失望，而且是一种背叛。艾森豪威尔没有废除新政的一系列改革，没有取消高税收，没有停止对外援助，也没有平衡预算。事实上，它的主要历史功能似乎是使罗斯福和杜鲁门时期所做的事情正当化：某些国内政策和外交政策被原封不动地保留下来。可以说是历经八年共和主义的洗礼之后，这些政策被证实代表了两党的共识，因而得到更普遍的接受。右翼中的少数派并不会把这一事实作为理解我国问题之本质的线索，而是认为这进一步证明，最初由民主党人所开启的阴谋被艾森豪威尔背后的东部共和党人接手了。例如，麦卡锡迅速对艾森豪威尔发起攻势，把他的口号"叛国20年"[1]

---

[1] 麦卡锡认为罗斯福到杜鲁门执政的20年对共产党出手不够强硬，甚至与之勾结，称这20年是民主党政府的"叛国20年"。

改成了更具煽动性的口号"叛国21年"。另外，因为一份预算案，戈德华特给艾森豪威尔政府扣了一个"折扣新政"[1]的帽子。在之后的某个场合，戈德华特饱含激情地说："一代出一个艾森豪威尔就够了。"³

戈德华特的主张偏离了塔夫脱式共和主义，这也将他与党内温和建制保守派区分开来。与戈德华特不同的是，塔夫脱出身于一个长期从事公共事务的家庭；同样与戈德华特不同的是，他在国会积极参与立法。塔夫脱的保守主义变得温和，是出于对某些权宜之计的让步，同时也出于责任感的要求。尽管对变革深恶痛绝，对财政上的保守主义和分权管理充满热情，但他还是接受了这样的观点：联邦政府应该关心的事情是"确保每个家庭都有最低标准的体面住所"，应该"协助那些希望在救济、医疗、住房和教育等方面提供基本服务的州"，应该支持各州提供"每个儿童最低限度的基本教育"，支持最低工资法，"给那些没有加入工会组织的工人提供一些保护"（与工会能够提供给工人的保护相当），坚持征收累进所得税，维持最低农产品价格，并通过其社会保障计划（他认为该计划严重不足）"确保每个65岁以上的公民获得基本的生活保障"。

这些都是塔夫脱在1943年至1951年的各种演讲中做

[1] 1960年，戈德华特用"a dime store New Deal"来形容艾森豪威尔政府的政策，意在指出艾森豪威尔政府向选民承诺，民主党承诺他们的都会做到，只不过打了折扣，本质与新政无异。

出的承诺，他接受了福利国家的现实。这与戈德华特的观念形成了鲜明的对比，戈德华特认为经济上的个人主义仍然可以在美国民众的生活中得到彻底贯彻。为了1964年的初选和总统竞选，戈德华特觉得有必要修正自己的一些立场。在那之前，他的信念直接承继了19世纪的自由放任学说和最严格的建构主义（constructionism）。戈德华特认为，政府在"救济、社会保障、集体谈判和公共住房"方面的活动，"削弱了个人的品格以及自力更生的能力"。他要求"迅速且永久性地终止农业补助计划"，反对"联邦政府提供的各种形式的教育援助"，谴责累进所得税是"政府对个人财富的没收"，并断言本国"没有任何教育问题需要联邦对各州提供任何形式的补助计划"。他说，政府"必须开始从超出宪法授权范围的一系列计划中撤出"，这些计划包括"社会福利计划、教育、公共电力、农业、公共住房、城市改造……"[4] 诸多声明合在一起，便是要废除福利制度。"我的目的不是要通过法律，而是要废除法律。"戈德华特曾经这样夸耀道。他在另一个场合说："我对华盛顿和中央集权政府的恐惧超过对莫斯科的恐惧。"[5] 这些都是伪保守派煽动者独有的论调：他们坚信自己生活在一个堕落的社会中，认为自己主要的敌人是本国政府手上的权力。

戈德华特在民权问题上的立场，使其对共和党行为模式的背离变得更加复杂。在北方，甚至某种程度上在南方，许多保守派的传统中，最古老的——尽管不是最有效的——传统之一，就是对黑人的某种持久的同情，以及以温和的方式帮助他们解除痛苦的愿望。这个传统可以追溯到联邦党[1]，后来由辉格党[2]的贵族们延续了下来，然后被早期的共和党所继承。戈德华特的竞选团队因采用了"南方策略"而放弃了这个传统。他们不仅致力于获得南方几个主要州的选举人票，而且还想在北方得到一些数量可能不多，但具有战略意义的选举人票，这就需要去找出抱有种族主义偏见的选民。他们认为白人对于民权运动的反弹是个不错的公众议题，可以通过谈论街头暴力、犯罪、青少年犯罪，以及我们的母亲和女儿所面临的危险，来间接地利用这个形势。

　　和戈德华特一样，艾森豪威尔也一直不为实现种族正义的崇高愿景所动，但他至少口头上支持这一理想，并认为应该亲自推动相关法律的实施，呼吁公众遵守法律。但戈德华特表示最高法院做出的促进种族平等的决定"不一定"是国家的法律，这个立场与保守主义相去甚远。[6]当然，法院的裁决总有其政治意图，且经常引起很大的争议，对这些决定毫不犹豫地表达顺从实无必要。但是，只是在我们这个时代，只是在伪保守主义运动中，人们才开始暗示，

---

[1] Federalist Party，美国开国政党，存在于 1789 年至 1824 年，由美国第 2 任总统约翰·亚当斯和美国首任财政部长亚历山大·汉密尔顿共同创立，主张增强联邦政府的权力，反对美国参与欧洲的战争。其主要的支持者来自新英格兰，以及一些南方的富裕农民。其竞争对手为民主共和党，该党支持与法国结盟，对英国开战。联邦党在美英之间的 1812 年战争后失势。

[2] Whig Party，存在于 1833 年至 1856 年，反对安德鲁·杰克逊总统及其创建之民主党所订立的政策，拥护国会立法权高于总统行政权，赞同现代化与经济发展纲领。该党最终因是否赞同奴隶制度扩张至新领土而瓦解。

不服从法院不仅是正当的，而且是保守主义的要义。

伪保守主义右翼质疑的不仅是法院的权威性和正当性，当他们表达政府主要是通过对民众进行近乎催眠的操纵（洗脑）、全盘腐败和背叛来实现统治这类观点时，他们是在质疑政治秩序本身的正当性，这是比愤慨的爱国者们的幻想远为重大的事情。在美国发展起来的两党制，建立在对忠诚反对派（loyal opposition）共同认可的基础上：每一方都承认对方最终的意图是好的。对手的判断力可能自始至终都被认为很糟糕，但其意图的正当性是没有问题的——用一个流行的说法，他的"美国主义"是不能被质疑的。在总统竞选中，一个不言而喻的主张是，两党的领导人都是爱国者，无论他们的错误多么严重，都必须给予他们执政的权利。但在伪保守主义的世界观中，却有一个重要的观点：我们最近的几任总统怀有邪恶的意图，其所作所为均以损伤公众利益为目的。这不仅是在毁坏他们的名誉，而且是在质疑不断将这些人送上台的政治制度本身的正当性。

像戈德华特这样的人，一半生活在常规政治的世界里，一半在伪保守主义者的奇异思想形成的地下世界里，既不能完全接受也无法彻底拒绝这样的立场。他鄙视或驳斥那些显而易见的谬论（比如认为艾森豪威尔是共产党特务的说法），但他的政治生命有赖于能轻易激起情绪的敌意——正是这种敌意催生了种种谬论。这种模棱两可的态度可以解释为什么他会在败选当晚如此公然地违反了礼仪规范：败选的总统候选人要在选举结果确定无疑后立即向当选者发出祝贺，贺辞应强调当选者的成功施政关系到整个国家的利益，并重申，作为失败者，自己接受公众的决定。戈德华特直到选举后的第二天早晨才发出祝电，且在电报中毫无道理地列举了一系列严重问题，暗示林登·约翰逊没有能力解决这些问题——此举已非不合礼仪那么简单了。借着勉强且拖延地完成礼仪，他表达了自己的怀疑：整个美国的政治制度，连带着它的令人费解的模棱与妥协，对于这个弱肉强食的世界来说，太过软弱，也太过含糊。

2

虽然极端分子常常带着怀旧之情，谈论据说存在于我们遥远过往的种种美德，但他们却喜欢否定不久之前的过去；抹杀共和党近年来的保守主义政策，符合戈德华特的一贯个性。但这样做的结果是，戈德华特和他的追随者们无法赢得真正的保守势力的几个主要中心的认可。商人们固然给了戈德华特微弱的支持，但支持率远远低于近几十年里的任何一位共和党人。新闻界也打破了正常模式：支持民主党总统候选人的报纸总发行量远大于支持其对手的报纸的总发行量，这是我记忆中的第一次。赫斯特出版集团和斯克里普斯－霍华德报业旗下的一系列保守派报刊支持约翰逊，纽约的《先驱论坛报》这样的共和党建制派报纸也支持约翰逊。新英格兰地区的农村等这些老的共和党保守主义中心没有支持戈德华特，他成为第一个失去佛蒙特州的共和党总统候选人。中西部小麦产区通常情况都是共和党的铁盘，但是这一次这些州的大量保守派选民没有投给戈德华特。民调人员注意到，共和党选民在表达对戈德华特的怀疑或公开反对时，经常会给出一个同样的解释："他太激进了。"美国公众对意识形态标签的认识算不上深刻，对"激进"一词的使用也完全谈不上精确；但与那些把戈德华特当作自己人大加赞誉的保守派上流人士相比，美国公众的这种反应其实体现出了一种对形势更为精准的判断。无论戈德华特选择什么标签，相当多的公众都觉察到其种种言行严重偏离了美国的政治模式，这让人们觉得很可怕。

戈德华特的偏离，既体现在他的行为上，也体现在他的思想上。美国的政治主要是由专业人员来运作的，这些专业人员在长期的工作中形成了自己的风气，遵循一套职业准则。在强调戈德华特如何彻底地背离了职业准则的时候（他的追随者们背离的程度更甚），必须明确，我们不是在对他们的主张进行实质性的批评，而是试图将他们的行事方式与我国保守派的正常操作做历史性的比较。职业准则对任何人都不是一种具有约束力的道德要求——甚至对政治家来说也不是。大多数政治家都曾打破过职业准则。偶尔，我们会佩服他们为了自己心中更高的原则而选择打破这些准则。最后，需要说明的是，在其职业生涯的某些时刻，戈德华特很好地遵守了这一准则：当其他人打破准则时，他也为之所累。[7]

　　然而，问题的关键是，职业准则尽管有其局限，却是体现了几代政治家实践智慧的一个美国惯例。颇为讽刺的是，在政党内部，对我们先辈留下来的这一智慧宝库提出全面挑战的，竟然是一个自称保守派的人；另外，1964年，戈德华特在他的顾问的推动下，几乎倾覆了我们的整个联盟和共识政治模式，在他之前没有哪个总统候选人有这么大的颠覆力量。

　　职业政治家首先想的是赢得选举，他们的行为由这个务实的目标所决定。此外，他们知道，如果他们赢了，就要开始执政；他们在与自己党内的反对派、反对党和选民打交道时的行为，也不断被这样的认识影响，从而变得缓和：他们必须组织一个能够应对当下问题的政府。在现实的严酷矫正面前，他们需要让自己的思想和党派政治的激情变得温和。例如，他们很清楚，自己做出的承诺所表达的是他们认为应该做的事情，而不是可以做到的事情，这些承诺不可能完全实现。他们也知道，在选举活动中可以大肆谴责对手，但在那之后，自己必须尝试与华盛顿的反对派合作。因此，在我们政治言论的激烈表面之下，存在着某种源于经验的清醒：人们懂得，那些适合在宴会上说的漂亮话不一定能成为可行的政策，声明、宣言和争论跟务实的方案相距甚远，它们必须转化为能够解决国内外问题的方案；即使如此，这些方案真正被采用之前，还必须在立法机构中进一步修改和调整。

　　回顾戈德华特的政治生涯，我们会注意到他明显缺乏职业准则上的训练。在戈德华特参与全国性政治活动之前，他没有为任何国家组织承担过责任，需要他投注精力的行政事务并不比他继承的百货公司的要求复杂太多。身为参议员，他没有担任过任何重要角色，没有参与过有关国家重大问题的立法。他在参议院的主要工作就是投反对票。关于立法细节的辩论或审议工作（如塔夫脱所做的），他并未做出突出贡献；他也没有做多少委员会的工作，另外，繁忙的演讲活动还导致他经常缺席。作为一名在职的参议员，戈德华特没能让参议院中的同僚关注他要说的内容，甚至连那些与他观点相同的人也没有留意。在实际政治的框架里，戈德华特仍然是一个"局外人"，成为总统候选人以后，他所做的决定反映的依然是一个局外人的心态。[8]

但是，这番针对戈德华特在立法机构中发挥的作用的评价，并不是要否认他为获得在党内的地位所付出的艰辛努力，只是表明他实现这一目标的途径不是通过在政府中的工作，而是通过他多年来兢兢业业、孜孜不倦的党派活动。他是共和党参议院竞选委员会主席。他经常大力支持各地共和党同僚的竞选和筹款活动。他不辞辛苦地在各地的宴会发表演讲，这让他有机会将自己的"保守主义"讯息传达给成千上万的基层党务工作者，许多共和党领导人也因此欠他人情。他发挥了一名党内规劝者和组织者的作用，同时也是一个演说家和意识形态理论家。对这样一个演说家和理论家来说，宣讲一套合理的哲学比解决这个国家的问题更有意思。但是，在这样的角色中，他面对的是已经基本上或者完全接受了他观点的听众，而不是像国会的立法者那样，必须不断地和各类与自己意见相左的精明博识之士打交道。响亮的掌声无疑让戈德华特更加确信自己的"保守主义"是合理的，是重要的，同时也让他相信，保守主义的复兴在这个国家势不可挡，但这没有增强他调和或说服那些与他不同意见的人的能力——更没有让他从与别人的交流中学到些什么。这种常年形成的思维习惯被他带进了竞选活动中，于是他再次为那些已经接受了其观点的人带来了救赎。[9]

于是，戈德华特不是立法上的领袖，但以其作为党派布道者的杰出成就弥补了这个不足。尤其是那些不满情绪最强烈、意识形态最狂热，对乏味、谨小慎微的艾森豪威尔的政治遗产最为不满的共和党人，都被他动员了起来。相当多的基层共和党组织控制在全心投入的积极分子手里，这些人迄今为止都是政治上的外行，偏好非正统思想和新的偏离常轨的做法。在旧金山[1]，记者们对戈德华特的代表中出现大量的陌生面孔印象深刻。[10]在这些有着"新思路"的代表的帮助下，戈德华特赢得了胜利。他的竞选团队随后组建，在这个团队里，政治上的外行和乡巴佬将专业人员和多识之士彻底推至边缘——媒体称这个团队为"亚利桑那黑手党"。

戈德华特的顾问和热心追随者对大党政治很陌生，很容易放弃熟悉的政治行为规则。受过职业准则训练的党务工作者首先希望找到赢家，赢得选举并且守住位置，制定

[1]　1964年共和党全国大会举办地点。

能够获得党内普遍认同的方案，再利用这些方案来服务于我们社会的主要利益，并试图解决社会最严重的问题。如果他们发现自己选择了一个失败者，就会迅速开始寻找另一个领导者。如果他们意识到自己的方案与现实脱节，就会去探索新的方案。

但戈德华特动员起来的狂热分子更多是想要占据党内的主导地位，而非赢得全国选举，他们更愿意去表达怨憎、惩罚"叛徒"，更想要去为一套价值观辩护，宣扬一系列宏伟、好战的构想，而不是解决国家的实际问题。更重要的是，因为想要赢得选举，职业人士会在压力之下从极端立场倒向中间立场，然而这种压力对于这些狂热分子来说毫无作用。他们真正的胜利不在于赢得选举，而在于夺得对共和党的主导权——这本身也是个不小的成就——以便能在一个前所未有的平台上宣传对世界的正确看法。

由于美国的主要政党一直是由不同，甚至存在分歧的力量组成的联盟，一直以来，主要政党的专业领导人都需要从经验中锻造出共识政治的技巧，以维持联盟的团结，并在联盟内部保持一定程度的调和，确保各项工作的正常开展。在我们的体制里，不仅要在应对反对党的过程中运用共识政治的技巧，在应对本党党员和盟友时也需要这种技巧。美国主要政党的日常活动就是在内部分歧严重的情况下，不断地努力去实现一定程度的内部团结，从而赢得选举，并且在一定时间内保持这种团结，以便制定施政纲领。因此，我国政治非常重视实用性而非注重意识形态的思想倾向，重视谈判和妥协的技巧而非制造分裂的思想和激情，重视胜选的必要性而非完全地肯定原则——这是小党才有的自由。

既然建立联盟的任务一直都存在，全国党代表大会因之形成了一系列仪式，而戈德华特和他的追随者在旧金山要么无视这些仪式，要么故意违反。若一名候选人在党代表大会上有戈德华特1964年拥有的优势和控制力，他就可以利用一些有效的调和手段，吸收反对派的力量。做法之一是撰写一份旨在达成和解的政纲，对失败的一方做出让步，或者回避对存在争议的议题做出承诺。政纲的措辞通常很含糊，外加篇幅冗长，没有几个人会真正去读；但其意义恰恰在于去展示所有派别和候选人至少有能力就政策声明达成一致。政纲的模糊性本身证明，党的领导人并不认为有必要就某些议题争论到底，或者一定要对原则和政策做出清晰的声明。那种激烈或旷日持久的政纲之争，就像民主党1896年和1924年发生的那样，不过是表明了最低限度团结的致命缺失。

胜出的候选人还有其他安抚手段。其一是选择竞选伙伴：他可以像1960年的肯尼迪那样，挑选主要对手来做自己的竞选伙伴，或者求助于能够代表党内主要反对力量的人。他可能会不顾一切地与这个人达成谅解，像是1952年艾森豪威尔找了塔夫脱，或者1960年尼克松找了洛克菲勒。这位胜出者在接受提名的演讲中，几乎肯定会做出优雅的姿态，主要是传达和解的信号，强调能够团结本党的承诺和情感，而非制造分裂。作为回报，败选者也会遵守一些相应的仪式：他或与他关系紧密之人通常会提出一项动议，让提名获得一致通过。如果败选者发表讲话，他会最大程度地弱化造成本党分裂的议题，重新将火力对准反对党，并承诺自己会全力以赴支持胜出者。一般而言，败选者都会遵守这个承诺，就像1960年戈德华特在输掉党内提名之后支持尼克松那样。[11]

这种传统的安抚仪式的每一个环节，都遭到了戈德华特的竞选团队的公然藐视。首先，他们的政纲实际上否定了共和党近期的许多政策。其次，针对政纲的三项修订提议（支持民权、重申核武器受文职政府控制以及谴责极端主义团体）被彻底否决；在对最后一项修订的辩论中，洛克菲勒州长被旁听席上的嘘声无情打断。（戈德华特团队的竞选经理被这一突发事件搅得心烦意乱，他们能够阻止代表们持续组织示威活动，却无法阻止其在旁听席上发泄情绪。）在竞选伙伴的选择上，戈德华特原本可以从党内人数众多的温和保守派中选取一位各方都能接受的知名人士，以便缓和冲突，但他最终却选择了来自偏远地区、默默无闻的威廉·E. 米勒——此人的专业性当然足够，但除了好战的党派立场以外毫无亮点。戈德华特在竞选伙伴上做出的选择所引起的争议，当然也不会因为他的同乡迪安·伯奇被选为共和党全国委员会主席而有所缓和——"一个经验有限的政治家，连县级党主席都没有担任过，全国数百名杰出的共和党人之中没人知道他是谁"[12]。最后，且最重要的是，做出这一系列激烈动作之后，戈德华特在接受提名的演说中非但没有发出必要的和解信号，反

而说："我们无论如何也不能指望不关心我们事业的人会
加入我们的队伍。"随后抛出他那句著名的战斗宣言："我
想要提醒你们，在保卫自由时极端不是恶；我再提醒你们
一句，在寻求正义时中庸不是善！"在演讲里加入的这两
句话得到了他的十几位幕僚的批准，演讲稿的撰写人是一
名铁杆右翼分子。戈德华特觉得此人与自己投契，于是让
他加入竞选团队，负责撰写整个竞选活动的演讲稿。

　　大多数总统候选人都想在党代表大会为自己喝彩的
关键时刻表现出最佳的状态，但这对戈德华特来说是不可
能的。在牛宫体育馆的胜利时刻，戈德华特完全受制于欣
喜若狂的伪保守派追随者。在过去的几年里，他当选为总
统的希望吸引着这些伪保守主义者参与到政治活动中来，
正是他们的金钱和辛勤的工作造就了这一属于戈德华特
的时刻。在一个又一个选区、一个又一个的县里，他们与
老派共和党人斗争并获得了胜利。[13] 这些人如今在戈德华
特的代表中很突出——约翰·伯奇协会的一位高级职员声
称，戈德华特的代表中有一百多人是伯奇派。戈德华特阵
营使右翼运动成为焦点，并使约翰·A.斯托默和菲利斯·施
拉夫利这样的偏执狂风格的鼓吹者崭露头角，他们的书连
卖带送，加在一起有数百万本之多，他们的阴谋论比起戈
德华特含糊的话语更充分地表达了伪保守主义的狂热思
想。菲利斯·施拉夫利的《是选择，不是回声》表达了中
西部共和党人对"纽约秘密的造王者"的敌意，据说这
些造王者一再窃取共和党的提名，"以便控制世界上最大
的现金市场：美国政府的行政部门"。这让人想起几年前

戈德华特说的，"如果我们能把东部沿海地区锯掉，让它漂到海里去，这个国家会变得更好"。两人观点的背后是同样的偏见。斯托默的《没人敢称之为叛国》（*None Dare Call It Treason*）是一篇精妙的民间宣传作品，其标题来自约翰·哈灵顿爵士写的诗句：

> 叛国永远不会成功，原因何在？
> 因为如果成功，没人敢称之为叛国。

此书延续了麦卡锡主义和伯奇派的指控，却没有使用罗伯特·韦尔奇的那些引起众人嘲弄的怪异言语；书里彻底地控诉了艾森豪威尔的共和主义，却没有明确地将其称为叛徒。[14]

　　为了完全忠实于这些追随者，戈德华特不得不冒犯许多共和党人；另外，如果轻视这些追随者，也是非常无礼的，毕竟是他们的付出让他赢得了胜利。但事实上，戈德华特并不觉得他们有什么问题。虽然他不把罗伯特·韦尔奇当回事，但他曾不止一次地说过，约翰·伯奇协会是一个很好的组织，[15] 他既不会排斥也不会得罪协会的成员。这意味着我国政治的惯常程序无法进行下去，因为这些右翼分子蔑视这些程序。这场大会第一次向全国展示了右翼运动的组织是多么有条不紊，但它也证明了——正如后来的竞选活动将会再次证明的那样——右翼力量虽然出色地组织了战斗行动，但并不是为了和解或劝说。他们确信自己打击的是隐秘的、险恶的势力，更不要说还是叛国的，因此也就无法摆脱偏执狂风格对思维的限制。艾森豪威尔在一次讲话中提到了几位专栏作家，口气很不客气，广播亭和新闻看台上突然爆发出疯狂的掌声和惊人的嘲笑声，人们挥动着拳头，这种表现足以让人了解当时的普遍情绪。戈德华特的狂热分子受到很强烈的怨恨情绪的驱动，现在终于快要在与折磨自己的人的斗争中取得决定性胜利了，他们满心想要去惩罚和羞辱对手，而不是去安抚。[16] 从戈德华特的接受提名演讲可以看到，他的竞选团队也有同样的愿望。

这次大会造成的冲击非常大，戈德华特似乎必须要做出某种和解姿态；有段时间，戈德华特似乎会于8月在宾夕法尼亚州赫希举行的会议上做出惯常的和解努力。他在会上确实说了许多预料中的话，其中一些表达还颇为热切，但是共和党代表大会上造成的破坏已经无可挽回。另外，戈德华特在会议结束时对记者宣布："我在会上的讲话完全不是为了寻求和解，而只是重申了我在整个竞选活动中一直说的话。"这番表态让他在会上的讲话所传达的和解信号失去了意义。伤口没有愈合，只是被掩盖了。虽然戈德华特赢得了一些温和派人士的支持，包括他的主要对手威廉·斯克兰顿，但因为戈德华特继续进行着右翼风格的竞选活动，这些温和派人士在其中难免与其他人发生龃龉。[17] 到了这个时候，问题已经不是戈德华特不愿意提供保证了。现在的情况是，因为戈德华特长期以来一直站在极端立场，所以无论是共和党温和派，还是人数庞大且很关键的选民，都不觉得他再做什么保证有任何意义。

职业政治家如果在选举中遭遇巨大失败，多会把它作为重新思考自己承诺和战略的契机，但以如此悬殊的差距输给约翰逊对戈德华特阵营没有产生这种影响。他的狂热追随者更倾向于认为戈德华特的失败进一步证明了这个国家的不思悔改，或者更糟糕的是，他们会认为自己一直受到阴谋的阻挠。那个旧的右翼神话被打破了：如果党内提名一个合适的右翼候选人，就会有巨量的"沉默选票"从保守派选民中涌出。一个新的神话似乎取代了旧的：戈德华特之所以会遭遇如此严重的失败，主要是因为他遭到了党内温和派和自由派的刻意阻碍。[18] 必须承认，如果根本目的不是为了赢得选举或影响政策走向，而是为了宣传一套观念，那么 1964 年的右翼事业则可以被看作是成功的。戈德华特派的许多意识形态宣传家便持此观点，在极右派中，选举后的气氛即使不是欣喜若狂，也可以说是欢呼雀跃。极右派的一位发言人说，这次选举意味着"共和党的失败，而不是保守主义的失败"。这句话非常明确地表明，意识形态的命运远比党组织更重要。戈德华特在一份声明中也表达了他内心的想法，他说："我不觉得保守主义运动受到了损害。2500 万张选票不是小数目，很多人投身到了保守主义的事业中来。"[19]

如果接受空谈政治理论者和业余人士——他们从政的主要目的是让某些观念更受欢迎——的观点，戈德华特的话也有道理：一代人以来，没有一个政治家能够在如此高调的阵地，向如此广泛的听众宣扬戈德华特式的极右翼个人主义和咄咄逼人的民族主义。然而，一个务实的保守派政治家更关心败选导致的后果而非教义，他可能会从不同的角度看待这个问题。他会看到，因为戈德华特遭遇了巨大失败以及随之发生的共和党力量在国会中的崩溃，25年来在立法上阻止福利制度获得重大进展的障碍不复存在。他会注意到，国会中的自由派成了多数，资深立法者、众议院规则委员会的构成以及所有委员会的构成，都发生了重大变化，受到戈德华特强烈反对的一大批新的福利法案因之成为可能；老年保健医疗制度，进一步扩大联邦政府对教育的援助范围，新的投票权法案，扩大最低工资法案的覆盖面，对阿巴拉契亚地区的区域性援助，一个全面的反贫困计划——所有这些被戈德华特势力认为是极端危险的政策——都更接近于成为法律；除此之外，制定新的移民法案并改变配额、完善城市交通法案、设立国家艺术基金会，甚至废除《塔夫脱—哈特莱法》[1]中的"工作权利"[2]等等一系列提案被通过的可能性也提高了。

从这一点来看，自由派要感谢戈德华特。没有其他哪个共和党人能够做出如此惊人的"贡献"，让新政自1930年代以来首次得到真正意义上的全面扩展。戈德华特的竞选活动重创了我国战后务实的保守主义。

---

[1] 又称为《1947年劳资关系法》，由共和党参议员罗伯特·塔夫脱和众议员弗雷德·哈特莱提出，旨在增加工会的义务。

[2] "right to work"，该制度禁止工会对非工会会员收取代理费或者将收取代理费作为雇佣前提。

3

　　戈德华特在竞选活动中的表现与他在共和党代表大会上的战略同样值得关注。美国人总是很快忘记失败，认为失败不值得一提。人们可能会说，戈德华特的竞选活动已经寿终正寝，或许可以作为反例供持不同政治立场的职业政治家参考，告诫他们哪些事情不能做，除此以外没有什么值得记住的地方。但是，这场竞选活动可以很好地说明伪保守主义者是如何采取行动的。

　　在国内政策和外交政策上，戈德华特前些年的诸多冲动言论令他处处受限。竞选活动让他承担起一项艰巨的任务：试着去表明自己以前的那些言论不能作字面理解，给公众一些保证，让人们相信他是沉稳持重之人；与此同时又要确保这么做不会牺牲他的整个政治身份，不会失去他的真正信徒的忠诚。[20] 虽然这些努力造成了一些荒谬的前后矛盾之处，但我认为，在这种情况下，戈德华特如果固执地要维持前后一致，那将是一件更不体面的事情。他的前后矛盾至少代表戈德华特为了把自己从一个右翼意识形态宣传者转变为符合美国传统的大党领袖做出了努力，只不过这些努力非常不够——过于犹疑，而且也太晚了；如果他没有去做这种努力，则会招致更多的批评。[21] 在他的竞选活动中，最特别之处不是这些消极被动的、不成功的免责声明，而是他的主动出击的策略：通过唤起人们道德上的不安和不满来进行动员。

在亚利桑那州普雷斯科特市的首场竞选演讲中，戈德华特提出了他的主题。"这片土地上的人们骚动、不安。我们感觉到自己漂泊在一片风雨交加的未知海面。我们感到自己已经迷失了方向。"在后来的演讲中，他列举了对本国为害甚巨的"漂泊和朽败"的证据。"一波又一波的犯罪行径在我们的街道和家庭上演……城市的暴乱和混乱……我国年轻人的道德沦丧……青少年犯罪……淫秽文学……腐败。"[22] 所有这些罪恶的激增，是因为"美国人民的品格困于腐烂和堕落"。年轻人尤其容易堕落，而这是比"青少年成长过程中正常的恶作剧和叛逆"远为严重的事情，"一些根本性的因素在发挥影响。一些基本的、危险的力量正在蚕食着我们公民的道德、尊严和敬意——无论他们身处什么年龄和社会地位"。他还提出，在我国如今这个多事之秋，"联邦政府将全能的上帝驱逐出我们的学校教室"不是恰当之举——戈德华特指的是最高法院做出的取缔在公立学校公开祷告的决定。民主党的党纲不仅对旨在恢复公开祷告的宪法修正案问题只字不提，而且，"你不会在民主党的党纲中找到任何提到上帝或宗教的地方"。戈德华特在盐湖城演讲的全部内容几乎都在谈宗教和"我们时代的道德危机"。在托皮卡和其他地方的演讲中，他把约翰逊总统与这种道德危机联系在一起——他说，约翰逊"访问了一个又一个教堂，一座又一座城市，用政治嘲弄主日"，把"星期天变成了一个混乱的竞选日"；除此以外，他还列举了约翰逊所做的其他事情。

戈德华特 10 月 9 日在电视上明确表示，家庭和社区、法律和秩序以及良好道德的恶化，是"30 年来不健康的社会风气造成的。我指的是现代'自由主义'的哲学，亦即在反对党中处于支配位置的哲学"。他认为，正是现代的自由主义者在学校和家庭中助长了放任自流的风气，把纪律和惩罚视为不光彩的过去留下来的野蛮遗迹，力图从公共生活的方方面面消除宗教情感，对罪犯的关心多于对受害者的关心，"讨厌警察，恭维社会心理学家"。他又把这些事情跟现代经济学和社会学联系到一起——现代的自由主义者发现了贫困、失业以及人权的平等，虽然抱有善意，但他们提出的解决方法很糟糕。戈德华特称自己在某种程度上也赞成这种努力，但他反对的是不断扩大开支以及规划新的控制措施，反对"将我们的社会国有化的政府机构，与此同时用私人产业的成果支付这类成本"。在戈德华特看来，这些政策反映出的是国内审慎和坦诚的缺失，他将这种缺失与外交事务以及美国在世界上的不受尊重联系在一起。"我要重建美国人民的尊严……美国人个人的骄傲。"

将戈德华特在竞选活动中就国内和国外问题发表的观点统一起来的线索是：国内的道德败坏、国外遭遇的挫折，以及美国在国外威望的下降，都是古老美德和品行朽坏的结果。对此，他主张从两方面着手，让我们的脊梁挺起来：首先，"卸掉官僚主义的枷锁"，"主要依靠个人，依靠勤奋工作，依靠创造力、投资和激励"；然后，在海外重新确立美国的权威。"在国内阻止社会主义的传播，在国外阻止共产主义的传播。"

　　仅就这些演讲中对美国国内状况展开的长篇大论而言，戈德华特使用的语言呼应着基要主义者对现代性境况的反抗：对"勤奋工作，创造力、投资和激励"的呼吁，对"我们社会的疾病"之症状以及"破碎的威望"的强调，要求"共同的目标"，要求"对我们个人行为承担道德责任"，呼唤"灵魂之伟大——在这个太过匆忙、太过沉迷于微不足道的需求和物欲的时代，恢复每个人生活的内在意义"，担心"个人价值受到日益增长的联邦政府官僚机构的侵蚀"。戈德华特在普雷斯科特的演讲中说，整个选举不是关于政治人格，或者给出什么承诺或制定什么计划的问题，而是"我们选择成为什么样的人"的问题。

　　戈德华特面临的许多困难之一是在持续高度繁荣的时期反对一位现任总统。但是，从更大的背景来看，这种困难只是一直困扰着极右翼发言人的棘手问题的一个表现。在他们看来，数十年来，我们一直致力于推行的经济政策，无论在道德上还是在实际功用上都是错误的，这种经济政策给企业造成了毁灭性影响，并对自由社会的结构构成威胁。然而与此同时，每一个有见识的人都看得到，在做了这些据说是错误的事情这么多年之后，我们比之前富裕了很多。此外，如果诉诸经济上的不满，不会有太多公众响应，而且戈德华特也知道，这些没有在全国性经济繁荣中收获红利的群体中的大多数人已经站在约翰逊的阵营里了。戈德华特必须诉诸富裕社会中会出现的那些不满情绪——与极右翼通常所做的一样，在这件事情上他异常自觉、头脑清晰。他将利益政治和地位政治区分开来，从他的视角说明，为什么通行的利益政治在道德上是可耻的，比地位政治要低劣得多。

他在 10 月 9 日的全国电视节目中充分地回应了这些问题。他承认了美国富裕的现实：国民生产总值上涨，工资、住房、储蓄、汽车的数量也都增长了。"是的，更多的人比以前拥有更多的东西。"但同样的事情几乎在任何地方都发生了——英国、法国、德国、尼日利亚、日本，甚至铁幕另一边的国家都比以前富裕了。问题的关键是，在美国，其他一些事情也在增加：犯罪活动、青少年犯罪、离婚、非婚生育、精神疾病、辍学人数、毒品、色情、暴乱和流氓行为。这些就是他计划应对的可怕事情。由此可以推断，他将把竞选活动的重心落在现实的道德状况上。相比之下，他在经济政策上的主张则不占据重要位置。

他在这次电视讲话中对自己整个竞选活动的特点所做的大胆描述，值得我在这里长篇引用：

> 你们可能已经读到、听到了我所做的一些非正统的事情。
>
> 我走进阿巴拉契亚的中心地带……我慎重地抨击了约翰逊政府发起的这场虚假的消灭贫困的战争。
>
> 我走进佛罗里达州退休社区的中心地带……我慎重地警告那里的人们，约翰逊政府的老年医疗保障制度是个彻头彻尾的骗局。
>
> 我走进我国农业区的中心地带……我慎重地呼吁政府应该逐步减少对农业的控制，直到彻底实现自由

的农业。

我走进一个城市快速发展的地区……我慎重地对最高法院提出指控，他们不该插手州立法区的划分。

我**慎重地**做了这些事情……我这么做的原因我心里很清楚……今晚我想向你们说清楚。我不会试图收买美国人民的选票……**我不会把你们中的任何一个只是当作有着需要被满足的特殊利益的人……一心为己谋私利的人围在你们身边，把你们当作钱袋子，我不会这么做。**

这一点我深信不疑。美国人民不会出卖他们的选票。他们不会**出卖**自己的自由……任何廉价的政治也不能。

戈德华特在对美国历史悠久的竞选方式做出这番轻蔑陈词，指控对手将这种方法发挥到了极致之后，紧接着又勇敢地强调自己的政治的非政治性。

今晚我所追求的不是你们出于党派立场的首肯：我想要的是你们的全部注意力。因为我想问你们一个问题……**政治在总统竞选中是什么？**

你没听错，**政治**……那种为了拉票保证人人有份的政治……和美国总统有什么关系？

这篇演说及其准确描述的竞选策略，必然是我国近年来政治中最冒险的事件之一，它也让我们清楚地看到这样一个悖论：若想找到打破传统的人，那么最好在意识形态保守的派别中去寻找。一个竞选者在老人们面前攻击老年医疗保健制度，在田纳西河流域管理局[1]中心地带批评田纳西河流域管理局，攻击阿巴拉契亚地区的救贫计划，这些举动会让运用传统竞选方法的职业人士摇头叹息，但戈德华特的行为与其信念是一致的：地位政治不应仅是利益政治的补充，而是应该取而代之。在他看来，在竞选过程中分别向持有各种不同利益诉求的群体传达积极信号，之后在执政过程中试图在不同利益群体之间充当中间人的这种古老的传统，是一种不光彩的政治，比起致力于实现公众的宗教和道德价值，解决"我们时代的道德危机"的政治低级得多。简而言之，他想把政治赶出政治。戈德华特明确地表达了自己的主张，他希望美国人民（即使他们的品格"困于腐烂和堕落"）能拒绝他们此前一直以来都会回应的诉诸其利益的政治，而把票投给能够应对道德危机的人。

当然，一个至关重要的困难在于，戈德华特并没能自始至终地做到努力超越利益政治。我相信，没有任何记录表明，他曾在全国制造商协会面前，敦促他们不要太关切自己的税收负担；也没有任何记录表明，他曾在主张种族

---

[1] Tennessee Valley Authority，简称 TVA，于 1933 年由国会创建，是罗斯福总统新政的一部分，最初的目的是为受到大萧条严重影响的田纳西河谷提供航运、防洪、发电、化肥制造、区域规划和经济发展服务。设想中的 TVA 既是一个电力供应商，又是一个区域经济发展机构，将致力于帮助该地区实现经济和社会的现代化发展，但后来主要成了一家电力公司。

隔离的听众面前，敦促他们为黑人腾出一些生存空间。因而，这种放弃利益政治的主张是相当片面的。人们不需要质疑戈德华特的诚意，就能看出他所实行的政治会让某些受宠的利益集团继续自由地通过政治行动扩大其利益，广大民众却被鼓励完全投入更抽象的活动，以实现崇高的道德理想。面对这种政治上的不平衡，大多数美国人并不像戈德华特那样自认"保守"，而是更愿意贴近先辈的智慧，人们相信在美国的制度下，各种各样被积极追求的利益之间最终会达成基本的平衡，这会比泛泛地呼吁回归美德更有可能产生令人满意的结果。

我们需要明确，在戈德华特的竞选呼吁中，哪些是奇怪的、不合常规的，这一点很重要。认为我们这个时代存在道德危机，或者在总统竞选中这样去表述，并没有什么奇怪的地方。认为青少年犯罪、吸毒、街头犯罪等问题应当引起全国的讨论或者认为联邦政府应对此采取行动，也没有错。认为美国人民的品格困于腐烂与堕落的观点也不是戈德华特的独创——许多美国知识分子也经常表达同样的观点。戈德华特的竞选活动真正违背美国政治模式的地方在于，他在那些社会难题上大做文章，主要是为了利用这些问题中能够制造分裂的内容（当戈德华特抱怨美国妇女在街上不安全时，大多数人都明白他真正表达的意思）。

尤其奇怪的是，根据戈德华特关于联邦与各州关系的理论，联邦政府不能或者不应该干预这些"地方"的问题，而他却在竞选中一再强调这些问题。简而言之，戈德华特在这些问题上的非计划性特点是非常突出的。对于他在竞选期间多次提出的解决道德危机的主要办法，用个不那么刻薄的词形容就是：天真。如他在纽瓦克演讲中所说，他表示要恢复"国内安宁"，首先要做到"政府高层以身作则"，因为相比于其他因素，总统的上梁不正才是一切罪恶的真正根源。把林登·约翰逊以及博比·贝克、比利·索尔·埃斯蒂斯、马特·麦克洛斯基等约翰逊的随从所树立的坏榜样从白宫清除以后，执法问题就会相对容易解决。这种认为戈德华特和米勒凭借自己纯洁、高尚的道德榜样便能扭转局面的想法所透露出的傲慢还是其次，它背后隐含的思想风格才是关键所在：在戈德华特看来，这些道德问题——其实是伴随现代工业城市生活和大众文化出现的巨大而普遍的社会问题——主要是"执法"的问题。他认为执法的关键在于加强道德支柱，用好的榜样取代坏的榜样。总之，我们要靠自己的德行来自我提升。我们中的许多人都会认为，这些问题本质上是困难的，它们涉及复杂的经济、社会学和心理学考量，但这些看法被置之不顾——事实上，按照戈德华特的理解，现代社会学和心理学背后的求知精神、人文精神不但无助于解决问题，反而制造了很多障碍。

究其根本，将戈德华特与基要主义右翼和更为偏执狂的伪保守主义思想紧密地联系在一起的是这样一个因素：在所有那些我们已经熟知的有关叛国和阴谋的言论中都会有的、用于解释社会问题之根源的"魔鬼理论"。1964年的魔鬼化身是林登·约翰逊，早些年则是杜鲁门、杜威、艾奇逊、马歇尔、艾森豪威尔和东部建制派。归根结底，在这种世界观看来，我们的问题只是道德上的问题；但又不止于此：道德生活本身并不复杂、困难，也没有那么多考验和令人困惑的事物，它的本质是简单的。这是一种夸张的描述吗？也许是，但戈德华特在孟菲斯的演讲中断言："我的很多敌人都说我这个人简单。今天所谓的自由主义者的问题在于，他们不懂什么是简单。美国所面临问题的解决之道很简单。"这是戈德华特发自内心的呐喊。在盐湖城的演讲中，他没有用准备好的演讲稿，而是狂热地宣布："许多美国人不喜欢简单的东西。这就是他们反对我们这些保守派的原因。"

了解了这种世界观之后，人们便能理解，为何"你的心知道他是对的"这样一句诉诸简单直觉的话，会被选作戈德华特的竞选口号了。

4

相比在国内事务上发表的观点，戈德华特在外交政策上发表的观点对他造成了更大伤害，他需要付出更多努力才能扭转自己鲁莽冒险家的形象。他在普雷斯科特的开幕演讲中用了 20 次"和平"，他选用了相对不那么有攻击性的"凭借实力实现和平"作为自己外交政策的口号。在竞选期间，他多次重申，他不想打一场全面战争——即使是他的批评者也应该赞扬他的这种保证，但一个政治家不得不提出这一保证是很危险的——他多次强调共和党历史上一直是主张和平的党派，这时候又绝口不提他的那些众人皆知的、针对共和党近年一些和平政策表达的不满。

然而，到了1964年秋天，戈德华特此前在外交事务上的言论让他陷入非常被动的境地。他所表达的观点远远超出了冷战中可能被称为"强硬路线"的范围。强硬路线在理论上一直是有论据支持的，在政策的执行中也取得了一些成功；它将冷战的必要性视为一种不可避免的挑战，鼓励人们对谈判的有效性持怀疑态度，并将其后盾依托于充足的实力储备。伪保守主义的主张与"强硬路线"的不同之处在于，它不仅在其提出的政策中更具十字军征战心态以及致使更多风险，而且还坚信那些较为重视谈判、调和的人要么是在谋划叛国活动（伯奇协会的观点），要么是在道德和智力上犯了近乎犯罪的错误（戈德华特的观点）。

戈德华特在1964年以前的典型言论包括，对谈判和妥协表达强烈的不耐烦，决心消除不确定性和模棱两可，认为只消骤然摆出可能会采取武力对抗的明确姿态，便可解决美国所面对的那些庞大而复杂的问题。正是因为有这种心态，他才会宣布绝对不能实行共存政策。他不止一次主张美国退出联合国，与俄国断绝外交关系，认为美国应当断然宣布反对裁军，建议可以考虑在越南使用核武器，并投票反对《部分禁止核试验条约》。

有观点认为，批评者抓住戈德华特偶尔的轻率言论不放、置他于不利境地的做法是不公平的，因为最后他或是修订或是否定了那些言论。然而，和那些偶尔轻率的言论相比，他在冷战问题上的好战立场（从未纠正过）对其造成了严重得多的损害。他的《为什么不是胜利？》（*Why Not Victory?*）一书的标题和论点都体现了他的这一立场。这本书系统地、明确地否定了一种在华盛顿和莫斯科逐渐盛行，但在凤凰城并不流行的有关局势的观点。流行的观点认为，在热核时代，一场全面战争会导致巨大损失，铁幕两边的人民和社会都将被摧毁，任何一方从军事"胜利"中获得的成果都完全无法与其损失相提并论；因此，双方必须在冷战中保持克制，这种制约措施既是相互施加，也是自愿接受的；另外，同样至关重要的是，这些制约措施需要保持某种试验性，不应对其进行明确规定，人们希望这些制约措施能防止局部地区发生的冲突升级为全面冲突。人们之所以小心谨慎，是因为他们意识到，在这种冲突中获得的"胜利"不再有任何意义。

西方世界的人民所希望的是，这种不舒服但可以忍受的平衡状态可以持续下去，至少在我们达到某种不太危险的妥协之前将其维持下去。戈德华特的外交政策哲学所传达的基本信息便是：这种希望是自欺欺人和懦弱的。在他看来，我们正在进行一场无情的生死斗争，共存因而变得毫无意义。"胜利是整个问题的关键，"他写道，"另外一个结局显然便是失败。"在他看来，反对共产主义的斗争不仅是我们这个时代必要的、悲惨的负担，而且是我们活在世上的根本要务；在有些段落中，他似乎对我们竟然有时间做别的事情发出悲叹。（"然而，我们仍然进行着日常事务，与邻为善，给我们的家人提供舒适的生活，敬拜上帝，顽固地拒绝承认旨在毁灭我们的巨大阴谋。"）他感到不安的是，"自由世界"被核战争吓坏了，另外也受到不切实际的知识分子太大影响，"逐渐接受了这样一种观念：任何事情都比开战好"。"越来越多的美国人心生怯懦，恐惧死亡，"他在 1960 年写道，"乃至最近许多人觉得，对大独裁者表示敬意是避免核毁灭所要付出的代价。"他在做出这番忧郁的评论之后，又用一句奇怪的话肯定了信仰："我们当然想活着，但比这更重要的是，我们想获得自由。"他在《为什么不是胜利？》中不安地表示，他曾经也认为"要打败共产主义，未必需要借助武装冲突"。[23]

戈德华特在美国面对的世界性战略问题上所持的态度远远超出了旧的孤立主义，虽然这种孤立主义可能是傲慢的、沙文主义的，但其中也有强烈的和平主义精神。对孤立主义者来说，我们从一个朽烂的世界抽身而出至少是为了我们自己的和平。戈德华特虽然对大多数类型的对外援助持否定态度，但他支持美国应当担负起最广泛的国际义务。如他曾经说过的，他既不支持孤立主义，也不支持国际主义，而是支持"一种新形式的民族主义"，这种民族主义支持自由国家对共产主义的抵抗，并把最终战胜共产主义者作为一个国家目标来实现。[24] 至此，戈德华特并没有偏离美国国内的共识，但他对冷战所持的毫不妥协以及一成不变的观念，背离了一直从杜鲁门、艾森豪威尔和肯尼迪政府延续下来的对冷战的认知。在戈德华特看来，冷战是我们和共产主义者在全世界诸多战线上持续进行的一系列激烈对抗。如果我们保持优势，便能从所有对抗中获得胜利，而随着时间的推移，整个共产主义世界（无论其内部有什么明显的差异，都应该将其作为一个集团来一致对待）将在屡战屡败的压力下崩溃。我们政策的目标不能仅仅限于取得和平、安全以及我们影响力的扩大，而必须走向最终的全面胜利，即在思想上和政治上消灭敌人。"我们的目标必须是把敌人这样一种拥有实现权力之手段的意识形态力量消灭掉……我们永远不能容许共产主义者在世界任何地方拥有任何形式的权力。"[25] 因此，对伪保守主义者来说，我们生活了 20 年的暧昧不明的世界只不过是短暂的幻觉；最终的现实是，我们要么彻底地胜利，要么彻底地失败，我们必须坚决主张这一认知。中间选项是不存在的。[26] 我们不仅要维护自身安全，还试图用武力在全球每个角落消灭一种思想。

人们一再提出这样的问题：试图在每一次危机中争得胜利，特别是以在意识形态上彻底消灭敌人为公开的最终目标，是否会引起一场全面战争？但是，在右翼人士看来，提出这个问题本身是缺乏男子气概的表现，而这是不可饶恕的。戈德华特的回答是向美国民众承诺，在我们武器上的优势面前，苏联绝不会攻击我们。但这个承诺当然不是靠哪个美国人能够兑现的，我们必须仰仗莫斯科，最终要靠北京来实现这个承诺。此外，《为什么不是胜利？》中有一段话很奇怪，戈德华特坦然承认，这个承诺不可能得到兑现。他说，共产主义世界只有在两种情况下才可能诉诸全面战争。一种情况当然是，如果我们政治上软弱，裁减军备，招致他们的攻击。但另一种情况是"如果世界事务发生了决定性的转换，他们到了显然要输的地步"。[27]而戈德华特一直以来所主张的正是要把他们推到那样的境地。戈德华特所阐述的全面胜利的中心困境，比起共存所带来的许多令人困惑的困境更无解，且远为凶险。

正是他对核战争所表达的漫不经心的观点，而非他偶尔表达的轻率言论，令美国许多保守派将他视为危险人物。到了 1964 年，公众对戈德华特的印象已经成形：戈德华特在想象这些事情的时候，从未考虑过一场热核战争会带来怎样的影响。他的竞选活动也无力改变这一印象。戈德华特对街头暴力深感不安，却似乎对彻底毁灭一切的前景表现出一种诡异的漫不经心。基要主义者在灵魂层面进行的最后大决战，他们那些无比重大的道德剧，梦想着要对异教进行千年征伐，打一场决定性的战斗——这些显然影响了戈德华特的头脑，当前世界的残酷现实对他而言似乎反倒显得遥远。他不承认核武器创造了一个新的外交时代，就像他不承认现代城市工业制度创造了一个新的环境一样。他写道："我不赞成那种认为核武器改变了一切的说法……核弹的出现是武器上的进步，尽管这种进步很可怕，但它依然只是一种更有效的制造破坏的手段。从历史和相对意义上来看，它可以与军事行动中取得的进步——比如火药的发明及其在战争中的运用以及空战和战略轰炸——相提并论。"[28]

出于竞选活动中的投机行为需要，戈德华特有时会降低在外交政策问题上的调门，将重点转到调动民众因国家无力解决外部危机或无法维持国际威望而产生的不安情绪上面："你们为我们争取自由的斗争感到骄傲吗？你们为巴拿马感到骄傲吗？[1] 你们为希腊被烧毁的雕像感到骄傲吗？无论多么小的国家都能惹一下山姆大叔，然后逃脱惩罚，你们对此感到骄傲吗？你们为本国与破坏自由的国家达成的小麦贸易协定感到骄傲吗？"一个有趣的地方在于，这些呼吁与肯尼迪 1960 年竞选中的呼吁有相似之处，这不仅揭示了伪保守主义的心态，而且也让人们看到了当今美国政治的推动力是什么。和戈德华特一样，肯尼迪也曾抗议说，我们的武器储备严重不足——肯尼迪的崇拜者懊恼地记得他发明的并不存在的"导弹缺口"（missile gap）问题。和戈德华特一样，肯尼迪也曾强调美国在国外已经失去威信，念念不忘卡斯特罗在离我们海岸只有 90 英里的古巴建立政权这件事。

因此，肯尼迪和戈德华特的竞选活动都具有强烈的民族主义色彩，调动起公众因为冷战局势不明确而产生的不安情绪为自己助选。两个观点如此不同的人作为竞选者竟然有如此多的共同点，这凸显了一个持续存在的问题所具有的力量，反对党的候选人很难抗拒这种力量。这两次竞选都说明了美国民众对本国外交政策深感困惑。伪保守派呼吁的弱点在于，它只击中了复杂的公众情绪的一个方面，而没有对美国民众普遍希望和平能够继续维持表现出

---

[1] 1964 年 1 月 9 日，巴拿马发生暴动，有大约 20 名巴拿马人和 3 至 5 名美军士兵死亡，这一日被巴拿马奉为"烈士节"。

任何的同情。伪保守派呼吁民众保持坚韧以及"边疆气魄",呼吁与绝对邪恶进行一场基要主义意义上的全面斗争,这不但违背了公众对和平的渴望,也与公众的享乐主义相冲突——伪保守主义者对公众的享乐主义愿望表达了毫不掩饰的蔑视。但是,伪保守主义立场的强项在于,它调动起了美国民众因本国政府在外交事宜上的模棱两可、妥协让步而生出的困惑情绪。美国公众交纳的巨额税款维持了一个无比昂贵的军事机器,让它拥有了前所未有的巨大破坏力,支撑其在全球各地进行军事和经济行动;但年复一年,美国公众发现,他们所付出的金钱和努力既没有换来决定性的胜利,也没有达成最终的解决办法。由雅尔塔、朝鲜、柏林、古巴和越南这些地名代表的一连串无结果的谈判、突围和僵局,似乎要无限期地延续下去。

如果去向美国民众解释,这种令人沮丧的局面并不只是糟糕的治理能力的产物——更不用说叛国了——是不会取得太大效果的,因为这种努力与美国历史的一个基本事实以及美国人想象中的执念背道而驰。许多年前,D. W. 布罗根在一篇富有启发性的文章中揭示了美国人的一种心态,他称之为"美国万能的幻觉",[29] 指的是那种认为"如果美国处于危难或危险之中,那只能是因为某些美国人是傻瓜或笨蛋"这样一种幻觉。他认为这种心态的最好例证是我们对中国革命的反应,美国人对中国革命的历史既没有敬畏,也没有好奇心,只把它看作是我们外交和国内政策中的一个问题。这个现存的最古老文明,人口占据全人类的五分之一,距离美国太平洋沿岸 6000 英里开外，与俄国接壤，发生了转向——这一转向发生的原因大概深深植根于其历史和地理，同时也植根于其传统及其面临的诸多问题。出于很好理解的原因，中国的这一转向在美国很不受欢迎。数以百万计的美国人并没有做出结论，认为中国发生的这一转变是对战略和经济上的巨大现实做出的回应，而这种现实很大程度上远超我们的控制范围，而是显然确信，这个庞大的国家一直在我们的控制之中，只是由于罗斯福、马歇尔和艾奇逊的错误（或背叛）才丢失或者被偷走，这些错误本来可以被如沃尔特·贾德或威廉·E.詹纳参议员这样伟大的政治家轻而易举地纠正。[30]罗斯福因在雅尔塔"允许"俄国成为太平洋强国而受到指责，尽管俄国在美国建国以前就是一个太平洋强国了。布罗根非常有见之明地指出，认为俄国已经像接管了波兰一样"接管"了中国的看法过于轻率。此外，人们一直相信美国的干预可以改变中国的历史，同时也相信，要做到这点只不过要在一些政策上做出改变，而没有要求美国人民做出必要的巨大牺牲来维持在中国的重大承诺。

许多美国人难以理解自己在世界上的力量并不是无限的——任何其他民族都没有这个理解障碍——布罗根解释说，美国人只是近期才在非常真实的意义上不得不去应对其他民族早已熟知的局面。他说，美国现在面对的艰难责任和无法解决的问题，"对美国来说是头一回，但……欧洲已经面对过很多次了。美国人民现在所承受的，是法国人、英国人、俄国人，甚至西班牙人和意大利人，在扩大或试图保全其帝国的过程中都曾遭受过的痛苦"。

美国人的心态是由漫长的历史所造就的，这种历史使我们相信，我们有一种近乎神奇的、可以在世界范围内我行我素的能力，我们的意志可以压过其他民族的意志，并以相对较小的代价得以实现。美国建国初始就没有世界性的领土愿望或责任，是一个大陆大国，也只是在北美大陆拥有基本的领土抱负。从建国初始，在我们所选择的这个有限的作战空间之内，我们实现那些决心要达成的国家目标的力量是不可抗拒的。我们的主要敌人——印第安人、墨西哥人、衰败的西班牙帝国——总的来说很容易被战胜。诚然，1812 年与英国人作战时，对手远比我们强大，但当时英国人正在与拿破仑进行殊死搏斗，在美国的战事对他们而言只占据次要位置。即使在那时，尽管我们的战绩相当糟糕——对加拿大的入侵被击退、首都被烧毁、我们的航运被封锁——但在新奥尔良的奇特运气却让我们有机会去想象，我们与英国在僵持状态下缔结的和平代表着某种胜利。[31] 美国土地唯一一次真正遭受战火蹂躏是在内战期间，不是外敌入侵，而是自己人造成的伤害。欧洲的争端到了 20 世纪成了美国的问题，但在 19 世纪却是对美国有利的事情。独立之后，美国的国界西抵密西西比河，以低廉的价格便买下了广袤的路易斯安那，在未开战的情况下轻易获得佛罗里达，在世界运输贸易中确立我们的地位，吞并得克萨斯，从墨西哥手中夺取西部的广阔领土——所有这些成果的实现都是因为对手或动荡不安，或旁顾不暇，或软弱无力，我们只付出了少量的鲜血和财富作为代价。我们在西半球——我们的领土抱负只集中于此——所占据的主导地位令时任国务卿的理查德·奥尔尼于 1895 年说出这样的话："今天，合众国在这块大陆乃是实际上的主权者，它的命令对于它干预所及范围之内的子民而言就是法律。"几年后，我们与茫然无措、国家破产的西班牙开战，当时的西班牙无法阻止我们前进的步伐，美国由此进入 19 世纪的帝国竞赛之中。[32]

美国以非常少的代价实现了领土扩张，与此同时，正如 C. 范恩·伍德沃德所指出，美国的国防几乎不花钱，而这主要得益于美国独特的地理位置——伍德沃德认为，这一因素应当和北美大陆内部无主的土地一起，被列入到历史上对美国形成最大影响的因素之中。[33]北美大陆三面环海，昂贵的军队和复杂的防御工事体系因而可以省去。即使是海军也不会费太多钱，因为维持大西洋的治安和防卫的是英国海军，我们因之大受裨益。正如伍德沃德指出的那样，1861 年的美国在没有战斗舰队的情况下却拥有世界第二大的商船队——我们的海军只有 7600 人，而英国海军的人数是我们的 10 倍以上。极低的军事开支是其他国家无法奢望的，我们的军事编制也受其影响。南北战争爆发时，美国陆军只有 1.6 万多人，主要部署在印第安领地边境的哨所。即使到了 1914 年，美国彼时已经开启了其帝国时代，重新调整了军事编制，其军费支出占国民收入的比例，也只是英国的四分之一，法国、日本、德国的六分之一左右，俄国的八分之一左右。

免费的国防、顺利的扩张、成本低廉的胜仗、决定性的胜利——这几乎是直到 20 世纪之前我们面对世界的全部经历。我们在第一次世界大战结束阶段以胜者的姿势参战，我们看到了世界上的其他国家所承受的一切，但那只是一个局外人的匆匆一瞥。直到我们在第二次世界大战中做出极大投入之后，才发现自己掌管的并非一个平和而温顺的世界，而是参与了世界范围内的僵局，之后又卷入代价高昂而又状况不明的朝鲜战争，美国人民第一次体验到所有其他大国早已熟悉的完整现实，第一次亲身体验到自身力量的有限。美国无所不能的幻想还在，但美国占据优势地位的现实已经不复存在。戈德华特和其他人之所以喊出"为什么不是胜利？"，正是要利用这种美国无所不能的幻想所遭受的冲击。人们回忆起美国取得的所有那些轻易得来的胜利时，的确会问出：为什么不是胜利呢？只有从这个角度，我们才能理解为何戈德华特认为他可以做出承诺：美国能够不断地获得冷战中的胜利，同时还能保持预算的平衡和低税收。

"直到 1950 年，"戈德华特在《为什么不是胜利？》中写道，"美国从来没有输过一场热战。"但在之后的十年内，我们遭遇了"屡战屡败"。[34] 在他看来，这种情况不是因为我们所期望实现的目标已经不再限于北美大陆，而是面向了全世界，远远超出了早期的战略目标，也不是因为我们曾经享有的免费国防由于科技的发展而不复存在；不是因为我们像许多民族曾经经历的那样，第一次处于力量有限的位置，也不是因为许多国家拥有与我们相当的核武器。这一切都是因为我们一直被愚昧、无能之辈统治，可能还被叛国者统治，如他更热心的崇拜者大胆宣称的那样。对于那些不把历史看作一系列相关事件，而是看作一出道德剧的人来说，这样的指责似乎足够可信。如果考虑到美国的世界地位在过去50年中发生的如此巨大的变化，最奇异的似乎不是许多人全心全意地响应伪保守主义对于许多事件的解读，而是我们的政治家一如既往地保持了克制的治理方式，而且这种克制赢得了绝大多数公众的支持。

5

我认为右翼支持者有理由对戈德华特的竞选活动表达欣喜之情，即使在败选结果出来以后他们仍然有理由这么做。这场竞选活动没有带来什么实际结果，但他们想要获得的不是这些。他们已经表明，右翼是我国政治中的一股强大力量，我们有理由认为它会是一股长久存在的力量。我在麦卡锡主义处于极盛期的1954年曾经写道，最好不要把美国右翼理解为一个为夺取权力而积极备战的新法西斯运动，而是应当将其视为持续存在且行动力强大的少数派，其主要威胁在于它能创造"一种政治气氛，在这种气氛中，理性地追求我们的福祉和安全将变得不可能"。[35] 这似乎仍是伪保守主义右派真正的潜力所在；这是一种不需要入主白宫，甚至不需要再次赢得共和党党内提名就能实现的潜力。

右翼分子的人数是否真的在增加是值得怀疑的；但他

们在 1964 年的表现告诉人们，无论人数多少，他们仅凭借奉献精神和组织能力就可以为他们获得如此大的影响力。一个持强烈的右翼观点的候选人获得超过 2700 万张选票——这个数字是有迷惑性的——但对右翼分子来说，即便具有迷惑性，也是令人振奋和鼓舞人心的。选后的一项民意调查表明，按照最宽松的估计，只有大约 540 万戈德华特的选民——也就是所有投给戈德华特的选民的五分之一——可以算作是戈德华特的铁杆支持者，这一结果与提名前的盖洛普民意调查中他的排名以及初选中与其他温和派和自由派候选人作比较时，共和党选民给他的排名情况大致吻合。[36] 但只要右翼分子的狂热和组织天赋如近年来一样强大，他们就仍然能够发挥出远远超越其人数的力量。重新控制共和党政党机构的职业从政者还没有对其右翼进行最后的清算。此外，戈德华特的观点虽然在共和党选民中远未占据主导地位，但在那些积极参与到竞选活动中的人员，即那些付出艰苦努力、为戈德华特提供资金、在牛宫为他争取代表的人当中，被广泛认可和接纳。

作为共和党内的一股力量，右翼所面临的最大困难是，它无法培养国家领导人，也无法保证他们坐稳位置。大多数共和党的州长都属于党内温和派。右翼的参议员英雄榜上的人物不是已去世就是已下野：塔夫脱、麦卡锡、诺兰、布里克、布里奇斯、詹纳以及现在的戈德华特——如今没有一个右翼参议员能够安坐其位，同时又为公众所知。虽然这在实际政治中是个严重的不利条件，但在右翼认为最重要的"保守主义教育"领域则不被认为有多么不

利。在党的领导层面上，右翼分子则很顺遂。在国内许多
地方，最热心的共和党人都是极端保守派人士。他们往往
是小企业主或独立的专业人士，有钱有闲，这能让他们的
观点影响到更多的人。温和的共和党人更有可能是大公司
的管理者或雇员，他们所处的职位让他们没有太多时间参
与党派活动。因此，在国内某些地区，共和党的党组织会
掌握在比选民保守得多的领导层手中。迄今为止人数最多
的党内中间派也已经相当保守，容易受到一些右翼观念的
影响，尽管他们没有戈德华特的追随者出于党派立场的愤
怒情绪，也不认同其阴谋论。

在舆论战场上，右翼有充足的资金可供支配，其肆无
忌惮的斗争策略也为其获得了某些优势。保守派这个标签
和极右翼的民族主义敌对情绪都为其提供了很大的优势：
它可以用受人尊敬的符号和美国主义作为包装，与此同时
毫无忌惮地使用恐吓手段来获取它所能获取的一切——
这种恐吓用在学校教师和学校行政人员、图书管理员、报
刊和大众传媒的广告商、地方商人和职业政客身上都非常
有效。精明老练的全国性媒体（右翼对其感到深恶痛绝）
在报道右翼时不会笔下留情，但国际大都市的记者和知识
分子却很容易忘记来自右翼的压力在大都市之外的地方
是多么可怕。

共和党看似永远处于少数派的地位，从某种意义上
说，这对极右的行动设置了限制，但从另一种意义上说，
这也是它可资利用的地方之一。多年来，在民调中称自己
是共和党人的美国选民人数在缩减，到了现在，只有民主

党选民数量的一半——这种情况恰好反映在目前国会中两党的比例上。共和党中的温和派想找到一个建设性议题，然后在该议题上建立自己的独立身份，从而不用再承担对民主党的政策"亦步亦趋"的责任——这是右翼一直以来对他们的指控，这一指控总体上是准确的——但民主党以其广泛的中间派立场，接纳了美国政治共识中的很大一部分，共和党温和派几乎找不到这样一个建设性议题。戈德华特在共和党党内造成的破坏，让右翼分子得到了补偿。诚然，他们当下失去了对共和党的控制权，但只要共和党继续处于目前无助的少数派地位，即使类似戈德华特对共和党的控制的事情不再发生，右翼分子也可以阻止温和派将共和党重建为一个具有建设性的反对派。

但最重要的是，极右翼已经成为政治秩序中的一支永久的力量，因为它赖以存活的东西也是永久的：我们的外交政策的长期且不可避免的挫折，对种族平等运动的反对，伴随富裕而来的不满，因文化原因遭到疏远的人们进行的狂热活动——弗里茨·斯特恩（Fritz Stern）称其为"文化绝望的政治"。具有讽刺意味的是，极右运动之所以能够蓬勃发展，在很大程度上依赖其从激进派那里学到的东西。在像弗雷德·C. 施瓦茨和斯蒂芬·沙德格等人的倡导下，极右翼的组织已经布尔什维克化了——配备人数不多、不张扬且高效的狂热骨干分子，短时间内就能激发出与其人数极不相称的政治力量。极右运动借鉴激进派的技术，与此同时从保守派那里筹措资金。最后，它能在既没有责任，也没有指望赢得责任的人那百无禁忌的精神世界中一直保持活跃状态。它的对手，那些背负治理国家重担的人，面对社会出现的各种各样的问题所引发的不满情绪，总免不了受到抨击。但是，愿意赌未来的右翼分子却享受着煽动性思维所拥有的广泛自由，这样的头脑里装着种种偏执狂的怀疑和不可能实现的要求，以及获得彻底胜利的千年梦想。

第二部　现代美国问题

古巴，菲律宾和天命论

　　这篇文章最初写于1951年，收入本书时经过了大幅修改。当时本宁顿学院（Bennington College）邀请不同讲者举办了14场讲座，我是其中之一。1952年，该系列讲座的讲稿由丹尼尔·亚伦（Daniel Aaron）编辑，以《危机中的美国》（*America in Crisis*）为题出版。每场讲座都致力于分析美国公众意识发展过程中的一个焦点事件，希望对这些事件的共同探讨能阐明美国人应对危机的方式。

　　我的任务是分析美西战争后美国进入并保留菲律宾群岛的决策，这个决策导致美国偏离传统的大陆政策，走上了一条世界帝国主义的道路。一个因其信条和建国历史致力于自治和自决的民主国家，在面对将要通过征服得到距离遥远、生活着美国人几乎一无所知的外国民众的领土时，美国人讨论的议题是什么，国民心态受到了怎样的影响？

　　当你看得越仔细，事实就越清楚。对于1898年至1900年由"帝国主义"问题引发的辩论，不能脱离美西战争带来的整个外交政策上出现的危机来考虑。那场战争最引人注目的地方在于，它并非源于帝国主义野心，而是源于大众的人道主义。战争始于我们想要解放古巴，却以我们对菲律宾的统治结束。这场战争发动的原因不在夺取古巴或菲律宾。附在宣战书上、未经辩论即获通过的泰勒决议（Teller Resolution），明确表达美国没有任何想要得到古巴的意图，最后也兑现了这个承诺。至于菲律宾，占领问题一直都不是公众讨论或感兴趣的话题，甚至也不是统治精英们关心的问题。在战争爆发前，没有人敢提出将征服和保留这些岛屿作为国家政策的目标。除了少数海军战略家会对打击部署在菲律宾的西班牙海军表示关心，没人对菲律宾动过什么心思，然而，由于乔治·杜威准将在马尼拉湾取得的突然胜利，人们（包括决策者在内）不得不做出一个意料之外的决定。无怪乎人们很快就接受，这是"命运"降临到自己身上的一个新的、情非所愿的责任：无论是不是命运，他们都面临着一个既成事实。

　　然而，美国的舆论领袖和公众确实在没有感到特别痛苦的情况下接受了海外征服这一突发的事实，有些人还对此充满热情。战争背后的人道主义冲动与对战斗的渴望奇异地结合在一起；同样，人们的帝国主义冲动让他们迅速接受吞并菲律宾，同时人们也大谈义务和责任，帝国主义冲动因之变得缓和，这预示了后来美国在菲律宾的政策。人道主义情感以及战斗与征服的冲动似乎都源于1890年代出现的一种普遍心态，而我在这篇文章中主要关注的，与其说是在是否保留菲律宾问题上轻易赢得民意的论点，不如说是国民意识中可观察到的危机与战争中发生的事件之间的关系。一些读者会认为这是为美国帝国主义的起源提供一种心理学上的解释，以此来代替经济学上的解释。我认为，与其说是从心理学上进行解释，不如说是从制度上；与其说是一种替代，不如说是对任何经济解释做出的必要补充，以避免忽视某些明确的事实。1890 年代的大萧条，当时普遍存在的焦虑和不满情绪，显然对战争和帝国的问题有重要影响，必须被视为历史的主要工具。

自这篇文章最早的版本写完后，两部对美国帝国主义的根源进行全面研究的重要作品问世。这两部作品和我的分析都不完全相符，但在某些方面还是有共同之处。沃尔特·拉夫伯（Walter LaFeber）在《新帝国》（*The New Empire*）中强调——在我看来是非常正确的——1890年代的帝国主义经过了怎样漫长和有目的的准备，他认为扩张是对 19 世纪后半期工业革命的回应。他强调了对新市场的需求，主张海军至上主义和扩张主义者的宣传，新海军的建立——所有这些趋势在 1890 年代的危机之前就已发展成熟。另外他还指出，"1893 年的大萧条成了半个世纪以来一直在发展中的事态的催化剂"，而我所关注的正是这种催化过程。欧内斯特·R. 梅（Ernest R. May）对这个时代的看法虽然与我很不同，但他也同意这场战争源于国民意识的危机。他在《帝国民主》（*Imperial Democracy*）中写道："这个国家在 1890 年代处于一种不安状态。"在列举了导致这种不安状态的一些原因之后，他总结道："所有这些影响和焦虑都以某种非理性方式转化为对处于磨难中的古巴的关注。对于美国人民以及政府来说，与君主制、天主教、拉丁语系的西班牙开战，除了缓解情绪外，没有任何目的。"无论怎么说，整个事件确实可以作为研究国民情感的变化过程非常富有启发性的案例。

1

1899 年，美国从西班牙手中夺取菲律宾群岛对美国人民来说是一个重大的历史转折，是对其传统的破坏，对其长期积淀形成的价值观的冲击。当然，从建国初始，他们就一直在进行扩张，但几乎完全是在毗连的领土上进行。如今他们延伸到了遥远的东半球殖民地。他们放弃了迄今为止仅将防御限于大陆及其附属区域的战略，转而在远东做出了重大的战略承诺。在此之前，他们的扩张仅限于将相对单一的人口扩散到从一开始就计划发展自治的领土上；现在，他们要通过武力将控制权强加在数百万外族之上。因此，争论双方的同时代人都认为获得这些岛屿是我们历史上的一个转折点，今天也很容易理解。

然而，如果脱离其他事件来讨论这场辩论，就会令其失去它的完整意义。美国进入菲律宾群岛是美西战争的副产品。菲律宾危机与战争危机密不可分，而战争危机本身又与"1890 年代的精神危机"（一系列事件催生的强烈情绪反应）密不可分。

这一精神危机的核心背景是 1893 年爆发的大萧条，

这场经济萧条直到国内围绕古巴战争发生激烈争论时仍然非常严重。严重的萧条本身并不总是会催生如1890年代那样强烈的情感危机。1870年代，美国也发生过一场经济萧条，其严重程度和持续时间与1890年代相当，然而，1870年代并没有产生1890年代出现的现象，或者说，没有产生许多在强度和影响上可以相提并论的现象。人们常说，与1870年代不同，1890年代形成了美国历史上的一个"分水岭"。我认为，这两次大萧条给美国人在情感和思想上带来的影响之差异不在严重程度上；1890年代的大萧条之所以会对公众心态产生更大的影响，乃是因为当时的许多突出事件与大萧条共同发挥了作用。

在这些突出事件里面，最重要的是平民主义运动、自由银币运动，以及1896年的激烈竞选。这在我们的历史上是第一次：一场萧条创造了一个强大到足以控制一个主要政党的抗议运动，并且引发了人们对社会急剧动荡的恐慌，无论这种恐慌有多么不真实。其次，美国商业逐渐成熟和官僚化，对商业必不可少的工厂建设已完成，托拉斯的发展规模足以让人们担忧，旧有的竞争秩序正在逐渐没落。再次，具有巨大象征意义的是：大陆显而易见的人口增长和边疆的消失。我们现在知道当时还有多少土地尚未被占用以及在商业和土地进行内部扩张的可能性有多大；但在1890年代的人们看来，三个世纪以来吸引人们倾注精力的资源已经用完了。这种可怕的可能性表明，美国历史的一个重要关头已经到来。正如弗雷德里克·杰克逊·特纳在他写于1893年的著名论文中所表达的那样："现在，自发现美洲的四个世纪后，在美国宪法的保护下生活了一百年后，边疆已经消失，随着它的消失，美国历史的第一个时期已经结束。"

　　在那些从小就习惯于以 19 世纪的秩序思考问题的中产阶级公民看来，前景似乎很严峻。主食种植区的农民为威廉·詹宁斯·布莱恩 [1] 及其倡导的自由银币运动而疯狂；工人们在如霍姆斯特德罢工 [2] 和普尔曼罢工 [3] 这样的血腥斗争中群情激昂；新土地的供应似乎已经到了尽头；托拉斯威胁着企业的精神；大城市中，市政腐败达到了顶点；每年都有一大批似乎无法被同化的移民到来，住进条件恶劣的贫民窟。对许多有历史意识的作者来说，这个国家似乎已经过熟，就像一个随时会因外部打击或内部动荡而崩溃的帝国。对于所有那些靠国家权力的象征生活的人——执政者和智识阶层——来说，这种情况已经非常糟糕了，对年轻人来说则更是如此，他们必须在这个似乎即将到来的黑暗世界中成就自己的事业。

　　仔细观察危机的症候，会注意到流行观念和行为中的几种倾向。这些倾向此前均非常微弱。这些症状表现为两

---

[1] 威廉·詹宁斯·布莱恩（William Jennings Bryan，1860—1925），从 1896 年开始成为民主党的主导力量，在 1896 年、1900 年和 1908 年中三次作为民主党提名的美国总统候选人参加竞选。由于他相信普通人的智慧，他经常被称为"伟大的平民"，被广泛认为是进步时代最具影响力的人物之一。

[2] Homestead Strike，1892 年 7 月发生在宾夕法尼亚州霍姆斯特德的卡内基钢铁公司和工人之间的暴力劳资纠纷。

[3] Pullman Strike，1894 年 5 月至 7 月在美国中西部发生的一次广泛的铁路罢工和抵制活动。格罗弗·克利夫兰总统派遣联邦军队镇压了这次罢工，在爆发了致命的暴力事件后，罢工逐渐减少。

种完全不同的情绪。抗议和人道主义改革层面的升级是其中一种情绪的关键。平民主义、乌托邦主义、基督教社会福音派（Christian Social gospel）的兴起、知识分子对社会主义日益增长的兴趣、对 1890 年代的大学生有强烈吸引力的睦邻运动 [1]、现实主义小说中出现越来越多的抗议和社会批评——所有这些都是这种情绪的表现。另一种情绪是国家的一意孤行、侵略和扩张。前者的主题是社会同情，后者的主题是国家力量。1890 年代成立的爱国团体比我们历史上任何其他十年都要多得多；马汉上校 [2] 的海权论影响越来越大；海军建设蓬勃发展；美国人对拿破仑的崇拜风潮一浪胜似一浪，鲁德亚德·吉卜林 [3] 那种阳刚气概、以戎马生涯为主题的写作成为一种时尚。年轻的西奥多·罗斯福成为活力四射、技巧高超、喜欢户外活动的男子的典范；欧洲帝国主义的复兴激起了人们对美国在新一轮殖民竞争中的地位的猜测，另一些人要求加入帝国竞争，以避免被其他强国击败的风险。但最重要的是沙文

---

[1] Social Settlement Movement，起源于 19 世纪后半期的英国，1920 年代于英国和美国达到高峰。这场运动大幅度影响了现代的社会福利与社会工作的发展，是今日社区工作的先声。它主张受教育的志愿服务者和穷人住在相同地方共同生活，并领导邻里改革和提供教育与服务。

[2] Alfred Thayer Mahan（1840—1914），美国海军上校及预备役少将，主要著述有《海权对历史的影响，1660—1783》《海权对法国革命及帝国的影响，1793—1812》《海权与 1812 年战争的关系》等。

[3] Rudyard Kipling（1865—1936），英国作家及诗人，1907 年获诺贝尔文学奖。由于吉卜林所生活的年代正值欧洲殖民国家向其他国家疯狂扩张，他的部分作品也被指责带有明显的帝国主义和种族主义色彩，他笔下的文学形象往往既是忠心爱国和信守传统，又是野蛮和侵略的代表。

主义的崛起，这是 1890 年代美国生活的观察者们不断评论的一个问题。

当然，沙文主义在美国历史上并不新鲜。但在 1870 年代和 1880 年代，美国公众在对外关系上一直保持明显缄默的状态。这段时间也有过主张扩张的政治家，但民众的冷漠态度让他们没能走远，我国国策也一直受到限制。[1] 格兰特总统 [1] 为获取圣多明各所做的尝试惨遭失败；我们对待麻烦不断的夏威夷的政策一直很谨慎；1877 年，海地两个军港交由美国控制的提议被拒绝。在回答海地问题时，国务卿弗雷德里克·西奥多·弗里林海森说："本政府的政策……旨在避免接收与大陆不接壤的属地。"[2] 亨利·卡伯特·洛奇在他 1889 年出版的关于乔治·华盛顿的传记中指出，当时的外交关系"在美国政治中只占很不重要的位置，人们对之提不起什么兴趣"[3]。几年后，这个说法听起来便已是荒诞不经。1895 年，拉塞尔·A. 阿尔杰在给辛辛那提的听众读了洛奇的一篇文章之后，跟洛奇说，从听众的反应来看，他很确信外交政策"比其他任何事务都更能触动今天公众的神经"[4]。1890 年代的美国历史是一部公众针对扩张主义问题进行争论以及与其他国家争吵的历史。

---

[1] 尤利西斯·S. 格兰特（Ulysses S. Grant, 1822—1885），美国首位陆军上将，第 18 任美国总统（1869—1877）。

2

从 1891 年春天到 1895 年年底，激起美国的沙文主义
的主要事件有三起：第一件，意大利公使就 11 名意大利
人在新奥尔良被处以私刑向美国政府表达抗议，国务卿布
莱恩[1] 报之以刻薄且带有挑衅意味的答复；第二个事件是
与智利发生的摩擦，起因是两名美国水手在瓦尔帕莱索
（Valparaiso）的一场暴乱中被智利的暴徒杀害，另外还
有数人受伤；第三个事件，1895 年发生了更为人所知的
委内瑞拉与英国的边界争端。要讨论这些事件势必让本文
偏离主题太远，但请注意三起事件的共同特点：这些事件
都没有直接涉及国家安全或自身利益；三起事件中，美国
的外交反应都显得不同寻常和有失分寸地咄咄逼人；三起
事件中，美国政府都考虑了战争的可能性；在每起事件中，
美国公众和媒体的反应几乎一边倒，都表现出热烈的民族
主义情绪。

回顾这些事件的历史，很难不得出这样的结论：政
治家一直在利用沙文主义来恢复自己的威信，改善他们的
政治地位，转移公众注意力，缓和人们对国内问题的严重
不满情绪。沙文主义和平民主义同时兴起并非意外。关于

---

[1] 詹姆斯·吉莱斯皮·布莱恩（James Gillespie Blaine, 1830—1893），曾担两任美
  国国务卿，于 1884 年被提名为总统候选人，以微弱劣势败给民主党人格罗弗·克
  利夫兰，在外交上主张泛美主义。

利用国外发生的危机谋取政治资本的文献证据并不十分丰富，部分原因是这种动机不一定是有意识的，而当政治人物有意识地利用国外危机时，也不一定会承认自己在这么做或者留下文字记录。[5]然而，从本杰明·哈里森[1]到西奥多·罗斯福[2]的每届政府都表现出沙文主义姿态，这是我们难以忽视的事实。1890年代，每个政党的媒体都喜欢指责对方利用外国冲突谋取政治资本。国务卿布莱恩为了政治目的不惜触犯英国，自然是不太可能放过挑衅意大利的机会。在智利事件前夕（哈里森对该事件所达到的严重程度负有主要责任），数名知名共和党政治家考虑到即将到来的总统竞选，敦促哈里森采取更强硬的外交政策，因为这能够"转移人们对当前陷入僵局的政治讨论的注意力"[6]。一些民主党报纸指责哈里森计划挑起争端，以便在国家处于和智利敌对的状态下竞选连任，这样一来他就可以号召选民"临阵不换帅"；但许多民主党人认为，从政治上考虑，他们有必要支持哈里森对智利采取强硬立场，如一位民主党国会议员所说，只有这样，共和党人才不至于"拿走从维护国家自尊的行动中获得的全部政治资本"[7]。

---

[1] 本杰明·哈里森（Benjamin Harrison，1833—1901），共和党政治家、律师，于1889—1893年出任第23任美国总统。

[2] 西奥多·罗斯福（Theodore Roosevelt，1858—1919），第26任美国总统，曾任美国海军部副部长，参与美西战争。1901年总统威廉·麦金利被无政府主义者刺杀身亡，他补位成为总统，时年42岁，是美国历史上最年轻的总统。他的独特个性和改革政策，使他成为美国历史上最伟大的总统之一，是美国进步时代的领导者之一。

格罗弗·克利夫兰[1]非常正直，1893到1894年间，反对国内吞并夏威夷的主张，令他备受称赞。但正是因为这种克制行为，他受到洛奇等共和党人以及他自己党内的许多人的指责，认为他对美国的世界地位漠不关心。如果说克利夫兰品格高尚，不屑于利用一场不必要的外国危机谋取政治资本，那么他的国务卿理查德·奥尔尼就不是这样的人了。委内瑞拉事件发生的时候，克利夫兰政府的威望正处于低点，奥尔尼希望借此机会向两党的批评者证明，政府有能力展开强有力的外交活动。危机可能带来党派政治上的价值，这对奥尔尼的党内成员来说并非不可想象。一位得克萨斯州的议员写信给他，鼓励他"继续前进"，理由是委内瑞拉问题对于全国方方面面来说都是"利好因素"。"当我们来诊断这个国家的内部问题时，会立刻意识到我国会迎来一个暴力冲突不断的未来。国务卿先生，您不应该只看到无政府主义、社会主义和平民主义的脓肿在我国政治表面的存在，谁知道它的根基有多深或有多么错综复杂？只要向英国军舰发射一枚炮弹来捍卫门罗主义原则，就能在今后两个世纪防止我国国民受此脓疮毒害。"[8]

1895年古巴危机再次爆发时，这种模式已经很成熟了。奥尔尼在1896年竞选期间收到了美国驻哈瓦那领事

---

[1] 格罗弗·克利夫兰（Grover Cleveland, 1837—1908），第22任和第24任美国总统。他在1884年、1888年和1892年的总统选举中获得多数普选票，也是共和党在政治上具有绝对优势的1861至1933年间，除伍德罗·威尔逊以外唯一在总统大选中获胜的民主党人。

菲茨休·李的一封信，建议"黄金民主党"[1]中的保守派支持对古巴进行调停或干预的强硬政策。如此一来，他认为，"他们将会和政府一起因为阻止了这里每天发生的大规模暴行而获得声望，通过购买或者打一场成功的战争来获得古巴。如果发生战争，爱国热情随之高涨，人们参军入伍，许多失业者得到就业，民众的注意力便不会放在他们想象中的国内弊病之上，而人们一直错误地认为缓解弊病的良方是'自由铸造银币运动'"⁹。

麦金利总统[2]上任时，很清楚民族主义的热情所达到的高度令战争爆发的可能性大大增加。几个月前，他曾对参议员洛奇说，他一上任就可能"不得不"开战，并表示希望古巴危机能够在他当选和就职之间的时间里以某种方式得到解决。尽管他曾向卡尔·舒尔茨承诺，"本政府不会发表任何沙文主义谬论"，但事实证明，他没有足够的力量抵御这股沙文主义潮流。他本人并没有当时席卷整个国家的歇斯底里情绪，他担心国家没有做好发动战争的准备，甚至不确定战火是否只会限制在和西班牙之间。他很快便面临需要采取积极行动的巨大压力，在抗压方面，他与大多数总统在同样情况下的表现无差。他的失败不在于过早地屈服于战争狂热，而在于没有及早采取行动主动

---

[1] Gold Democrat，民主党内部分裂出来的、短期活跃的政党，又叫国家民主党（National Democratic Party），该政党主张金本位制，在 1896 年的总统竞选中反对民主党候选人威廉·詹宁斯·布莱恩。

[2] 威廉·麦金利（William McKinley，1843—1901），第 25 任美国总统。他领导美国在美西战争中击败西班牙，提高关税，保护美国工业，维持金本位制度，反对推行通货膨胀政策。

控制它。事实证明，将缅因号战舰派往哈瓦那是他最大的错误之一，因为主战派由此多了一个棋子。此举部分是为了抑制国内的沙文主义狂热，但克利夫兰此前就否决过这样的提议，他的理由是，这么做非常可能会导致煽动性事件发生。2月16日，缅因号沉没，显然此事远远超出了克利夫兰或麦金利最坏的预想。从那时起，避免战争的机会似乎已经非常渺茫。

麦金利受到来自本党人士很大压力，要求他满足人民开战的心愿，以避免共和党的地位受损。他们中的一些人担心的是，如一位愤怒的参议员对国务卿所说的，国会将不顾麦金利的意愿直接宣战。"本党会连同他一同被掀翻在地。"[10] 到了3月，国会兀自采取行动的可能性着实令麦金利感到恐惧。[11] 人们普遍认为，如果战争是不可避免的，当时看来大概是如此，总统最好是站到引领的位置，而不是被推着走；抗拒战争会毁了共和党；一旦选择开战，民主党便无法以"自由古巴"和"自由银币"作为其下一次总统竞选的口号。[12] 3月17日，参议员雷德菲尔德·普罗克特在参议院就古巴时局发表了动人的演说，支持麦金利的芝加哥《时代先驱报》宣布，对古巴的干预，无论是以和平手段还是武力干预，"都是不可避免很快就要发生的。我国内部政治条件不允许推迟此事的发生……如果麦金利总统犹豫不决，迟迟不能满足美国人民的正当期望，毋须怀疑，'为古巴自由而战'将会成为民主党和平民党今秋选举时的荆棘之冠……总统届时将无力阻止任何立法，无论其对我国所有正常、合理的利益造成多大破坏"[13]。"人

民不希望与西班牙进行可耻的谈判,"《芝加哥论坛报》呼
喊道,"如果总统让其政府陷入这种泥潭,到了1900年,
愤怒的民意会把他和他的政党扫地出门。一个玷污了国家
荣誉的政府永远不会被原谅。"[14] 亨利·卡伯特·洛奇在
向麦金利描述马萨诸塞州民众的情绪时写道:"如果古巴
的战争一直拖到夏天没有任何进展,我们将遭遇有史以来
最大的失败……我知道,人们很可能会指出,出于达成某
些政治目的而引发或者甚至威胁发动战争是一种罪行,对
此我非常同意。但是,因为一个错误的政策,一个伟大的
政党被牺牲掉,且导致国家走向'自由银币'道路,难道
不是同样可憎?"[15]

面对越来越大的战争压力,麦金利无法将他与西班牙
的谈判维持足够长的时间,充分讨论通过外交途径解决争
端的可能。到了4月初,西班牙接受了一些重要要求,比
如取消"集中营制度"[1]以及对缅因号的赔偿。但是,外
交解决方案不太可能达成,因为古巴革命者和美国都坚持
要求古巴完全独立,西班牙政府无从保全颜面。刚进入4
月,麦金利决心发动战争。4月10日,他准备在国会发
表战争咨文时,美国驻西班牙大使斯图尔特·L.伍德福
德传来消息,西班牙已经接受美国关于迅速停战的要求,
而且伍德福德还相当乐观地认为,即使古巴独立的要求也

---

[1] 为了彻底平息叛乱,西班牙首相派遣以精明干练著称的瓦莱里亚诺·魏勒尔(Valeriano
Weyler y Nicolau)为古巴总督。为了扑灭此起彼伏的游击战,他首创了下一个世
纪尽人皆知的"集中营制度":把数十万古巴人赶出家门,集中到指定的营地加以囚
禁,然后分别隔离盘查。

可能得到满足。麦金利只是在自己的战争咨文的最后提到
了这个最新消息，从而放弃了最后一个有政治家风度的行
动：呼吁进一步推迟发动战争。然而，如果麦金利这么做
了是否就能避免战争，也是很难说的事情。美国人似乎不
仅想要古巴的自由，而且想要一场为古巴自由而战的战
争。面对这样的局面，西班牙政府似乎认为，因为战败而
"光荣地"失去古巴比退缩要好。麦金利夹在本国民众咄
咄逼人的非理性和老西班牙腐朽衰败的非理性之间。

　　历史学家经常说，这场战争是由耸人听闻的报纸引发
的。在普利策[1] 和赫斯特[2] 之间竞争的刺激下，新闻界激
起了美国民众对古巴人的同情以及对西班牙的仇恨，迎合
了公众的好战情绪。似乎没有人问过：为什么公众如此不
可抗拒地接受了战争宣传？我认为，必须从导致沙文主义
的因素里寻找答案，在战争爆发之前的七年里，沙文主义
便已经非常盛行了。1890 年代发生的事件令有公民意识
的美国人感到挫折和焦虑。一方面，正如马克·沙利文所
评论的那样，这一时期的美国人倾向于"在本国的经济形
势和论争中把自己看成是弱者"[16]；但另一方面，这个时

---

[1] 约瑟夫·普利策（Joseph Pulitzer，1847—1911），美国大众报刊的标志性人
　　物，普利策奖和哥伦比亚大学新闻学院的创办人。1890 年代，他的《纽约世界报》
　　和威廉·伦道夫·赫斯特的《纽约日报》之间的激烈竞争导致两者都采用黄色新
　　闻报道手法，以耸人听闻、性、犯罪以及对血腥暴力事件的逼真描述赢得了大量
　　读者。
[2] 威廉·伦道夫·赫斯特（William Randolph Hearst，1863—1951），美国报业大王，
　　赫斯特国际集团的创办人。作为一位在新闻史上饱受争议的人物，他在 20 世纪初
　　掀起的黄色新闻浪潮，对后来的新闻传媒产生了深远影响。

代的挫折感也造成了一种焦躁难安的好斗心理，一种想要确信国家的力量和活力没有消退的愿望。同情的能力以及对权力的需求并存。非常典型的美国人威廉·艾伦·怀特在他的《自传》中回忆自己在 1890 年代如何"被我的偶像——伟大的民主主义者惠特曼和帝国主义吉卜林深深吸引"[17]。对于怀特同时代的其他美国人来说，民主主义者和帝国主义者或多或少同时在他们心中存在着——民主主义者倾向于解放古巴，帝国主义则倾向于向西班牙发泄不满。

在我看来，公众对古巴局势的反应过度，部分可以解释为一种情绪的转移：人们将自己在国内事务中产生的同情或社会抗议情绪转移到对外事务上；这些冲动在国外冲突问题上可以被安全和满意地排解。在媒体的报道里，西班牙向古巴发动了一场无情和不人道的战争；古巴人则是西班牙暴政高贵的受害者，他们的处境与 1776 年的美国人类似。[18]当我们去分析对导致战争的政策最热情的群体所属的阶层和政治阵营时，会发现这些人中的多数不是富裕的东部大企业共和党人——这些人给了麦金利最有力的支持，并阅读体面的保守派报纸——而是集中在支持布莱恩的选民，在民主党、西部共和党人以及黄色新闻的读者里面。[19]众所周知，许多商人担心战争会对刚刚恢复的繁荣带来负面影响，有些人认为战争可能会进一步推动自由铸造银币运动。在这场争论中，人们用严厉的语言互相指控：倡导和平的保守派声称，许多沙文主义者希望在古巴问题上打一场代价高昂的战争，以此在国内恢复"自由银币"政策；作为回应，好煽动的媒体经常陷入平民党的话语模式，例如，他们宣称"那些特别值得尊敬的猪猡一般的公民贪财如命，支持'保守派'报纸，认为……那么多忍饥挨饿的无辜的男人、女人和儿童，还有250名美国水手的生命……不如股票价格下跌两个点重要"[20]。如玛格丽特·利奇所言，和平"已经成为贪欲熏心的象征"[21]。就一些战争狂热分子而言，不清楚他们支持战争是因为他们为古巴人的苦难感到悲痛，还是因为憎恨高等资产阶级的物质主义和虚伪的和平主义。西奥多·罗斯福没有痛思美国的弱势群体所受的不公正对待的习惯，但在他对马克·汉纳说的话中也表达了这样的意思："我们将为古巴的自由而发动这场战争，商业利益集团的胆怯不会成为我们的绊脚石。"[22]

尽管双方都指责对方动机卑鄙，但同样重要的是，对布莱恩的败选越感到不满的选民，对古巴的同情心越强烈，对战争的鼓动也越积极。比起战争和"自由银币"之间这种看似合理且抽象的联系，有机会对"华尔街利益集团"宣泄仇恨可能更重要，这些利益集团对古巴起义者和国内种植主食的农民的命运都漠不关心。[23] 这场战争在1890年代的心理经济（psychic economy）中的主要意义在于，它让人们得以表达自己好战的冲动，同时又并非不符事实地可以自我标榜为一场理想主义和人道主义的征战。它的好处是让公众得以在一个问题上同时表达敌对情绪以及慷慨的道德激情。美国公众总体上对干预古巴时局所可能获得的物质利益兴趣不大，人们做梦也没想到这场战争会使美国夺取菲律宾，也没有多少人知道菲律宾的存在。为了一个崇高和利他主义的目的而发动战争，然后将其转变为一场吞并战争是不可想象的，那会是一种"罪恶的侵略行径"——麦金利的这句话后来一直困扰着他。

哲学家威廉·詹姆斯从一开始就强烈地反对这种战争狂热，他在写给一位在法国的朋友的信中准确地诊断了民众的情绪："这一切的基础是，或者说曾经是，完全诚实的人道主义以及美国人民绝对无私的、让古巴人获得自由的渴望……国会完全疯了，它以为人民也处于同样状态，人们可能也的确疯了，只是疯癫的程度较低……战争……是唯一可能的宣泄方式。我们赢得了特别大的外交胜利，但这些都没有用。我们已经为战争做好了准备（我们认为自己做好了准备），除了战争，其他选择都不能接受。"尽管他重申，美国否认自己有征服欲望是"绝对真诚的"，但他也敏锐地预测，一旦军事行动激发起民众的亢奋情绪，"我们国家的野心以及想要掌控局面的意识将会提出新的要求"。他准确地预测，尽管我们不会吞并古巴，但可能会占领波多黎各和菲律宾。[24]

研究者可能会补充一个原因：由于没有大国参与，所以抑制人们选择战争的意愿没有特别强烈。在一场以加勒比海地区为主要战略目标的战争中，西班牙并没有多么难以对付。媒体将西班牙描述为软弱、破产、堕落的国家，而且没有盟友，古巴事件本身就体现了其在军事上的无能。如西奥多·罗斯福对洛奇所说的，"我不认为与西班牙的战争会导致什么严重后果，这场战争不会给我国造成

很大压力"。在战争对货币问题的影响上，洛奇比许多胆
小的金融家的判断更高明。他在1898年写道："如果发生
战争，我们就不会在选举中听到太多有关货币的问题。"[25]

3

从解放古巴的战争到批准征服菲律宾的和平条约，在
情绪的演变中存在着一个奇怪的悖论。大企业－保守派－
共和党－麦克利支持者中的绝大多数此前一直反对这场浪
漫而多愁善感的战争，但很快就对由此产生的帝国主义产
生了兴趣。[26] 热衷于发动战争的平民党－民主党－布莱恩
支持者成了反对该战争成果的大本营——尽管这种反对
立场并非坚决或不可动摇。然而，如果这件事由公众或商
业利益集团来决定，美国就不会在1898年入主菲律宾。

这场帝国主义运动中的活跃分子由一小群政治家、知
识分子和政论家组成，其中包括参议员亨利·卡伯特·洛
奇、西奥多·罗斯福、约翰·海伊（即海约翰）、参议员
阿尔伯特·J.贝弗里奇、《纽约先驱论坛报》编辑怀特
洛·里德、《美国评论》编辑阿尔伯特·肖、《大西洋月刊》
编辑沃尔特·海因斯·佩奇以及亨利·亚当斯和布鲁克
斯·亚当斯兄弟。

这些人大多数有所谓的好家庭出身。他们受过良好的
教育，有修养，有贵族观念，有盎格鲁－撒克逊血统，在
政治上是保守的改革者，其个人目标和标准都不是商业性

的。虽然生活在一个商业世界，但他们不能接受商业标准，也不愿意成为商界人士。虽然生活在一个庸俗的民主社会，但从本能上来看，他们并非民主主义者。他们不能也不屑于在美国业已非常普遍的腐败政治中取得成功。他们曾尝试过进行市政改革，但发现这种努力徒劳无功，已经对此感到厌烦。即便他们没有像亨利·亚当斯那样绝望地离开美国生活，却也开始转向一些比美国国内政策广阔得多的领域。在那里，他们有更大的空间发挥自己的政治才能。虽然民主党中也有这样的人，比如沃尔特·海因斯·佩奇，但这些人在共和党内的影响最大。此时的共和党致力于推行对外扩张的商务外交政策。[27]

总的来说，这些帝国主义者受到马汉的海军理论和他们有时称之为"母国英格兰"（Mother England）的实际例子的启发。他们看到，帝国主义的新阶段已经在整个西方世界开启。他们担心，如果不采取扩张政策，不为军事和海军斗争做准备，美国就会在他们所谓的"为生存而战"或"列强角逐"的竞争中落伍。他们非常关注扩军，特别是海军；挖掘一条地峡运河；在加勒比海和太平洋地区获得保护该运河所需的海军基地和殖民地；吞并夏威夷和萨摩亚。在其对外扩张冲动最强烈的时候，他们还要求吞并加拿大，将欧洲列强从西半球驱逐出去。他们对远东作为政治冲突的新战场和投资的可能性非常感兴趣。事实上，比起商界人士，他们对太平洋地区，特别是对中国这个潜在的市场更感兴趣。如朱利叶斯·W.普拉特在书中所写的，"美国企业对殖民地市场和投资领域的需求不是由商人发现的，而是由历史学家和其他知识分子，由记者和政治家发现的"[28]。

这群人中的核心人物是西奥多·罗斯福，在美国入主菲律宾问题上，他比任何人的责任都要大。整个1890年代，罗斯福一直渴望着一场战争，无论对手是智利、西班牙还是英国。他认为，与西班牙的战争会使我们获得"一支精良的海军和一个良好的海岸防御系统"，可以把古巴从西班牙手中解放出来，能够帮助美洲摆脱欧洲的统治，能给"我们的人民……带来一些并非物质上的收获"，另外可以让"陆军和海军在实际作战中一展身手"。罗斯福担心美国会逐渐对其国防掉以轻心，不去尽力发展国力，"任何一个保有勇武战斗品质（那是所有品质中最珍贵的）的民族都可以轻松战胜美国"。他认为，"所有伟大的称霸一方的种族都是英勇善战的种族"。有一些美德比和平和舒适的物质生活更高贵。"和平的胜利远没有战争的最高胜利伟大。"[29]正是奉行这种哲学的人让杜威准将得到了美国海军远东中队指挥官的任命，并且在敌对行动爆发前提醒杜威，做好从香港驶往马尼拉与西班牙舰队交战的准备。两个月后，即美国宣战后不久，这些命令得到了麦金利的确认。

我们进入菲律宾的第一步，在我们看来是一种"防御性"措施。杜威对部署在马尼拉湾的西班牙舰队发动攻击，是基于这样的假设：如果不对其进行阻挠，西班牙舰队可能会穿越太平洋，炮轰美国的西海岸城市。我不知道美国官方是否了解，西班牙舰队破旧不堪，根本没有能力穿越太平洋。接下来，杜威在马尼拉湾的舰队似乎处于危险之中，必须向马尼拉派遣美国军队来保证其安全。可以肯定的是，杜威在完成了他的任务后，只需离开马尼拉湾就可以消除这种"危险"——麦金利曾对 H. H. 科尔萨特说："如果老杜威击溃西班牙舰队以后便一走了之，他该为我们省去多少麻烦！"然而，在战争中，人们总是倾向于守住已经取得的成果。在杜威的要求下，美国军队在马尼拉湾海战取得胜利后很快被派出，于 1898 年 7 月抵达马尼拉。

因此，我们进入菲律宾的第二步又是一个"防御性"措施。第三步是所谓的"占领"马尼拉，这一步实际上是与西班牙人合作进行的，西班牙人被允许进行象征性抵抗，而埃米利奥·阿吉纳尔多领导的菲律宾共和军则被排斥在外。[1] 第四步是在暂停美西之间敌对行动的议定书中纳入一项协议，协议内容是：在和平条约达成最终协议之前，美国将占领马尼拉的城市、海湾和港口。第五步到来得更晚一些，1898 年 12 月 21 日，麦金利指示陆军部，将已经在马尼拉实施统治的军政府扩大到整个菲律宾群岛。这引发了菲律宾爱国者的激烈反抗，他们认为自己被误导了，以为美国政府会出台一个截然不同的政策。在参议院就批准和平条约进行投票的前两天，菲律宾共和军和美国军队爆发了第一次战斗。美国士兵有伤亡，此事似乎对公众讨论产生了重要影响。美国政府的行动再一次导致整个

---

[1] 1899 年初，西班牙总督与美军密约，将马尼拉"让渡"给美国，美军遂入驻马尼拉，阻挠菲律宾共和军收复马尼拉。

政治决策过程出现强烈的倾向性。泰勒·丹尼特甚至说，参议院还在讨论这个问题的时候，麦金利通过授权这场征服战役，"制造了一种局面……参议院遭到胁迫"。[30] 这个结论值得怀疑[31]，但有理由相信，扩张主义者此时处在有利地位，因为人们感觉反对麦金利政府的政策是不爱国的。

待到美国对菲律宾政策能够受到公众讨论影响之时，支持吞并菲律宾的群体已经取得很多成果了。论点已经偏向于：因为我们已经在那里，所以就应该继续留下来。如麦金利所说："如今问题已经不是要不要保留菲律宾群岛，而是要不要离开的问题。"[32] 在战争热情高涨的时候，要说服一个民族或政府放弃已经到手的某种利益并非易事。此外，美国的商界，这个迄今为止对菲律宾漠不关心的社会利益集团，很快就转向扩张主义立场。商界人士开始谈论菲律宾作为进入东亚市场的通道的可能性，在他们看来，东亚市场的潜力非常大。[33] 新教神职人员看到了扩大传教活动的可能性，也开始支持扩张。这一群帝国主义和海军至上主义者第一次有了强大的盟友，因而信心大振，在海军军官的帮助下，向举棋不定的政府逐步施压，要求其吞并菲律宾。

当时解决菲律宾问题的方式似乎有四种可能。第一种可能，将菲律宾归还西班牙，这么做得不到任何方面的支持。第二种可能，把菲律宾卖给或以其他方式让渡给其他国家，而这似乎会招致一场全面的欧洲战争；而且从道义上讲，这么做不会比美国继续占领菲律宾更合理。此外，英国鼓励我们留在菲律宾，因为比起任何其他国家，英国更能接受美国占有菲律宾。第三种可能，将菲律宾还给菲律宾人，给予阿吉纳尔多领导的共和军一直在争取的独立。在大多数美国人看来，这种做法无异于让菲律宾陷入无政府状态或者交由其他国家占领。这似乎也是鼓励对远东感兴趣的大国之间展开争夺的另一种方式——如麦金利所说，"将引发一场敌对大国之间的争夺战"[34]。最后一种可能便是美国以保护国或其他形式占领菲律宾。一开始，很多人倾向于在吕宋岛上仅仅保留一个海军基地和供煤站，或者只占领吕宋岛。然而，人们之后又考虑到如果菲律宾的其他岛屿被别国占领，基地便会受到威胁。形势的发展使得美国政府必须采取要么整个吞并要么撤出的政策，而政府则迅速倒向整个吞并的选择。"我不想要菲律宾群岛，"麦金利回顾说，"在条约的附件中，我留下了不占领菲律宾的余地；但到了最后，我没有其他选择。"[35] 他对吞并菲律宾犹豫不定，其真实性可以通过以下事实来衡量：用了五个月的时间他才做出决定，应该吞并整个群岛，而非仅占领部分。

4

美国公众以前对菲律宾既不了解也不感兴趣。从1818 年到 1898 年 5 月，整整 80 年间，美国的杂志里只刊登过 35 篇关于菲律宾的文章。[36] 杜威取得了马尼拉湾战役的胜利之后，新闻界虽然很卖力地鼓励公众欢庆这场胜利，但并没有当即表现出对占领菲律宾的兴趣。然而，占领菲律宾的主张迅速在新闻界蔓延。早在 1898 年 7 月,《文学文摘》(Literary Digest) 就指出，支持共和党的主要报纸都支持扩张。8 月,《民意》(Public Opinion) 杂志对 65 家报纸的抽样调查显示，其中 43% 支持永久保留菲律宾，24.6% 反对，32.4% 摇摆不定。在当时的情况下，摇摆不定通常意味着以前反对扩张，但显然现在改变了看法。到了 1898 年 12 月，参议院关于菲律宾问题的重要辩论开始时,《纽约先驱论坛报》就扩张问题对 498 家报纸进行了调查，发现有 305 家，即 61.2% 赞成扩张。在新英格兰和中部各州的报纸中间，支持扩张的占多数；在西部的报纸里面，支持扩张的则占到绝大多数。只有在南部地区，反对扩张的报纸稍多于支持的。新闻舆论的状况并不能衡量民意，但可能表明公众舆论的发展方向。[37]

麦金利总统是个温和、一点也不强势的人，对他来说，公众情绪非常重要，而且他也认真地研究了新闻舆论。如果不是民意已经有了倾向，他并不能引领民众接受某种立场。当时有个说法：“为什么说麦金利是个没主意的人？因为每次他要拿主意的时候，都要你给他出点子。”这个说法对麦金利有点不公平，但的确说明了他对公众舆论的反应的特点。从性情上看，他不是一个扩张主义者，但如果他身边的顾问和大多数公众都倾向于吞并，他也愿意配合，而且完全有能力为采取吞并政策找到好理由。1898 年秋天，他离开华盛顿前往西部巡视，发表了许多简短的

演讲，就吞并菲律宾的问题听取了公众意见，他似乎已经
就此初步做出了决定。他受到了热烈的欢迎，他谈及的扩
张内容得到了热烈的回应。显然，在更多地了解到人们的
想法之后，再加上记者和顾问传递给他的有关公众精神状
态的意见，麦金利确认了自己的想法。等他回到华盛顿，
那些反对扩张的人此时已经改变不了他的想法了。[38] 在巴
黎进行谈判的和平委员会得到指示，向西班牙提出占领整
个菲律宾群岛的要求，该条款被写进 1898 年 12 月 10 日
签署的和平条约里。

关于保留菲律宾的辩论经历了两个阶段。第一阶段从
1898 年 12 月持续到 1899 年 2 月的第二周，参议院和公众
都在讨论这个问题。[39] 2 月 6 日，参议院批准了和平条约，
赞成的票数只稍多于反对票，第一阶段接近尾声；2 月 14
日，来自佐治亚州的奥古斯塔斯·培根参议员提出一份议
案，主张菲律宾早日独立，最终以一票之差被否决，来自
副总统的反对票打破了 29 比 29 的平局，辩论的第一阶段
正式结束。辩论的第二阶段延续到 1899 年和 1900 年，美
国对菲律宾的政策受到公众的广泛讨论，在 1900 年的总
统竞选中成了一个党派问题。

哪些人支持，哪些人反对吞并？在很大程度上，这是
一个党派问题。《纽约先驱论坛报》的调查显示，在 241
份支持共和党的报纸中，84.2% 支持扩张；在 174 份支持
民主党的报纸中，71.3% 反对扩张。在某种程度上，对扩
张的支持也是一个年轻人的运动。从地理上看，它遍及全
国各地，似乎在除南方以外的其他地方都占主导地位，尽

管其声势在南方也很强大。我们没有关于这一时期公众舆论的明确指标，但那些务实的政治家的工作便是，以其所知道的最好方式来判断民意，他们得出的结论是，绝大多数人都支持吞并。[40]

　　围绕吞并菲律宾发生的辩论，也许不过是双方仪式性地主张各自的价值观。真正做出决定的地方在西奥多·罗斯福的办公室，在参议院的衣帽间，在海军军官的私人房间——麦金利政府在对是否吞并菲律宾举棋不定的时候，从那些海军军官那里获得了关于菲律宾的主要信息——以及，据麦金利自己所说，深夜时分在他的卧室中。总的来说，公众面对的是一个既成事实，虽然理论上可以逆转，但其存在的最初推动力却让这个既成事实继续下去。无论如何，公众讨论的激烈程度表明，至少有一些美国人的良知确实受到了冲击。双方没有忽略任何一个可以为己所用的论点。那些想占领菲律宾的人罗列对美国的种种好处：东方的潜在市场、"白人的负担"[1]、为生存而斗争、"种族"命运、美国的扩张传统；如果任由菲律宾被欧洲列强争夺，会有全面战争的危险；美国对所谓孩童般的菲律宾人负有父母一样的责任；菲律宾人没有能力进行自治。反帝国主义者将其基本论点建立在政治原则之上。他们指出，美国在成立之初就承诺，人不应该在未经其同意的情况下被统

---

[1]《白人的负担》(*The White Man's Burden*)是英国诗人吉卜林的一首关于菲美战争的诗，诗中鼓励美国吞并菲律宾群岛，劝说美国读者和听众接受帝国的事业。在美国的帝国主义者看来，"白人的负担"论证了帝国征服是文明的使命，而这一点在意识形态上与19世纪初的天命论有关。

治。他们认为，违反这些政治传统（美国正是因这些传统
而繁荣）不仅是对他人的严重不公，我们应当对此深感羞
愧，而且也是巨大的冒险行为，我们可能会因为破坏自己
的原则而招致惩罚，导致国力衰退、国家瓦解。他们还指
出，维护海外领地、常备军和海军会带来巨大开支，还会
有卷入帝国主义战争的危险；试图同化那些因为种族原因
没有能力自治的民族并非明智之举。

许多主要的反帝国主义人士都是杰出之士，其中包
括了文学界和知识界的大部分精英人物。然而，他们中的
大多数人都处于不利的位置，因为他们原先赞成或未能反
对这场战争，而现在他们却在反对这场战争带来的结果。
与扩张派不同，他们未能完全控制一个主要政党（民主党
中的扩张派比共和党中的反扩张派要多）。反帝人士的组
成非常混杂："黄金民主党人"、支持布莱恩的民主党人、
秉持新英格兰道德观的共和党人以及零星的改革者和知
识分子。[41]

他们的组织为时过晚——反帝国主义联盟（Anti-
Imperialist League）是在 1898 年 11 月以后的几个月里组
织起来的——他们的政治领导层无论感情上多么热切，执
行的却是一种犹豫、迟疑的路线。他们中间最杰出的政治
领导人基本上都是老人，反帝国主义运动似乎只对老成持
重、有很强原则性的人群具有最强吸引，而扩张主义言论
更能激发年轻人的想象力。[42] 很明显，这个少数派的主要
机会是利用其在参议院的地位，不让和约被批准——得到
批准必须有三分之二的参议员投赞成票。反对吞并者可能

会拖延足够长的时间，让自己有机会影响公众。但是，出于不完全清楚的原因，威廉·詹宁斯·布莱恩说服了足够多的民主党党员投了赞成票。当然，布莱恩希望将反帝战斗继续下去，晚一点再让菲律宾独立，但无论是他的举动还是他对自己的举动所做的解释，都被一种必败的沉重心情笼罩着，因为他看到，大多数人要求美国采取更积极进取、更有攻击性的政策。[43]

5

在支持吞并的论点中，有两个基本的道德和心理主题反复出现。这两个主题可以用两个词来表达：责任（Duty）和命运（Destiny）。从责任上说，拒绝吞并菲律宾是没有履行一项庄严的义务。从命运来看，吞并菲律宾以及更广泛意义上的扩张是不可避免和不可抗拒的。

民众选择这场战争是因为，他们认为这场战争可以实现纯粹的利他主义和人道主义目的——救济和解放古巴人。从这场纯粹的解放战争中获得领土利益，以及不久之后美国人与菲律宾人的关系变得跟西班牙人与古巴人的关系一样，让美国民众感到极不舒服。这些新情况引发了道德上的问题，反帝国主义者没有忘记去提出这些问题，以此论证反帝立场。他们指责帝国主义者破坏了国家的理念，违反了麦金利本人的承诺，即，根据我们的道德准则，强行吞并是"侵略罪行"。他们还指控帝国主义者违反了开国元勋们的庄严警示，特别是《独立宣言》的原则。针对反帝国主义者试图在民众中间唤起内疚感的做法，帝国主义者做出的回应是发明"责任说"以安抚民心。

美国军队迅速赢得的胜利让帝国主义者更有底气。当一个人所做的未必正确的事情遭遇逆境的时候，人们会觉得这个人更可能是做错了。[44]反之，如果一项事业进展顺利，人们便不太会觉得这个人做的是错的。不幸，被认为是一种天赐的惩罚；但成功，在加尔文主义看来，被认为是灵魂所受之天恩的外在表现。这场战争中最引人注目的事情之一是美国军队取得的显著胜利，其中最令人惊讶的是杜威在马尼拉湾一兵未折地摧毁了西班牙的整个东方舰队。这类胜利很容易被解释为天意如此，标志着这场战争得到了上帝的赞许。杜威便是如此解释这场胜利的，他的话在美国国内被广泛报道。他说："如果我是一个虔诚的信徒，我希望我是，我得说，这场战斗有上帝相助。"[45]这正是人们需要的让自己安心的话语。"西班牙的强大舰队，"一位浸礼会期刊的作者在提到西班牙衰败的海军时宣称，"不可思议地被击溃了，我几乎可以说，此事与耶利哥的城墙倒塌一样是个奇迹。"[1]《基督教和传教士联盟》的一位编辑说，这场胜利"读起来几乎就像约书亚、大卫和约沙法时代上帝的古老战役的故事"。

更进一步，本来看似罪行的事情，被转化成了一种

---

[1]《希伯来书》第 11 章第 30 节："以色列因着信，围绕耶利哥城七日，城墙就倒塌了。"据和合本。

积极的义务、一种责任。当时许多人的想法是：上天对我们如此宽容，给了我们如此多的成功，如果我们不接受它要求我们承担的责任，我们就是有罪的。作为民族良知守护者的新教神职人员，毫不犹豫地在许多地方运用该论据。《浸礼会传教士评论》的一位作者这样论述："为世界提供更丰富的生活，无论是今生还是来世，乃是美国人民在上帝的召唤下的责任。这种召唤非常明确。历史上，上帝的意旨一直都很明确。"《教士》的一位作者坚持认为，"如果上帝把我们带到必须做出抉择的重要关头，我们这时候畏缩不前，便是拒斥上帝给我们的引领"。[46] 世俗领导人的言辞也很受这种想法的影响。参议员阿尔伯特·J. 贝弗里奇说："我们不会放弃我们种族的使命，作为上帝的受托人，在世界文明中需要承担的责任。一千年来，上帝一直在锤炼英语和日耳曼语民族，不是为了让我们陷入徒劳无益的自我沉思和自我陶醉。不！祂让我们成了世界上最重要的组织者，在混乱的地方建立制度。祂使我们成为治理上的专家，让我们能够对野蛮人和衰老的民族实行统治。"[47]

"天命论"是"责任说"的必然结果。人们一再宣称，扩张是"天命"的结果，"命运不可挡"，扩张是"时势发展无法改变之逻辑"，等等。当然，扩张不可避免这套说法早已为美国人所熟悉；我们都知道在整个 19 世纪，"天命论"被频繁地援引。然而，艾伯特·温伯格（Albert Weinberg）指出，这种说法在 1890 年代有了新的含义。1890 年代以前，命运主要是指，在我们心意已决之时，可能想阻挡我们的其他人，阻止不了我们前进的步伐。到了 1890 年代，命运的含义变成：扩张"不受美国人自己阻挡，无论情愿与否，人们都是要被卷入命运的旋涡"[48]。其中有某种我们不情愿的意味。与其说这是我们想做的事，不如说是我们不得不做的事。我们的侵略被含蓄地定义为强制性的——不是我们自己意志的产物，而是客观需要（或上帝的意志）。

麦金利总统说："责任，决定了命运。"责任意味着我们有道德上的义务，而命运则意味着我们一定会履行之，我们本身就具备履行这种义务的能力。我们的扩张历史源远流长，以前总是成功的，因此未来也一定会成功。扩张是国家和"种族"遗产，是一种深刻而不可抗拒的内在需要。对于严重违反传统的指责，传统主义给出了这个看似合理的回应。

公众能在"天命论"中找到一些合理之处并不奇怪，因为最初将美国与菲律宾的命运联系在一起的行为是由其他人决定和执行的，只有在最重要的承诺做出之后，这些行为才成为公共讨论、决策的内容。在这个问题上，公众并没有能够自由行使其意愿，对于广大公民来说，面对其无法理解或控制的力量，"天命论"或许可以软化、美化他们所面临的既成事实。但是，那些在此事中发挥其意志的人又是怎样的呢？如果去研究他们的情况，我们会发现，这些"不可避免之势"的制造者对自己的产品深信不疑。虽然"天命论"被公众接受的程度不详，但它在有影响力的政治家、编辑和政论家群体中的广泛流行是没有争议的。参议员洛奇在 1898 年写信给西奥多·罗斯福说，"吞并政策在不可抗拒的时局压力下迅速成熟"；麦金利总统就夺取夏威夷一事私下对他的秘书说，"这是命定的"；他在给和平专员的私人指示中称，"时势发展主宰并支配着人类的行动"。当他们这样去表达的时候并非是试图向公众推销一种思想，而是一种内部人士感到完全自在的交流方式；也许这种神奇的思维模式可以平复他们自己内心的不确定。从 20 世纪的角度来看，我们很容易下结论说，当时的人们听到的上帝之声其实是西奥多·罗斯福的声音。但是，如果内部人士想象他们听到了上帝的声音，我们则必须谨慎对待，不可轻易将其归为虚伪。很重要的一点是，即使是那些对留在菲律宾抱有极大怀疑的人，也觉得"天命论"有其道理。海军部长约翰·D. 朗被西奥多·罗斯福视为扩张问题上的老顽固，他在 1898 年向一位朋友坦言，他希望美国继续保持 19 世纪上半叶那种"固守一隅"的状态，"整个国家由新英格兰价值观主导"。但是，他补充说："我不能对时局的发展视而不见——那似乎是不受人类控制的一种进程。"[49]

我不希望上述讨论给人留下帝国主义者在论证中只使用了道德和形而上学概念的印象，因为事实并非如此。在杜威取得胜利之后，人们经常听到关于进入亚洲市场的谈论；但即使是那些谈论物质利益的人，也有一种非常明显、独特的地方：他们无法将利益、权利和义务区分开来。前驻华公使、麦金利组织的菲律宾研究委员会成员查尔斯·登比（Charles Denby，中文名为田贝）为《论坛》

（*The Forum*）杂志撰写了两篇有趣的文章，其中便充斥着这种混乱。登比承认，外交的核心任务是促进商业。我们占领菲律宾，是因为那是征服者的权利。到这里为止，登比先生谈的都是现实政治。但是，他继续写道，他赞成保留菲律宾是因为，除了夺取中国的领土外，他无法想象还有别的什么选择，而且他不想进一步压迫"无助的中国政府和人民"！登比先生给了这个相当怪异的顾虑；但他很快解释说，这只是因为中国的强大和繁荣符合美国的利益。"我们追求的是市场"，他继续写道，这里他又回到了现实政治，而"我们那些非常有裨益的机构也将来到这些市场；人类会祝福我们"。这里他又开始使用道德话语。在第二篇文章中，登比先生又回到那个"冷酷无情的实际问题……占领菲律宾会给我国带来好处吗？如果不能带来好处，那么明天就让它获得自由，让菲律宾人民互相残杀"。然而，登比先生明确表示，我们确实是为了帮助菲律宾人民而来，给我们这些互相残杀的朋友带来了"最珍贵的礼物——自由、希望和幸福"。[50]

除了登比先生摇摆不定的论说，还有一派人主张"让我们坦诚相待"，《华盛顿邮报》表达了这一派人士的观点。"所有这些有关仁慈的同化的说法；所有这些虚伪的表现，假装为改善菲律宾的道德、社会状况，提升菲律宾民众认知水平而感到焦灼……欺骗不了任何人，也无济于事……我们都知道，在我们的内心深处，这些岛屿……对我们的重要程度仅取决于其在一些实际领域的潜能有多大，而不是其他……为什么不诚实一些？"[51]

还有一些人认为，我们新近得到的帝国地位的主要好处在于，当国家的精力从内部转移到外部冲突后，社会凝聚力和军人气概便会应运而生。《路易斯维尔信使报》的著名编辑，笔名"亨利主人"的亨利·沃特森（"Marse" Henry Watterson）告诉一位纽约记者："我们从一个小店主的国家[1] 成为一个战士的国家。我们摆脱了社会主义和农业主义的威胁和危险，英国通过殖民和征服政策也取得了同样效果。从一群各自为政、松散联合的小邦，我们崛起为一个强大统一的共和国，其辉煌远超罗马。诚然，我们以国内的危险换来国外的危险，但我们也在各个方面给我们的人民提供了更多的机会。当然，我们冒着恺撒主义的风险，但即使是恺撒主义也比无政府主义要好。我们冒着战争的风险，但一个人的死亡只有一次，无论在和平时期还是战争时期，在他的时辰到来之前不太可能死掉……总之，任何事情都比今日时势发挥其作用力之前、我们以往的行进节奏要好。这个国家的年轻人就像从火中抽出的柴[2]，被赋予了一个充满高尚行为和崇高思想的未来。"52

关于这场战争和这场帝国冒险对美国人的观念意味着什么，最杰出的表述可能是马尼拉战役后不久，沃尔特·海因斯·佩奇在《大西洋月刊》上写的文章。佩奇认为，

---

[1] "nation of shopkeepers"来自拿破仑对英国的嘲讽。

[2] 出自《撒迦利亚书》第3章第2节——耶和华向撒旦说："撒旦哪，耶和华责备你，就是拣选耶路撒冷的耶和华责备你，这不是从火中抽出来的一根柴吗？"据和合本。

美国人民在战后将面临比前些年更严重的问题。他写道："国家政策的改变可能会改变我们的性格，我们现在正与可能会塑造世界未来的伟大力量博弈——一切在我们不知不觉中发生。"在此之前，国家一直忙于和平时代的那些平淡无奇的事务，我们是一个沉浸在金融和行政问题之中的商业之国。现在，它需要去处理与世界诸帝国有关的问题，它的孤立状态已经结束。"我们是否应该满足于和平时代的事务，还是说我们心中依然怀有我们盎格鲁-撒克逊祖先的冒险精神？我们是否已经到了这样一个时刻，因为国内没有更多伟大事业等着我们去完成，我们禁不住要去国外寻找它们？"

他的信念很明确。美国人的祖上是英国人，这个"千年来一直在世界范围从事冒险和户外活动的种族"，他们是探险家、征服者和建国者，美国人也一直在进行着伟大的事业——与印第安人作战，清除森林，建立新政府，扩大领土，积累财富，解决与奴隶制有关的重大问题，内战。这些都是"伟大的、令人振奋的事业，一个接着一个发生，没有哪个种族曾经有过类似的经历"。因此，盎格鲁-撒克逊人古老的户外冒险精神在最近的海外战事中获得了充分的发挥空间。

"但现在，又一代人已经长大成人，他们没有参与过任何伟大的冒险活动。"国内政治的主要任务，比如文职工作和货币及市政改革，不能激发人们的想象力，我们的政治只对小混混和二流头脑具有吸引力。在文学方面，我们也陷入了衰退。拥有最多读者、对大众产生最大影响的三本书是有关乌托邦式的社会计划和奇幻哲学的作品：《进步与贫穷》（*Progress and Poverty*）、《向后看》（*Looking Backward*）和《硬币小子的金融学校》（*Coin's Financial School*）。琐碎的社会改革运动和"预防小恶、鼓励小善的社团"的激增，表明美国社会缺乏冒险的机会。宁静的生活很有可能已经变得令人厌烦，它对我们来说是"不自然的"。"是否因为有过一千年的冒险经历，所以我们无法忍受那种不能满足我们想象力的职业生活？"也许我们在内心深处仍然是那个开拓殖民地、战斗不息的盎格鲁—撒克逊人。"在这个各国之间竞争日益激烈的世界，在还不知道拥有海外领地意味着什么的时候，我们便已经在两个大洋都有了领地；从以前固守本土的政策，到今日直面亚洲和欧洲的世界性力量，我们似乎借着东方的开放，带来人类历史上最大的改变之一……面对这种变化，我们比其他所有人都更感意外。它是在我们不知道其意义的情况下发生的吗？"[53]

6

自从朱利叶斯·W. 普拉特 1936 年出版了《1898 年的扩张者》之后，很明显，任何以理性的经济动机来解释美国在 1890 年代走上帝国主义道路的做法都不符合事实，那些对帝国主义带有先入为主判断的历史学家，在处理这个问题时会陷入一筹莫展之境。这并不是说市场和投资在其中没有影响；它们确实有影响，但有些情况根本无法通过理性的经济动机来解释。就经济因素的重要性而言，借由研究大萧条、公众情绪和政治制度之间的关系，可以更好地研究经济因素的影响。

另一种解释同样过于简单，即认为这场战争是一场由报纸挑起的战争。这种观点也有其道理，但它肯定不能解释这场战争，更不能解释这场战争如何导致美国走向扩张道路。新政时期，在报纸的一片反对声中，富兰克林·罗斯福依然赢得了政治上的成功，这表明新闻界的影响力没有那么强大，在一些公共事件上，新闻界也无法将完全不合民意的意见强加给公众。新闻界发出的声音必须与民众的几种立场大致符合。此外，1890年代的报纸并非都是低俗刊物。我们必须探究新闻界的权力结构，也必须探究报刊的出版人和编辑的观点，找出喜好哗众取宠的编辑、出版商与保守报刊的编辑、出版商的区别所在。

谈起新闻界的作用，必须还要加上另一个限定：新闻界本身，无论如何影响公众意见，都没有力量迅速将意见转化为行动。将意见转化为行动是发生在政治进程中的事情，如果不研究政党竞争的状况，政治精英的出身和目标以及整个政治背景，我们就无法将这部分讲述清楚。因此，在讨论报纸发挥的作用时，必须至少补充另外两个因素：作为报纸运营基础的公众情绪状况，政党竞争以何种方式将国内冲突转移到国外的侵略行动上面。两党制政治的一个长期问题在1890年代又开始显现。无论出于什么原因，当公众情绪出现强烈的沙文主义潮流时，政党竞争往往会加速其发展。如果执政党表现得很谨慎，反对党往往就会积极拥抱沙文主义。例如，1896 年，克利夫兰还在任时，共和党的政纲在古巴问题上的态度要强硬得多。等到麦金利上台以后，共和党对干预变得没有那么热心，民主党成了主张干预者对当局施加压力的中心；这种压力也来自大量共和党人，这些人除了在这个问题有着一致看法以外，也关心此问题对共和党命运的影响。

当我们审视公众的情绪时，我们发现，经济萧条，加上其他一些事件，比如美国本土的拓荒很快完成，托拉斯的增长以及社会内部冲突的加剧等，给许多人的经济生活和事业带来了强烈的挫败感。这些事件让有些人焦虑，他们担忧本国财富和实力的停滞期已经到来。1896 年布莱恩败选，心怀不满的阶层因之变得愈加躁动不安。由于世界帝国主义的复兴，特别是感觉到来自德国、俄国和日本的威胁，政治家和政论家更加焦虑于本国的国际地位。扩张主义政治家主要出身于中上阶层精英，他们一直在为国内保守的政治改革做着无益的斗争，急切地期待着拥有更广阔的空间施展拳脚。

感到挫折的人们经常会以攻击性行为作为回应，通过威胁他人来缓解自己的焦虑情绪。有一件事很能说明情况，相比于对自己的经济或政治地位感到满意的群体而言，美国社会的弱势群体对与西班牙开战的主张的反应要热烈得多。我们在入主菲律宾之后，保守团体开始产生了兴趣，这些团体对解放古巴的幻想无动于衷，但对占领新市场的可能性非常警觉。对商业和政治精英来说，帝国主义吸引人的地方是它可以扩大美国的权力范围，增加利润；许多底层人士也对本国这种独断专行的新调子反应积极。然而，另外一些人则认为我们在菲律宾的行为背叛了本国立国原则。反扩张主义者试图在全国范围唤起人们的罪恶感，对未来感到不安。但在1898—1900年期间，经济繁荣复归，战争中迅速取得的惊人胜利，都使他们很难影响到国内大多数人。"责任说"和"天命论"占了上风。反扩张主义者在人数和士气上都不敌对手。他们缺乏动力和信心的最明显的结果便是，布莱恩采用了令人遗憾的策略，令和平条约在参议院获得了批准。

显然，试图从社会历史的角度看待战争和扩张，可以让社会心理学发挥其优势，同时也有依靠猜想的风险。但对国家行为做出简单的理性主义解释也令人不满意。我在本文所做的尝试只是初步勾勒出一个可能的解释模型。随着研究的深入，这个解释模型可能会在某些方面显得更有道理，而在其他方面暴露出更多问题。

本文集中在一个单一事件上。我们历史上的其他扩张主义危机与这次危机存在着重要差异。我并未试图将美国的帝国主义与其他国家的帝国主义进行比较，或者去说明，我们的表现在多大程度上是我国所特有，或者与其他地方的表现存在多大程度的相似之处。在其他国家的历史中，我们可以找到许多相似之处，比如：新闻界和政党煽动国外危机，当局在公众讨论之前便制定出外交政策。主张扩张的话语和意识形态也并非我国独有；责任说、天命论、种族主义说以及其他陈词滥调都很普遍。

　　在对历史理解之方法做出说明之后，我不禁想要在
这些关于历史理解方法的笔记上额外添加一点，那就是说
明关于历史本身具有悲喜剧特征这一过程。回顾 1890 年
代的一些宏大期望以何种方式收场，可能对我们有一定价
值。古巴原本可能通过和平方式获得自由，最终却在美
西战争中获得了自由——如果这个巴蒂斯塔（Fulgencio
Batista）、马查多（Gerardo Machado y Morales）和卡
斯特罗的小国可以被视为自由的国家的话。那些在战争
中大放异彩的低俗报纸亏损严重，因为特刊的制作费用
以及战争新闻的报道花费高昂，雪上加霜的是广告收入
的下滑。[54] 我不知道那些希望发动战争的"自由银币"倡
导者是否真的期望战争能够实现他们的愿望，但如果他
们真的抱有如此期望，最后他们得到的是麦金利的成功
连任以及 1900 年通过的《金本位法》。至于商业，东方
的巨大市场从未实现，菲律宾对帮助他们获取这些市场
的确切价值还存在争论。菲律宾只吸收了美国所有海外
投资中的 1% 多一点。然而，不到一代人的时间，美国
便已经承诺要恢复菲律宾的独立。当这一承诺在 1934 年
颁布时，许多阿吉纳尔多叛军的后裔对他们新的经济和
战略地位并不热心。[55] 最后，围绕我们在远东的战略承诺
（始于菲律宾）的确切评价，仍然是一个争论不休的问题。
然而，我们应该注意到本国最杰出和最有远见的政治家
之一早先的意见，他在 1907 年宣布，菲律宾是我们战略
地位的致命弱点，应该"尽早"让菲律宾获得"接近完
全独立的地位"。[56] 说这话的人是西奥多·罗斯福。

反垄断运动发生了什么？

这篇文章最初的副标题是"关于一个美国信条演变的说明"，是为一个关于美国商业的政治和社会环境的会议而写，该会议由福特基金会资助，于1964年1月在加州大学伯克利分校举行。几位与会者将撰写的论文发表在《商界》（*The Business Establishment*）一书中，由组织这次会议的厄尔·切特（Earl Cheit）编辑。本书收入的版本经过了大幅修订。文章中的一部分曾在1964年8月的《评论》（*Commentary*）中发表。

1

反垄断运动是美国改革中消逝的激情之一。历史学家们总是对这段古老的浪漫故事感兴趣，但他们没有告诉我们这场运动结束时发生了什么，在这一点上他们表现得异常一致，一反常态地缺少现实主义态度。我国通史的作者在讲述大公司的崛起和《谢尔曼法》的通过时，会涉及反垄断问题，然后在讨论进步时代的反垄断情绪以及颁布的监管法律时也会涉及该问题。他们中的大多数人在讨论新政时期反垄断的复兴、瑟曼·阿诺德[1]和临时国家经济委员会时，都会再次简单地触及这个话题；学生或普通读者必须学习法律、经济学或商业管理，才能意识到反垄断事业在当代社会的意义比在西奥多·罗斯福或威尔逊时代，甚至比瑟曼·阿诺德的全盛时代都重要得多。

　　历史学家们在写到1938年前后的历史时之所以会放弃反垄断主题，想必不是因为他们认为反垄断已经在我们的社会中失去了作用，而是因为1938年之后，反垄断不再是能够引起公众关切的主题——简而言之，因为反垄断运动已经不复存在。当然，对历史学家来说，公众对一件事的关注程度不是一个好的指南，但他们忽视反垄断其实也体现了某种自我保护的智慧。他们忽视反垄断的原因与公众的原因相同：反垄断问题已经变得复杂、难懂和无聊。涉及监管垄断和竞争的法律和经济问题十分错综复杂，历史学家没有能力处理。于是历史学家选择了更简单的做法，无视它，与公众一起，离开这个律师和经济学家所创造的令人困惑的技术改良迷宫。

　　也许，冒着过度简化的风险，可以用这样一个悖论来说明问题的根源：美国曾经有反垄断运动，但没有反垄断诉讼；在我们这个时代，有反垄断诉讼，但没有反垄断运动。反垄断运动对美国的政治和知识生活产生了非常大的影响，任何写作1890—1940年历史的历史学家都不能忽

---

[1] 瑟曼·阿诺德（Thurman Arnold，1891—1969），1938年至1943年担任罗斯福政府司法部助理司法部长，负责反垄断局，因开展对托拉斯的打击行动闻名。

视它。但是，反垄断如今作为一个制度现实，在没有太多
公众关注的情况下安静地运行着，因而我们忽略了它。由
于未能对其运作有更多认识，历史学家们错过了我们改革
历史中最令人愉快的小讽刺之一，也错过了我国制度化的
生活最有启示性的一面。就在公众对反垄断失去强烈兴趣
的那些年里，它成了影响商业行为的重要力量。

　　在很长一段时间里，自由主义历史学家坚持对反垄断
的历史做一种神话般的解读，这种解释在任何时候都不是
完全错误的，却以某种方式完全误导了人们。反垄断作为
一种意识形态和改革运动，总是与它在控制商业方面的实
际成就形成鲜明对比，让人忍不住想讽刺一番。传统的历
史是这样写的：1890 年，为了安抚公众情绪，当时那个
极端保守的国会通过了《谢尔曼法》，这在很大程度上是
一种毫无意义、带有嘲讽意味的象征性举措。法案的措辞
非常模糊，令人怀疑通过该法案的人是否真的期望它能够
得到执行。从法案通过后的早期岁月来看，这种怀疑显然
是对的。从一开始，它就因为行政上的疏忽和司法上的敌
意而成为一纸空文。尽管作为其主要目标的大企业没有受
到什么影响，但在对付工会上面倒是非常成功。西奥多·罗
斯福上任时，《谢尔曼法》已经颁布 10 年多了，它显然已
经成为一个骗局，在这个骗局的背后，大企业的整合快速
进行着，尤其在 1898 年至 1904 年期间明显加速。要去戳
穿西奥多·罗斯福作为垄断遏制者的名声是件很容易以及
有趣的事情，只要看他针对垄断企业提起的诉讼是多么少
且表面化；另外，他本人对反垄断活动的价值感到怀疑；

最后，再将他那铿锵有力的讲话与司法部反垄断局滑稽、可悲的形象进行对比：面对巨头公司的联合力量，整个部门只有五名律师和四名速记员。

此后，在威尔逊的领导下，当局出台了一些法规加强对垄断行为的监管。无论人们对其价值以及其后的意图如何评价，历史学家在讲述威尔逊所做的努力时都必须对其结局有充分的认识。这个结局就是，反垄断的努力随着第一次世界大战的工业组织化的尝试而付诸东流；这导致了 1920 年代商业的纵情狂欢，新一轮整合期开启，威尔逊的改革被推翻——联邦贸易委员会从一个控制商业的机构变成了一个由商业控制的机构。最后，在富兰克林·罗斯福的领导下，反垄断获得复兴，临时国家经济委员会成立，瑟曼·阿诺德改革获得实施。在很大程度上，对于当时这个已经用尽了改革能力、为促进经济复苏所做出的努力收效甚微的政府来说，这似乎是一种处于绝境之中发起的运动，像以前一样只是做做样子。瑟曼·阿诺德被任命为反垄断局负责人这件事，似乎成了反垄断事业这出喜剧的高潮——他在书中嘲笑反垄断法是一个幌子，工业的集中完全不受阻碍。在大多数情况下，根据我的观察，有关反垄断的标准历史在这里戛然而止，也许会多写几句阿诺德所面临的困难以及他的改革措施在第二次世界大战期间如何被规避。

这一版本的有关反垄断的历史讲述了部分真相，但想要这部分真相不被颠覆，似乎有必要把这段历史的补充内容考虑进来。首先，公平地说，虽然在 1890 年通过《谢尔曼法》时出现了一些不耐烦的讥言讽语，但困惑也是真实的，对于规模和垄断问题的关注，虽然无力却真诚，对解决这些问题的适当手段，人们也发自内心地感到怀疑。《谢尔曼法》所使用的语言可以被看作是一项广泛的授权措施，至少还是有些人希望之后能够在法律和行政方面取得进展。对于后来执法不严的情况的叙述没有什么问题，只是需要补充一点：这里涉及的困难，既包括这个问题本身的困难，同时也包括进步时代的几任总统[1]及其顾问所采取的相对保守和谨慎的态度所导致的困难；他们所生活的社会，既希望从大规模企业中获得利益，又想防止垄断所造成的问题；总的来说，尽管他们认为在竞选中发表自信的声明有其可取之处，但西奥多·罗斯福和威尔逊等人明白，他们不知道如何快速和满意地解决这个问题。无论对进步时代所有关于垄断和规模的看似空洞和徒劳的论说作何评价，它确实有助于让美国人对过大的市场力量保持有益的恐惧。

　　关于富兰克林·罗斯福和瑟曼·阿诺德领导下的反垄断活动的复兴，这里也必须多说几句。从短时期来看，罗斯福1938年对国会发表的关于垄断资本主义的咨文、临时国家经济委员会和阿诺德提起的诉讼，可能会被认为是政府绝望的举动，是重大失败。但从长远来看，它们标志着有效反垄断行动的真正开始，因为正是那时开始的努力——更不用说罗斯福为联邦司法机构带来的新人

---

[1] 指西奥多·罗斯福、威廉·塔夫脱、伍德罗·威尔逊。

员——创造了可以有所作为的社会和法律氛围。回过头来看，1940年代可以说是反垄断法学史上的一个分水岭。今天，任何一个对美国商业行为有所了解的人都知道，大公司的经理们在做生意时，总是会特别留意反垄断局；反垄断活动能够非常有效地影响商业行为，极大地弥补了其在扭转商业集中方面的不足。反垄断作为解决大规模企业问题的有效方法获得承认，并且在整个西方世界获得了认可。自第二次世界大战以来，反垄断在美国的成功引起了英国和法国的效仿，在欧洲共同市场中，反垄断已经进入了初步执行的阶段。

2

反垄断的历史可以分为三个阶段。在第一个阶段，从1890年到1914年——反垄断初创者的时代——国会和法院采取了最初的举措，以确定联邦政府的反垄断行动可能采取的形式，了解它们如何发挥作用。企业合并的激增令反垄断的情绪变得更强烈，整个进步时代反垄断的情绪都很强烈。对大企业的敌意将在其他问题上存在分歧的各种利益集团联系在一起。1914年，随着《克莱顿法》的通过以及联邦贸易委员会的成立，进步时代达到了顶峰，可能也是我们历史上反大企业情绪的高潮。反垄断作为一场运动处于高速发展阶段，虽然尚未在行政层面成为现实。

第二个阶段，从第一次世界大战到1937年左右，可以称为反垄断遭忽视的时代。1920年代，几乎没有什么反垄断诉讼，甚至在新政开始的几年里，为了适应全国复兴总署[1]的规定，反垄断法被暂缓执行。目前的复兴阶段可以追溯到1937年，那一年新政重新启动反垄断局，临时国家经济委员会开始了自己的调查活动。这一时期法律和行政上的活动很多，但公众反对大企业的情绪没有随之复兴，实际上，公众对大公司的接受程度越来越高。反垄断几乎成了一小群法律和经济专家关心的事情，他们在公众没有兴趣、不提供支持的情况下开展工作。

在这三个阶段中，第一个阶段的特点是在执法层面做试探性努力，其结果几乎可以忽略不计，第二个阶段的特点是最低限度或象征性的执法，而第三个阶段的行动强度可以通过诉讼案件的数量来大致衡量。从1891年至1938年，政府平均每年提起9起诉讼。在这半个世纪的荒芜岁月中，高峰期是1912年和1913年，分别有29和27起诉讼。在1913年之后的大约30年里，每年的数量约为12起，通常年份少于这个数字，而且选择的起诉对象往往不是美国工业中的关键企业。1940年，随着罗斯福-阿诺德振兴计划的顺利进行，案件数量跃升至85起，仅比《谢尔曼法》通过之后前20年中的案件总数少2起。此后，案件

---

[1] National Recovery Administration，罗斯福总统根据全国工业复兴法于1933年设立的一个机构，目标是汇聚工业界、劳工和政府等各界的智慧，制定公平竞争守则和公平市场价格，从而消除恶性竞争，以及帮助工人制定最低工资、每周最高工时和产品最低价格。全国复兴总署的设立受到了工人们的欢迎。加入的企业会将其蓝色老鹰标志贴在商店的橱窗和包装上。

数量虽然仍有波动，但一直保持在高位，远高于 1938 年之前的水平。[1] 1962 年，反垄断局雇用了 300 名律师，预算为 660 万美元，共提起了 92 起诉讼。当然，数字只能给我们粗略的信息，但对反垄断复兴在法律上的胜利进行定性分析可以看出，反垄断局从法院赢得的裁决，特别是自 1940 年以来所赢得的那些，大大提高了执法的可能性。尽管在广大公众和自由派知识分子中，反垄断的情绪已不复存在，但在过去 25 年中，作为一种法律−行政操作，反垄断已经成为制度坚实的一部分。

反垄断运动及其立法具有鲜明的美国特色。也许这是因为在美国，垄断在其发展前期采取了尤为明目张胆的形式。也可以说，除了加拿大人之外，没有其他民族如此认真地对待经济竞争的原则，认真到试图用成文法来支持这一原则，而一些欧洲国家直到近年才开始对美国的处理方法表现出兴趣。[2] 把竞争视为社会管理的一种手段——作为一种经济、政治和道德的力量——这种观念在美国比其他地方更加强大，部分原因是在美国，这种观念不需要和各种贵族政治、军国主义或劳工−社会主义理论竞争。反垄断传统在某种程度上建立在普通法传统上，普通法禁止限制贸易的行为，为竞争的保护提供了一个不充分的基础，反垄断的传统也在智识上依赖于古典经济理论和美国多元的民主思想。

但在美国，竞争不仅仅是一种理论：它是一种生活方式，一种信条。从其还是殖民地开始，到 19 世纪的大部分时间，我们国家便主要是由农民和小企业主组成的——

雄心勃勃、机动、乐观、投机、反权威、追求平等、求胜心强。随着时间的推移，美国人开始认为财产的广泛分散、经济和政治权力的分散是理所当然的。人们可以被动员起来猛烈反对任何机构，哪怕这些机构只是看起来构成垄断的威胁，违背了人们的愿望；杰克逊任总统期间，美国人对美国第二银行非理性的攻击便是很好的体现。他们最受尊敬的思想家习惯性地向他们保证，他们的社会秩序是上帝规定的或是合乎自然的，他们可能认为它也将永远持续下去。

然后，从历史时间来看，这种秩序被大型公司迅速击溃。19世纪的最后30年里，一个全新的经济体出现了。一个出生于1828年，即杰克逊当选那一年的美国人，到他成年的时候，旧的小企业经济的基本结构或多或少保持不变，无论其活力和广泛程度如何。但等他步入壮年之时，他会看到这种小企业经济正在迅速被淘汰，如果他活到1904年，届时他将看到的工业集中程度则不仅超乎他父辈的想象，甚至是他成年后的大部分时间都无法想象的。这种经济转型发生得太快，以至于人们很难理解这件事。很难指望整个民族一夜之间放弃成为小企业家的梦想。在1900年，大企业的问题以及垄断的威胁仍然是新事物，人们很难弄明白自己的处境。大企业来势汹汹，其势头似乎不可阻挡，没有人知道何时或如何能阻止其前进的脚步。

因而，第一代反垄断者对未来做出了一些可怕的预测，也就不令人惊讶了。在1890年，甚至在1914年，企业的庞大规模还没有被视为经济世界中的力量，或者成为美国人想象中的一个因素。在一个从竞争性小企业快速发展成巨型企业的国家，可能会以同样的速度再从巨型企业发展成一个由垄断体系构成的独裁国家。因此，在19世纪最后几十年和20世纪初的十年里，关于大企业的讨论中充满了幽暗凶险的预言，其中大多数在当时似乎有其道理，但是很少成为现实。

由于人们普遍认为，竞争是"自然的"，因而在很大程度上是可以自我延续的，所以经典理论没有考虑可能需要通过法规来保障竞争。但是，到了1880年代，以往人们对竞争可以自我延续的信心已经消失，而且现有法律中似乎没有对竞争提供充分的保护。等到人们看清普通法中禁止限制贸易的传统不再有任何效力，各州关于这一问题的法律也完全不足以应对局面，要求联邦采取行动的呼声便开始出现了。1888年，乔治·冈顿认为，"公众普遍感到担忧，几乎达到了惊恐状态"，社会氛围"充斥着对托拉斯的一种虽然模糊不清，但无以名状的恐惧"。[3] 谢尔曼参议员警告他的同事说，"一些问题鼓动起了民众的思想，这可能会扰乱社会秩序"，他特别指出财富的不平等和资本联合达到了极高的程度，有可能"每一个产品都会产生一个托拉斯，每项生活必需品的价格都被人操纵"。他说，国会必须听从选民的呼吁，"否则将会迎来社会主义者、共产主义者和虚无主义者。当今社会受到了前所未有的力量的扰乱"。[4] 历史学家和当时的人们一样，对于联邦采取行动有多么紧迫抱有不同看法。在仔细研究过1890年的人们对"托拉斯"问题所表达的明确意见后，汉斯·B.托雷利得出结论说，公众的需求虽然可能不是不可抗拒的潮流，但强烈到让政治家们无法忽视。

1890 年的国会是否出于安抚公众情绪的需要才出台了《谢尔曼法》？从那届国会的财阀特征来看，这种观点具有可信度；参议员奥维尔·普拉特在辩论中所说的话也让人更相信此观点，他称参议院前几天的行为"不是在诚实地准备一项禁止和惩罚托拉斯的法案"，而只是在试图"炮制一些以'惩罚托拉斯的法案'为标题的法案出来，然后带着这些法案去到全国各地"。[5]《谢尔曼法》诞生的环境证实了许多历史学家的怀疑，即反垄断从开始到结束都只是做做样子。

但也有理由相信完全相反的说法：大多数国会议员认为商业中的竞争秩序是整个民主生活方式的基石，他们认为自己在制定控制垄断的政策方面迈出了试探性的第一步，如果它能建立在良好的宪法基础上，就可以作为整改诉讼的基础，也许还可以作为后续法律修订的基础。必须承认，他们在开辟新天地。乔治·弗里斯比·霍尔参议员说，国会正在进入一个全新的立法领域，"参议员们作为有能力、有学识、有经验的立法者，在这个问题上发表的意见非常粗疏"。[6]

国会最终出台的法规使用的是最笼统的措辞，在其出台后的许多年里因司法判决和行政昏聩没有发挥什么效力，这当然是事实。但很有可能的是，通过对限制贸易和垄断行为做出措辞宽泛的禁止，国会试图制定一个一般性的政策声明，作为未来行动的指南，就像宪法在 1787 年之后所发挥的作用那样。许多国会议员无疑认为，法律的自我执行特点会发挥作用——贸易限制的受害者可以获得三倍损害赔偿（treble damge suits），这会让商人自行承担起监督经济的很大一部分工作——而实际上并非如此。如果我们试着想象一下，一个平民主义和反大企业的国会是否会通过截然不同的、明显更有效的法律，以及它是否会在官员和法官手中获得比《谢尔曼法》更成功的实施，那样我们也许可以以更大的同情心去设想国会所面临的问题。

可以确信，国会对于反垄断在经济意义上的困惑，其实是当时美国社会普遍困惑的反映。反垄断的目标有三类：第一类是经济目标。经典的竞争模型证实了这样一个信念，即竞争可以产生最优经济效率，至少有一些国会议员一定是受到了这种智力上优雅的模型的影响，从他们表述自己的经济意图时使用的抽象术语可以看出这一点。第二类是政治性目标。反垄断原则的目的是阻止私人权力的积累，保护民主政府。第三类是社会和道德上的目标。竞争过程被认为是一种塑造品格的纪律机制，而人民的竞争力这种对国民道德的基本促进因素，被认为需要加以保护。

在这三者中，经济目标是最不确定的一个，因而认为反垄断本质上是一项政治而非经济活动似乎并不夸张。[7] 围绕如何理解联合和竞争的关系，经济学家有不同观点，这成了经济思想中的一个根本性难点，从一开始便令人困扰。《谢尔曼法》的制定以及围绕它进行的辩论发生在前专家时代，当时立法者没有咨询经济学家的意见。但是，即使立法者咨询了经济学家的意见，他们也会给出混杂的、不确定的建议。经济学界是分裂的。1885 年，反对古典经济学传统和自由放任理论的经济学家成立了美国经济协会（American Economic Associating），当然，许多古典派经济学家仍然坐镇众多大学和学院。经济学家们熟悉这样的论点：竞争秩序不会保持在一个永久的、有益的、自我维持的平衡状态中，而是会自我消亡——随着较弱的竞争者的消失，竞争秩序也就不复存在。早期的历史主义者之一，经济学家 E. 本杰明·安德鲁斯在 1893 年认为，自由放任不过是无政府状态的体系化表现，第二年他警告说：

> 已有一半的联邦立法机构准备就此类法案进行讨论：通过使贸易联合组织绝对非法的方式，实现竞争不受束缚的目的。在我看来，这种立法毫无疑问将会是徒劳的。我们所知道的竞争时代已经一去不复返了。此举与让死人复活无异。[8]

更有影响力的理查德·埃利也发声反对那种"完全竞争"的理想。他和一些人坚持认为，规模不应等同于垄断，而且早在瑟曼·阿诺德之前，他就认为反垄断立法不仅是徒劳的，而且实际上是对垄断的鼓励，因为它会让商业领袖改变合并的形式，从"软性"转向"硬性"。[9]

围绕政府对垄断采取何种行动属于适当，或者国会应通过何种法律，人们没有达成共识。几乎所有的经济学家都认为，仅仅通过法律来禁止资本联合的尝试是徒劳的。人们越来越倾向于认为，竞争和联合都需要某种程度的控制，两者都无法通过法律来消除。在这个意义上，如威廉·莱文指出的，经济学家提供的建议无论受到怎样的重视或忽视，他们和作为律师的立法者一样，都感到一种模棱两可：

> 经济学家们认为，竞争和联合都应该在经济中发挥其作用。律师们能看到，普通法在某些情况下允许合并，而在其他情况下禁止合并。国会议员们利用这个隐秘的一致见解，着手制定一项法规，使用普通法原则来消除过度行为，但允许"良性的"竞争和资本联合并存。[10]

如果我们考虑到问题的不确定性以及任何快速的解决方法都不可能有效，我们就可以对 1890 年的国会做出更加宽容的判断。当年的国会议员可能试图制定一般准则，他们的继任者能够据此制定出具体政策来，使社会同时获得竞争和联合的好处。正如谢尔曼参议员所说，"作为立法者，我们所能做的就是颁布一般原则"[11]。《谢尔曼法》中使用的笼统语言便很好地阐述了这些原则。据推测，许多国会议员希望法院能够找到方法，打击一些臭名昭著的不公平竞争方式（这些不公平竞争方式已经被用来建立标准石油公司和全美现金出纳机公司等），而不禁止有益的合并，甚至也不去禁止那些旨在消除过分激烈竞争的限制性协议。

在第一次世界大战之前的几年里，善意的进步主义者依然受困于反垄断的经济理由不够充分。当时，那些聪明而相对坦率的政治领导人在表达上经常会模糊和前后不一，这不是因为其领导能力的问题，而是问题本身的难度。

在这一点上，西奥多·罗斯福表现得极为精明，且又毫无顾虑。除了对铁路的监管，罗斯福对他担任总统期间美国公众热切关注的经济问题并没有很大兴趣；事实上，他很坦率地承认自己不愿意正面解决这些问题。当遇到困难，比如 1907 年金融大恐慌，他倾向于相信参议院的保守派或华尔街上层人士的判断和政治、金融上的领导。然而，他认为垄断问题必须在政治层面上解决；公众对此问题的关注非常迫切，不能忽视。他明白，向公众保证美国政府有意愿和力量在大公司面前树立权威是多么重要。相应地，他的反垄断诉讼虽然数量少，但其中某些案件却特别引人注目。在评价北方证券公司案的意义时，他并没有说此案将为全面打击大企业开辟道路，而是说，"在这个国家，最有权势的人在法律面前也会被追究责任"。让公众看到这一点是很重要的。他对垄断问题的基本解决方案是：必须接受大企业是现代工业和社会秩序的一部分，其行为应在充分公开的情况下受到行政控制。比起同时代的大多数政治家，西奥多·罗斯福的观点几乎预测了反垄断程序未来的发展方向。

　　相伴罗斯福左右，或者说追随他的，是一派自由主义政论家，其中包括范海斯（Charles R. Van Hise）、克罗利（Herbert Croly）和李普曼（Walter Lippmann）——他们接受了罗斯福的信念：《谢尔曼法》的哲学是他所谓早已被淘汰的"真诚的农村托利主义"产物。李普曼在他最尖锐的一篇批判文章中，将反垄断哲学描述为"一个村民的国家"（a nation of villagers）的哲学"。这些进步主义者认为，西方世界正在进入一个组织化和专业化的新时代，对于这个时代来说，旧的竞争哲学是毫无希望的倒行逆施。他们中的一些人，特别是克罗利和范海斯，也认为小规模的企业在世界市场上没有竞争力，他们认为美国的形势需要在世界市场上有竞争力。回过头来看，他们似乎比那些无比相信《谢尔曼法》可以肢解大企业的人更加成熟和有预见性。他们预见到了反垄断作为一种运动的衰落，并在某些情况下认识到，如果《谢尔曼法》继续存在，它将作为提起偶尔、临时的监管诉讼的基础，而不是作为逐渐废除企业经济的手段存在。

　　伍德罗·威尔逊在谈及"农村托利主义"和乡村民主时表达了更多的同情，民众反垄断情绪的中心似乎正是它们；但同样地，他比罗斯福更清楚地说明了它们在智识上的困境。1912 年的总统竞选充分显示了两派在垄断问题上的分歧。威尔逊宣称他并不反对规模本身，只要规模是卓越效率的结果，是不可避免地自然成长起来的，他就会支持；但他反对"托拉斯"，因为它是在非法竞争中发展起来的。然而，他从来没有很成功地解释过，为什么一个通过合法方式发展起来的企业不会像一个通过非法竞争发展起来的企业那样对竞争构成威胁。他说："我支持大企业，但我反对垄断"，这似乎只是在回避"竞争自我消亡论"，难以说服众人。[12]

3

反垄断的政治和社会论据比经济论据更加清晰，而且人们在表达政治和社会论据时的激情不输后者。反垄断必须被理解为一个国家的政治判断，国家的领导者一直对政治的经济基础有着敏锐的认识。在这方面，《谢尔曼法》只是美国人一直以来对集中权力的怀疑的另一种表现。从革命前的小册子到《独立宣言》和《联邦党人文集》，再到州权倡导者的著作，以及内战后到反垄断作家和平民党人的时代，人们一直在寻求一种划分、分散和制衡权力的方法，以防止单一利益集团或单一中心的综合利益集团行使权力。因此，《谢尔曼法》背后的政治冲动比反垄断的经济理论更清晰、更明确。那些在谈论"托拉斯"和垄断时使用最模糊的语言的人，他们没有考虑过规模本身和垄断行为之间的区别，没有找到一种方式来说明何种程度的竞争是提高效率所必需的，不能在不同情况下说出哪些竞争行为是公平或不公平的，或者不能给出一个合理的方案，将其对规模的接受和对竞争的渴望协调一致，但是，这些人都相当清楚他们试图避免什么：他们要避免集中的私人权力破坏民主政府。

竞争模型的骄傲之一是，它声称，因为市场权力不来自某个具体的中心，所以市场权力不会带来权力的集中。很美妙的是，市场的决定是非个人化的，因为这些决定只是千万人决定的平均数，没有一个人享有任何决定性的权力。市场机制表明，权力并非由某个个人行使。市场依靠亚当·斯密所谓的"看不见的手"做出决定，任何特定的人或团体都没有做决定的权力。因此，市场机制满足了权力分散的愿望，美国民主多元主义在经济体制上对应的似乎就应当是市场机制。

在必须行使权力的地方，人们的共识是，应该由政府掌握权力，而非私人。但是，州政府难以胜任；就规模而言，企业已经使它们黯然失色。查尔斯·威廉·艾略特早在 1888 年就指出，作为经济组织的大公司的实力已经开始超越各州政府。例如，波士顿的一家铁路公司雇用了 18000 人，每年的总收入约为 4000 万美元，而马萨诸塞州政府只有 6000 人，收入只有 700 万美元。[13] 即使是单个公司，一些公司的规模也足以主宰各州政府，如果它们之间进行联合，也就可能主宰联邦政府。

工业联合体的存在，以及在这种或那种私人力量的支持下——也许是投资银行家的支持——总有一天会出现一个比民选政府更强大的工业联合体，这种威胁引起了工业时代作家们心中的恐惧，其中包括许多在社会观点上与艾略特一样保守的作家。威廉·詹宁斯·布莱恩在 1899 年芝加哥托拉斯会议上的演讲中，很好地阐述了人们对私有权力的根本性恐惧：

> 我不把私人手中的垄断分为好的垄断和坏的垄
> 断。在私人手中不存在好的垄断。在万能的上帝给我
> 们派天使来主持垄断之前，私人手中不可能有好的垄
> 断。一个专制者也许比另一个专制者好，但好的专制
> 统治是不存在的。[14]

当时很多人认为垄断所带来的经济和政治上的严重
后果是一体的，这种认识被纳入 1900 年的民主党纲领中。

> 私人垄断是不可原谅和无法容忍的……它们是
> 迄今为止被设计出来的最有效的牺牲多数人利益、
> 将工业成果据为己有的手段，除非它们贪得无厌的
> 行为受到遏制，否则所有财富都将聚集在少数人手
> 中，我们的共和国将被摧毁。[15]

伍德罗·威尔逊在 1912 年最清楚地表达了进步主义
反对垄断的政治力量的观点。他反对西奥多·罗斯福的主
张，他的论点是，一旦大规模联合的存在被接受，政府就
不可能对其进行监管，因为商业联合的政治力量会强大到
让所有控制它的尝试失效。威尔逊巧妙地利用小企业家的
恐惧和猜疑，宣称，即使是一些非常有权势的人也知道，
"有一种力量，它的组织良好，手段机巧，时刻警惕，环
环相扣，滴水不漏，无孔不入，在谴责它时最好不要高谈

阔论……他们知道，在某个地方，有人在控制工业的发展"。[16] 他声称集中起来的资本已经控制了政府。"美国政府的主人是美国的资本家和制造商的联合……目前的美国政府是特殊利益集团的养子。"[17]

这种情况必定会持续存在下去，直到这些联合体不仅被人民推翻，而且被拆解——用威尔逊的话说，拆解"这个巨大的'利益共同体'"。法律必须"缓慢但坚定、不懈地拆分之"。否则，按照西奥多·罗斯福的计划去接纳、管理垄断企业，结果只会是垄断企业和政府的联盟。"如果由垄断企业控制的政府反过来控制垄断企业，那么这种伙伴关系就最终完成了。""如果垄断持续存在，那么它将永远坐在政府的掌舵人的位置上。我不指望垄断能自我约束。如果这个国家某些人的实力大到能够支配美国政府的地步，他们便会这么去做。"[18]

反垄断行动的第三个目标是心理和道德上的，与其他目标同样重要。它源于一种信念，即竞争除了能在经济上发挥价值外，还可以锤炼人的品格。竞争性的个人主义铸造了一种特殊类型的品格，而人们认为正是这种品格才让美国的存在成为可能；因为竞争机会广泛存在，思维敏锐者很容易找到竞争机会，抓住并利用它们，因而也被它们所塑造，结果就是很多美国人有这种品格。美国男性的品格被认为是在看到和追求机会的过程中得到激发和锻炼的。要实现这种结果，重要的是公平地开展商业活动——说到商业，体育词汇总是随处可见——而且新人能够在合理的开放条件下，以企业家的身份进入这场竞赛中。

只有牢记我们的经济思想的新教背景时，才能充分理解这种认为竞争可以锤炼品格的信念具有怎样的意义。经济学家本身并没有从纯粹的机械和世俗的角度来分析经济关系的习惯，非专业人士在思考经济问题时则更是不会。美国人思考方式的背后是历史悠久的新教传统，这种传统倾向于将经济力量同宗教和道德力量相提并论，并会从品格因之得到锤炼和成长的角度看待经济过程。经济秩序不仅仅是一种生产商品和服务的机制，它还是一套塑造良好行为的规则。我相信，每个人都熟悉这样一种说法，即古典经济学的一些概念是在一种审慎的道德观念影响下形成的，在这种道德观念中，储蓄和节制不仅仅是经济分析的工具，而且是道德律令。在我们这个时代，我们听到保守派以清教徒的传统为依据，直截了当地谴责政府的财政政策，因为这些政策偏离了一个家庭在做预算时会遵循的审慎规则。这些批评者是 19 世纪和 20 世纪初的人们的合法继承者，他们把对竞争的保护以及竞争带来的激励机制看作是对国民道德的保障，看作是动员和奖励勤劳、谨慎之人，惩罚威廉·格雷厄姆·萨姆纳笔下的"穷人和弱者，懒怠、懒惰、低效、愚蠢和鲁莽……闲散、放纵和邪恶之辈"的手段。[19]

这里我们又要引用伍德罗·威尔逊，他最清晰地表达了这种对品格的经济基础的重视，特别要去看他在 1912 年所做的精彩演讲，他表示自己关心"初创者""资本不多的人""努力奋斗者"，他认为这个国家一直是建立在这些人的才能之上。他认为，"美国的财富源自这些人的雄心壮志和他们身上迸发出的能量，不能只是依靠某个特权阶层"。它依赖于"无名之辈"的创造力和能量，如果经济秩序不再能激发这种创造力和能量，那么它就会失去力量。他暗示说，在大企业的影响下，我们的国家有可能背弃它的过去。他用动人的语言这样描述美国的过往：

> ……在那个古老的时代，在每一个村庄，每一个美丽的山谷里都能看到美国，美国在广阔的草原上展示她的巨大力量，它那炽烈的创业的火焰烧遍山野，烧到地球的深处，当时的奋斗者都是领导者，不是雇员；他们不用去往遥远的城市寻找要做的事情，而是在附近搜寻，靠他们的品格获得借贷，而不是靠关系，能获得多少借贷看的是他们拥有什么以及背后有什么样的支持，而不是看他们在没人认识他们的地方拥有多少被核准的抵押物。[20]

这些"炽烈的创业的火焰"即将熄灭的前景表明，旧的品格将被摧毁，旧的美国即将消亡——出于这个比保证工业效率更急迫的理由，我们需要找到可行的反垄断行动。

这种继承下来的信念从未消亡：小型企业获得的小资产和机会铸就了美国人的品格，如果没有特定的企业竞争带来的管束，这种品格很可能会走形。第二次世界大战接近尾声时，参议院小企业委员会明确表述了这一信念，认为小企业主追求机会的努力一直是来自民间的巨大动力。它让人们变得节俭、勤奋、智慧，重视教育、家庭纽带和家庭自豪感等——这些家庭美德对我们的力量和品格的成长非常重要。[21]

用美国证券交易委员会的一位成员在 1945 年的话来说，保护小企业的机会比任何经济目标都重要；它是"一个超越经济和政治形式、进程的目标，表达的是对组成这个国家的男男女女的品格的关切"[22]。

4

大约 60 年前的人们对大企业问题的感知和理解，跟现在的人们对该问题的感知和理解之间有两个明显的区别：首先，它不再是一个新问题；其次，如今经济的运行方式是第二次世界大战之前难以想象的。1965 年距离《谢尔曼法》通过的时间和生活在 1865 年的人们距离乔治·华盛顿的第一个任期的时间一样长。公众已经有了近四分之三世纪与大企业共处的经验，大企业问题的分析家们不再像六七十年前那样，对其未来的危险做出煞有介事的可怕预测。同时，公众也意识到，大众生活水平的急剧上升发生在经济被大公司控制的时期。无论人们对大企业有什么其他负面评价，没有人再把垄断行业视为巨大、膨胀的寄生虫，附着在一个日益匮乏和贫困的社会之上。

关于公众对待大企业的态度与 60 年前人们普遍持有的态度相比，到底发生了怎样的变化，我们只能推测得之。今天，我们可以根据民意调查来核对我们对公众心态的印象是否准确；而对于更早的时代，我们只有印象。但是，任何一个广泛阅读1890—1914年期间政治文献的人都会同意，今天公众对大企业的关注与当时的那种紧迫感不可同日而语。1951年，密歇根大学社会研究所发表了一项富有启发性的调查结果，《人民眼中的大企业》。调查结果显示，大众对大企业的怀疑并没有完全消失，但值得注意的是公众对大企业的接受程度。自始至终，美国人不得不在他们对规模和效率的热爱与他们对权力的恐惧以及他们对个人主义和竞争的重视之间取得平衡。调查结果显示，这种矛盾心理在很大程度上已经得到解决，人们现在更偏向于认同大企业组织。

　　在密歇根大学社会研究所的全国抽样调查中，有四分之一的人对大企业表现出一定的担忧，意识到大企业对他们的生活产生了重要影响。但绝大多数人对大企业的评价是正面的。受访者被要求对大企业的社会影响进行概述，给出的回答如下：

好的影响大于坏的	76%
好坏影响大致一样多	2%
坏的影响大于好的	10%
不知道	5%
感到困惑，无法给出评价	7%
总计	100%

　　很明显，大企业对广大公众来说不再可怕。84%的受访者在回答问题时没有明显的情绪反应，只有少数人表现不快。在被问及具体问题时，受访者尤其对大企业的生产能力及其提供就业机会、降低价格的能力表示赞许。对大企业的批评主要是关于其对"小人物"的影响和对竞争的破坏。很少有人对大企业对工人的控制表示关注（大企业通常被认为是好雇主）。另外，令人惊讶的是，也很少有人关注大企业对政府的影响。

　　50年前，人们担忧大企业的政治权力会无限制地增长。这种忧惧在当时很常见，而在1951年的民意调查中，一个很典型的意见是，大企业的政治权力将会下降，并且是适当地下降。与进步时代一样，人们强烈倾向于权力的平衡，并相信只要一方有明显的优势，权力就应该掌握在政府而不是私人手中。但是，商业现有的权力并没有被广泛认为是危险的。事实上，大企业的权力在五种力量中排名第三——排在联邦政府和工会之后，在州政府和小企业之前。人们对工会的反对情绪比对大企业的更强烈。一部分公众认为大企业比工会更强大，希望看到这种情况被扭转；但也有人数大约是上述受访者两倍的公众认为工会更强大，希望看到这种情况被扭转。[23]

　　密歇根大学社会研究所的调查结果与埃尔莫·罗珀的调查结果相差不大，后者早几年前整理了公众在15年内对与商业有关问题的意见。罗珀发现，"公众对大企业有着复杂感受，一方面对大企业的成就感到自豪，但另一方面也对可能发生的根植于大企业基因中的权力滥用感到忧虑"。公众想要设立一个监管机构，对商业中不道德和贪婪的那部分进行监督，但只有大约四分之一的受访者认为大企业的缺点远远多于其可能有的所有优点。[24]

我们应当把公众对大企业的接受归因于何？我认为，这与大企业主为培养大公司的良好"形象"所做的努力没有多大关系。我们从战后展开的旨在向公众宣传"自由企业"的活动可以看到，如果只是试图让公众认真地对待大企业时常用来自我安慰的夸夸其谈，是不会有好的效果的。[25] 真正让人们接受大企业的原因是，美国经济的运行自第二次世界大战开始以来一直表现优异。也有部分原因是政府和工会的规模与力量也在同步增长，它们对公众态度的影响在密歇根大学社会研究所的调查中清楚地显现出来。此外，了解公众对大企业抱有的极大敌意发生在怎样的历史环境中的人都应该知道，大企业并没有像"扒粪者"[1] 时代宣扬的那样，成为一股可怕的力量。今天没有哪个企业会像以前的全美现金出纳机公司或标准石油公司那样对待竞争对手。重要的是，存在于进步时代的，主要是因为对未知未来忧心忡忡而产生的各种恐惧已经消失了。我们现在就生活在未来，尽管这个时代令人们恐惧的事物比布莱恩和威尔逊时代的人们所预想的要严重许多，但今日的恐惧的源头完全不同于以往。平民党——

---

[1] "the muckrakers"，西奥多·罗斯福总统在1906年4月16日的演讲中将具有改革意识、揭露腐败的记者称为"扒粪者"，这个取自约翰·班扬《天路历程》中的蔑称，后来成了敢于揭发黑幕者的代名词。

进步时代最可怕的噩梦可能是：在投资银行家的主持下，形成一个巨大的辛迪加，各种联合体进一步联手，用暴虐手段统治国家——普约委员会的调查、路易斯·布兰代斯的《别人的钱》、威尔逊的演讲、杰克·伦敦的幻想小说《铁蹄》都表达过这种看法。后来，大公司实现了财政自给，投资银行中的竞争持续存在，外加投资银行在1929年华尔街股灾后不再是最重要的经济力量，这一噩梦才得以消散。

即使人们不用担心邪恶的辛迪加，至少在世纪之交，反对稳步增长的产业集中看上去是合理的，因为这种集中最终会使国家失去竞争带来的一切优势。反垄断针对规模本身或者产业集中的行动在开始之前就失败了；1904年，西奥多·罗斯福大谈北方证券公司案的教训时，美国工业已经高度集中了。进步主义者曾经担心经济学家后来所说的工业中的"有效竞争"（workable competition）能否持续存在，就此而言，随着时间的推移，他们可能会感到放心。根据 M. A. 阿德尔曼、G. 沃伦·纳特和乔治·J. 施蒂格勒等经济学家的调查，垄断的范围或程度自本世纪初以来一直增长这一观点的可信度值得怀疑。阿德尔曼在一项重要的研究中得出结论："集中的程度没有显示出增长的趋势，而且可能在下降。无论是增长还是下降趋势，如果确实存在，那么其速度与冰川漂移的速度相当。"[26] 判断垄断的范围或程度是一项相当复杂的工作，许多问题都存在争议。但至少可以说，任何对这个问题的困难有充分考虑的人，都不能再对垄断或集中的快速增长发出危言耸听的呼声，否则便是视许多强大的证据于不顾了。

　　另一个令人担忧的原因，虽然对进步时代的许多人来说是非常真实的，但从今天的角度来看却相当古板，它与工业的进步有关。"垄断，"威尔逊在1912年警告说，"总是阻止发展，拖累自然繁荣，妨碍自然进步。"他说，在过去，竞争激烈的美国生产或研制了蒸汽船、轧棉机、缝纫机、收割机、打字机、电灯和其他的伟大发明，但总有一天，垄断可能会结束这一切，而且这一天即将到来。"你们知道吗，你们有机会了解吗，如今发明创造不受欢迎？没有人鼓励你们发挥聪明才智……垄断的本能是反对新奇，一直使用旧的东西，用旧的方法制造。"只有恢复到自由竞争的状态才能再次释放出美国的创造力。"谁知道会有哪些尘封已久、没有投入使用的专利能够重见天日，等到竞争之自由恢复时，新的发明会给我们带来怎样的惊讶，被赋予怎样的能力？"[27]对于自1912年以来的两代人来说，各式各样的发明创造带来的惊讶和赋能几乎要了他们的命，因此这样的言辞已经不能令人震惊或鼓舞，今天的人们听起来只会觉得很奇怪。如今，公众都认识到，大公司及其研究项目才代表着技术进步。正如约翰·肯尼思·加尔布雷思所说，象征美国工业进步的那些代表性产品多数是由少数大公司主导研发的，"经济合作署带外国游客参观的公司，正是司法部的律师搜寻垄断证据的所在"。[28]

　　进步主义者在文章中表达的另一个典型的担忧是，当国家的商业完全被大公司支配，个人将无法实现阶层上的

跃升，过去重振人们信心、激励美国民众奋进的向上流动
将结束。我没有确切的信息能够说明美国公众如何看待今
天的社会流动前景，但从我们都在争夺获得教育的机会以
及教育带来的优势这一点可以看出，中产阶级，甚至工人
阶级中的大部分人，都相当清楚地意识到向上流动仍然存
在，而且他们也意识到可以借助教育体系实现社会流动。
我们可以更有信心地说，消息灵通的观察家不再轻率地谈
论流动性或机会的减少。

　　有证据表明，中产或底层男子在企业中晋升到高层职
位的机会比五六十年前有所增加，[29] 而且有理由相信，职
业机会的增加，或者至少是职业机会的持续存在，实际上
已经在公众心中留下深刻印象。现代公司，而不是旧的个
人和家庭企业制度，已被证明为社会流动和职业机会提
供了更好的条件，后者在这方面的开放性总是被夸大。奇
怪的是，资本的集中以及所有权与企业家职能的分离，从
长远来看，可能比分散的所有权更有利于减轻社会压力，
保持政治稳定。[30] 实现职业发展和经济成就的方式已经改
变，与在大企业中谋职相比，个人创业这条路有许多不确
定性，难以让人满意。获得专门技能变得更加重要，从而
对教育机会的把握和利用也变得重要。

　　我的意思并不是说，人们已经完全抛弃了过去的自
雇职业理想，或对通过创业实现成功完全没有了信心，都
想在企业中谋职。尽管在《谢尔曼法》颁布后的 75 年里，
选择自雇职业和真正按照传统竞争观念生活的人的数量
已经大大缩减，但这主要是由于家庭农场主的数量减少，

他们在 1890 年仍占人口的近一半，而今天只占大约十分之一。如今的农民由于依赖补贴以及政府对价格的管控，很难再被看作是传统竞争生活方式的有力支持者。但是，主导 19 世纪农业—企业主社会的自雇职业的梦想仍然存在。据估计，约有 20% 至 30% 的美国劳动力在某些时候是自雇职业者。[31] 在过去的十几年里，小企业的增长在数量上大致与成年人口的增长同步，而且参议院和众议院的委员会以及一些反垄断活动已经将小企业的理想和抱负制度化了。

　　但是，尽管小企业作为提供就业的部门在经济中依然有其地位，但它作为致力于创业理想的社会部门的地位已经不如以往了。人们不能再去理想化小企业，认为它独立和坚韧，或者认为它全力捍卫竞争原则。它也需要依赖政府干预维持生存，无论是通过转售价格、反连锁商店立法，还是小企业管理局的形式。正如一位作家所说，[32] 小企业曾经是"机会、冒险、创新和成就的象征"，也是"一种独立的生活方式"，现在却被推到经济生活的边缘位置，为了自我维持，经常攻击竞争原则。一些小企业呼吁支持 1936 年的《罗宾逊—帕特曼法》和 1937 年的《米勒—泰丁斯修正案》，这就已经表明，当竞争影响到小企业的利益时，它们可以很快团结起来反对竞争。积极倡导《谢尔曼法》和《克莱顿法》以防止大企业扼杀竞争的人们，一旦对自己有利，也不会在意竞争的活力如何。如果说很少有小企业主会质疑竞争作为一项原则的价值，那么，在真正受困于竞争的时候，依然能够理解并且忍受竞争的小企业主则更少。[33]

在见多识广的观察家眼中，小企业主不仅不能号称自己自始至终是竞争理想强有力的典范，其他领域有进步思想的人也不会再将其理想化，如同伍德罗·威尔逊曾经大肆宣扬的，真正创造美国的是这些"无名之辈"。在美国和其他地方，自由派知识分子现在对小企业主投以怀疑的目光：如果小企业主群体不是潜在的法西斯运动支持者，那么他们至少是共和党中反动派的骨干。某个大企业领袖可能会因为其开明和儒雅而脱颖而出，相比之下，小企业主则往往是顽固的反工会雇主，狭隘和陈旧的反自由主义者，民团和右翼怪胎的支持者。[34] 作为经济社会中的一员，小企业主仍然扮演着相当重要的角色，但他已经不再是美国自由主义联盟中的一分子，进步主义传统中最初的反大企业情绪也基本消失了。

尽管如此，那种认为只有小企业生存下去，美国人的品格才得以保全，如此美国的民主才能存活的信念并没有消失。今天的保守派从以往的进步主义者那里继承了这一信念。我们可以看到，接受这种信念的更多是老一代人而不是年轻人，他们常常苦恼于无法说服自己的后辈接受这种信念的重要性。一本小企业经营手册的两位作者说："在培养自力更生的能力、立人以及生财上面，小企业表现卓越。"[35] 1936 年，在《罗宾逊-帕特曼法案》被审议时，这种为中间商提供经济保障的努力，被众议院司法委员会主席吹捧为保卫民主秩序的潜在举措。"有很多人认为，如果我们要保全美国政府的民主制度，我们就必须保持商业运作中的民主……我们必须努力保证商业中的自耕农的生存。"[36]

　　1940年代和1950年代，有证据表明，许多人忧心忡忡地深信，多年的战争、萧条和官僚主义的扩张终于让年轻人不再像以往那样重视企业家精神，让古老的竞争理想充满活力的精神最终屈服于大公司的世界。迹象和预兆有很多，但《财富》杂志于1949年刊登的一篇令人难忘的文章可以被看作一个里程碑。《财富》杂志的编辑在对"1949届大学毕业生"进行民意调查之后指出，这一届学生也许是我们历史上最重要的毕业生。这是人数最多、最成熟（退伍军人比例高）、最有责任感的毕业生群体之一，但这届毕业生的突出特点是厌恶风险，热爱安全。《财富》的编辑写道："1949届学生想为别人工作——最好是大企业。小企业不再是应许之地。至于自己做生意的想法，则很少有人表达，似乎这是个过时的想法。"只有在社会和智识方面似乎落后于国家其他地区的西南地区，才能看到显著的例外。这代人在极其容易受外界影响的孩童时期经历了大萧条，之后又在战争的阴影下长大成人，他们很坚定地选择了安全、服务和美好的生活（以适度的收入预期来衡量），而非冒险、自我主张和丰厚奖赏。编辑们还写道，这些初入社会的年轻人"不惧怕企业庞大的规模；在1920年代，他们的父辈害怕泯然众人，厌恶企业的巨大规模，而他们却受其吸引"[37]。

　　这代人做出这样的反应很自然：他们在大公司经济中长大，很多人在有成千上万学生的大学中接受教育，受到军队生活约束，习惯于服从组织、大众和效率的要求。毫无疑问，他们经常在实验室和市场调查中看到大企业的成功前景，而大学的氛围已经使他们对实验室和市场调查很习惯了。由于军队的经历，1949届毕业生可能会有不同寻常的安全意识，但没有理由怀疑，他们对大型组织的接受代表着一种社会趋势。在《财富》这篇文章刊登后不久，青年研究所的问卷调向4660名高中和大四学生、刚毕业的大学生和退伍军人提出了这样的问题："你是否觉得为别人工作就能实现你的全部经济愿望？"61.1%的人回答是，20.4%的人回答否，18.5%的人表示不确定。[38]大卫·里斯曼在题为《志得意满的一代》的文章中分析了1955届毕业生所表达的生活理想，这些学生不仅平淡地接受了在大公司工作一生，而且对公司生活的条件和回报表现出了令人沮丧的自满情绪。1949届毕业生至少意识到自己在做一个有些困难的选择，自己的个性可能会受到影响，而1955届毕业生则认为在企业供职是理所当然的。[39]

正是因为人们接受了在企业中供职的生活，所以我们能明白为什么反垄断运动不复存在。它比法律案例或关于控制垄断的书籍更能说明问题。它还完美地说明了，昨日的问题并非被解决，而是不再成为问题。今天只有少数人关心如何使大公司更具竞争力，数百万人关心的是他们如何在公司的框架内生活。公司的存在和运作在很大程度上被接受了，而且其存在和运作也被认为从根本意义上是有益的。人们如果提出质疑，被质疑的也只是个人风格的问题：在这个大公司已经成为一种生活方式的时代，个人主义或个性中有什么是可以被挽回的？因而，人们从那个借由《大企业的诅咒》（*The Curse of Bigness*）和《别人的钱》表达普遍焦虑的时代，过渡到所有人都读《孤独的人群》（*The Lonely Crowd*）和《人的组织》（*The Organization of Man*）的时代。

长期流行的价值体系通常不会束手就擒，伴随着对大企业接受度的提高，人们也对企业生活感到很不安。年轻人可能不再关注他们的长辈所关注的自由企业强有力的优先权。他们现在更关心的是经济秩序是否维持足够的就业水平，并使国民生产总值有足够的增长，而不是很关心经济秩序是否在培养有进取心、坚韧不拔的国民。但也有一种不安持续存在着，在左派和右派中都有各自表现。左派，如果可以称其为左派的话，以反守旧主义的名义进行反叛，以"垮掉的一代"和嬉皮士的身份从整个资产阶级世界退出。右派（巴里·戈德华特及其狂热追随者的方式）以旧式个人主义的名义反叛，这种个人主义认为经济生活应该培养纪律和品格。尽管他们不愿意承认，但两派都被同一个问题困扰着，虽然方式不同；两派都在试图把各自的"不服从"路线变成一种大众信条——这本身也是一件自相矛盾的事情。"垮掉的一代"从企业的整齐划一中退出，进入属于"垮掉的一代"的步调一致，让自己成为一个模子里刻出来的人。右翼分子加入沉闷、组织严格的大合唱，歌颂他们的个人主义，同时也会称赞将所有异议声音消除的卫道士。

当然，在政治上，真正有影响力的是右翼分子——他们有人有钱，还有政治筹码。他们还可以援引美国古老的虔诚信条，吸引那种认为联邦财政政策和家庭预算没什么两样的老式美国人。许多保守派的文章都对老式经济道德的衰落表示担忧，并将这种道德原则与小企业精神联系起来。但出于可以理解的原因，保守派害怕把大公司作为他们批评的对象，因为那样会显得太有颠覆性。他们对现代生活组织的敌意有一个更安全、更适当的释放途径，那就是谴责大政府。这样一来，大公司就逃脱了其应有的骂名。但是，从历史上看，让老式经济道德黯然失色的是大公司，而不是政府政策。

保守派和自由派几乎都颠覆了各自以前的立场。总的来说，保守派对当代经济生活的风格感到不满，而自由派则为其辩护，特别是为大企业辩护。如我们所看到的，总有一些进步主义知识分子倾向于接受企业组织，对他们来说，合理化管理和秩序的可能性比竞争理想更有吸引力。今天，持这种观点的人似乎继承了美国自由主义遗产的剩余部分。当然，在自由主义信条中，大企业仍然并非全然是正面的，自由主义信条仍然会仪式性地遵从反大企业的情绪，毕竟，这种情绪曾经占据进步主义非常核心的位置。但总的来说，正如卡尔·凯森所言，"今天的自由主义者没有经过多少挣扎就放弃了竞争的象征"[40]。

近年来，为使我们接受当前的商业结构，一些来自新政传统的自由主义者做出了最引人注目的努力。如果人们在1953年读到一篇对大企业的赞歌，断言人们对大企业的对立情绪是基于"早已被纠正的不当行为"；大企业的

领导人是"对公众有强烈、务实的责任感的人，很清楚地
知道当今商业竞争的道德"；"大企业在受到束缚的情况
下创造了经济奇迹"；大企业实际上增加了竞争，也让小
企业的数量增加；"规模是我们最大的实用资产"；大企
业有助于多样性；"我们生活在可能是人类有史以来竞争
最激烈的社会"；大企业所做的研究使小企业获得了更多
的机会；考虑不周的反垄断诉讼"严重影响了国家安全"；
"大企业让我们拥有了社会的物质基础，这样的物质基础
可以促进我们称之为精神财富的增长，这是人类已知最高
的价值"[41]——人们不会再觉得自己读的是通用汽车公司
或 A.T.&T. 董事的演讲，也不会因为这样一篇对大企业的
赞歌出于大卫·E. 利连索尔之手而感到惊讶。利这位路
易斯·布兰代斯的前弟子曾经是新政官僚机构中最直率的
民主理想主义者之一。

　　利连索尔曾在田纳西河流域管理局和原子能委员会
等巨型公共企业担任领导，他对大企业所作的这番天真的
狂热赞歌也许可以看作是他被这种经历改变的表现。[42] 另
外一位新政拥护者小阿道夫·A. 伯利，最早在布兰代斯
的办公室工作，其公共生涯最引人注目的地方是他与罗伯
特·拉·福莱特、乔治·诺里斯和富兰克林·罗斯福的友
谊。伯利在最近的作品中设想企业良知形成的可能，认
为当代商业权力体系是由公众的共识所支配的。他在《没
有财产的权力》一书中敦促自由主义者重新考虑他们以往
对大企业的反感（这种反感在历史上是合理的），根据大
企业在增加收入和分配财产方面的成就来判断它。[43] 最后，

还有约翰·肯尼思·加尔布雷思，他的《美国资本主义》
一书让当代自由主义者接受：竞争在现代经济社会的作用
不如以往。在此方面，该书的作用可能不逊于其他任何著
作，他在书中用另外一种方式描述了公共利益控制市场力
量的机制，即所谓对抗力（countervailing power）原则。
当然，伯利和加尔布雷思都不主张取消反垄断法——事实
上，加尔布雷思认为，总体来看，联邦政府的反垄断政策
有助于形成制衡的力量，而这种力量不会自发产生——但
他们对我们社会的看法的净效果是减少了对竞争的重视，
并把注意力转向其他有望控制过度市场力量的经济和社
会机制。

可以肯定的是，自由主义知识分子并没有停止对商业
文明的批评，偶尔也会批评大企业。但其他各种问题——
外交政策、城市发展、公民权利、教育等等——已变得更
加重要，在这些问题上，自由主义者并不像过去那样，总
是直接保持与大企业的对立状态。他们对商业文明的批评
现在更多地是基于文化而非经济理由。他们对于把恢复竞
争作为他们所看到的弊端的解决办法完全没有兴趣。[44] 即
使是像通用电气事件这样的丑闻[1]，尽管证实了他们对于
商人可能会做出哪些行为的观点，但也不再让他们情绪高
涨。约瑟夫·熊彼特用了"创造性毁灭的飓风"这样传神
的表达来形容资本主义技术的进步性，自由派和保守派的

---

[1] 1959 年，通用电气公司被指控推动自《谢尔曼法》通过以来最大的非法卡特尔，以
    维持高价格，共有 29 家公司和 45 名高管被定罪。

意识形态都被这场飓风推着往前走。

                                    5

　　将反垄断运动的衰落作为一个公众情绪问题来解释，要比将反垄断事业的持续和发展作为一个法律和行政事实来解释更为容易。但是，反垄断运动的命运很好地说明了，一个公共理想虽然没有明确的构想，而且往往与顽固的现实严重相悖，但可以体现在制度中，这些制度拥有精心设计、能够维持自身存在的规则和程序，防御功能，以及与现实同等顽固的幸存能力。制度通常比信条有韧性得多。

　　反垄断的复兴源于新政的结束阶段，是对1937年到1938年经济衰退的回应，而经济衰退本身就给新政支持者的认知和政治策略带来了一场危机。经济衰退给了布兰代斯派自由主义者（他们一直在新政委员会中）机会，让他们得以重申他们关于竞争的想法以及对大企业的怀疑。1934年，在全国复兴总署的卡特尔化被放弃之前，农业部的经济顾问、经济学家米恩斯已经准备了一份关于受控价格的备忘录，为应对萧条的新方法提供了经济依据。1935年初，参议院公布了这份备忘录。[45] 米恩斯将市场价格与受控价格进行了对比，前者是传统经济理论中买卖双方互动的结果，后者是由行政行为设定，在相当长的时间内保持不变。市场价格是灵活的，对需求的下降很容易做出反应，而受控价格是僵硬的。米恩斯认为，灵活价格和刚性价格之间的差异，是导致萧条变得严重的重要因素。尽管他没有将受控价格与垄断联系起来，但他再次将注意力集中在那些市场力量充分集中，从而使受控价格成为可能的行业。当时一些人将这一概念作为加强反垄断活动的理由，富兰克林·罗斯福在1938年的讲话中援引了这一概念，呼吁建立临时国家经济委员会。同时，其他新政理论家，特别是当时担任司法部反垄断局负责人的助理司法部长罗伯特·杰克逊以及内政部长哈罗德·L.伊克斯，也相信大企业的有组织力量正试图通过一场"资本罢工"来破坏改革，必须对商业力量发动一场新攻势，作为实现经济复苏进一步举措的基础。因此，商业力量是对民主政府的威胁这一古老论点，便这样被罗斯福的临时国家经济委员会所接受。

这场对商业力量发动的攻势以两种形式进行。第一种是精心设计的临时国家经济委员会的调查，尽管没有定论，但产生了大量的事实信息，其中大部分是新的，但没有能够提出令调查者有信心的方案建议。[46] 第二种形式是在反垄断局新任局长瑟曼·阿诺德的领导下，加大反垄断活动力度。国会在1939年将给阿诺德部门的拨款增加了一倍，然后在1940年又增加了一倍。从1938年到1943年，反垄断局的工作人员几乎增加了五倍。

回过头来看，一个不确定的、有时考虑不周的开端，最后又产生了什么结果，这对我们富有教益。今天，罗伯特·杰克逊和哈罗德·L.伊克斯对经济衰退的看法似乎

颇具党派和幻想色彩；临时国家经济委员会的调查，尽
管收集了许多信息，但从务实的角度来看是一场惨败；米
恩斯对受控价格的重视有着怎样的价值，这一点在经济学
家中存在很大争议；至少从一个角度来看，瑟曼·阿诺德
在执行反垄断举措上所做的尝试可以说是相当失败的。然
而，正如新政中的许多摸索一样，最后的结果是有价值的，
只要透过瑟曼·阿诺德表面遭遇的挫折，看到其成功的内
核，便能够了解这一点。

阿诺德的故事充满了讽刺意味。他曾经撰文对反垄断
事业大加嘲讽。持这种观点的人受到任命，特别是由最近
才对全国复兴总署全面卡特尔化的政府任命，在反垄断意
识强烈的参议员们看来，这可能是为了破坏反垄断局。但
是，阿诺德招募了一支优秀的队伍，给了他们很多激励，
并恢复了整个反垄断局的职能。他的目标并不是攻击企业
的规模或高效的大规模生产或高效的营销，而是在不当行
为影响最严重的那些关键之处，约束企业的定价政策。因
此，反垄断成了社会和经济政策的工具，阻止企业的定价
高于合理水平，防止企业阻止新工艺流入市场，并减少失
业。所有这些不是通过孤立案例或回应这种或那种投诉来
实现的，而是通过对全行业——电影、石油、无线电广播、
药品、住房等——的系统性行动来实现。

从短期来看，阿诺德担任局长时期所做的事情可以
被认为是失败的。根据最高法院的判决，对工会采取有效
行动变得不可能，而工会是贸易限制的关键一环，他的住
房计划因而遭到阻挠；他的食品工业计划在战争期间失去

了意义；他的运输计划被战争生产委员会搁置。[47]他无法完全改革某个行业，更不用说带来总体经济结构的重要变化。然而，他成功地展示了反垄断法的作用。因为国会给了他更多的工作人员，他可以实际运用《谢尔曼法》。在这个过程中，他第一次展示了该法能做到什么以及不能做什么。虽然反垄断局不能改变经济的基本特征，也不能使经济更少受周期性不稳定影响[正如阿诺德在《商业瓶颈》（*The Bottlenecks of Business*）一书中所承诺的]，但它可以在现有结构的框架内，对商业行为产生重大影响。阿诺德的部门很快赢得了法院的一些裁决——特别是1945年的美国铝业公司案和次年的美国烟草公司案——为反垄断举措的执行提供了新的可能性。国会彻底改变了以往只给反垄断局很少支持的政策。最后，阿诺德的部门给反垄断事业打下了坚实的根基，使其无论在民主党还是共和党执政时，都能蓬勃发展。

共和党人在艾森豪威尔领导下的回归并没有减少对《谢尔曼法》的运用，也没有缩减反垄断局的人员。相反，艾森豪威尔政府成立了司法部长国家委员会来研究反垄断法。该委员会在1955年做出了支持反垄断政策和判例法现状的一致判断，执法力度因之得到了加强。尽管该委员会没有提出任何关于更严格执法的引人注目的建议，但其效果是通过认可民主党政府在过去15年中取得的成就，重申了反垄断承诺得到两党共同的支持。[48]我们也不应该忘记，涉及价格操控案件中最引人注目、揭露最多问题的通用电气案，便是发生在艾森豪威尔政府执政时期。

自 1938 年以来，反垄断活动便维持在一个较高的活跃度并被制度化，但其原因不是经济学家对其在提高经济效率方面的效用的共识，而是整个社会对于其在遏制市场力量过度扩张的危险方面的价值达成了大致的共识。和最开始的时候一样，反垄断活动是基于一种政治和道德的判断，而不是根据经济测算结果，甚至也非任何显著的经济标准做出的判断。"必须承认，"爱德华·S.梅森说，"那种认为保持竞争能极大地提高资源使用效率的主张，存在着信念的成分。"运用公共政策维持最低水平的竞争，尽管有大量的经济论据可以来支持这一选择，"但它基本上依赖于一种政治判断，"卡尔·凯森和唐纳德·F.特纳在他们对托拉斯政策的调查中写道，"在我们这个民主、平等主义的社会中，大规模不受控制的私人权力是不允许存在的。"J.B.德拉姆和A.E.卡恩在他们的《公平竞争》一书中写道："我们发现，要充分理解或公正评价（法院和委员会的）那些决定，仅仅通过经济标准是不行的。我们的结论是，经济学家对反垄断政策提出的恰当问题，并非这是否是建立经济结构或重组经济的最有效方式，而是应该倒过来问：反垄断活动是否严重干扰了实现高效所需的条件？"研究美国经验的英国作者A.D.尼尔写道："反垄断活动的理由本质上是希望用法律约束经济力量，而不是为了追求效率。"约翰·肯尼思·加尔布雷思总结说："对大多数美国人来说，所谓的自由竞争，长期以来一直是一个政治概念，而不是一个经济概念。"[49]

无论如何，反垄断执法的状况似乎与公众的共识相符。针对反垄断法有怎样程度的有效性，以及如果得到更充分的执行，反垄断法的有效性能达到何种程度这两个问题，律师和经济学家之间存在巨大分歧，[50]但几乎没有一个主要行业没有过一两起重大诉讼，在大多数可能被认为需要干预的行业中，政府行动的效果都不是可以忽略不计的。[51]反垄断法的优点之一在于，它的有效性、无效性都无法被精确地记录下来；反垄断法的重要影响取决于没有发生的事情的数量及其重要性——可能已经在公司律师的办公室里夭折的拟议的合并，没有完成的合谋协议，考虑采用的但没有实施的不公平的做法。自由派支持反垄断法，因为他们以往对商业行为的怀疑依然存在；保守派支持它，因为他们仍然相信竞争，可能希望在对抗通货膨胀的斗争中获得一个额外的砝码。似乎没有人建议大幅削减反垄断部门，更不用说放弃了，国会也一直支持其扩充后的队伍规模。现有的执法状况符合公众的心态：人们接受企业规模之大，但依然不信任商业的道德。甚至企业本身也一定程度接受了反垄断原则，虽然带有勉强和恼怒，另外，企业很大程度上只在法庭上抵抗。司法部的查访很麻烦，诉讼很昂贵，伴随被起诉而来的是可憎的耻辱，但反垄断程序可以被认为替代了那些远为强硬的监管手段，比如对价格的直接控制。无论如何，大企业觉得发动一场反对反垄断执法的公开活动既没有必要也不合适，因为这样做会冒犯人们虔诚的信念，不能冒险为之。

反垄断执法的最后一个因素得益于这样一个事实：政府如今是一个主要消费者，官方对产业价格的关注和反应

的机会比以前增加了许多倍。1938年反垄断复兴的原因
之一便是，政府官员对普遍存在的似乎是合谋定价的投标
感到恼火。瑟曼·阿诺德希望消费者能够被动员起来，支
持新的反垄断执法，但美国消费者历史上一直处于被动和
无组织状态，阿诺德的这一期望与现实不符。不过，有了
作为消费者的政府存在，可能会为他带来一些砝码。

　　反垄断改革并不是美国历史上的第一项改革，它的成
效与其说是取决于一场由激昂的民众情绪推动的社会运
动，不如说是取决于一小部分有影响力和深切关注的专家
的活动。当反垄断不再是一种意识形态，而转变为一项技
术活动以后，它便和我们社会许多活动一样，产生了分化，
变得专业化和官僚化。由于非专业人士无法再关注体量庞
大的相关判例法，或者围绕该问题形成的海量经济分析和
论证文献，反垄断行动的可能性几乎完全成了律师和经济
学家等技术精英才会关注的问题。事实上，对寡头垄断行
为进行研究、攻击、辩护和评估以及对其进行监管的业务
已经成为我国活跃的小产业之一，许多有天赋的专业人员
在这一行找到了就业机会。毫无疑问，这也是反垄断能够
自我维持的另一个原因，即使它相对次要，有着这么多人
参与的行业不是想消灭就能消灭的。

　　如果上述内容被理解成为达成某个不适当的乐观结
论所作的铺垫，那么就误解我的意图了。我并不是想说市
场力量的老问题即将得到解决，而只是想阐述期望和信条
是如何改变的，一项改革在经过两代人的喧嚣但似乎徒劳

的鼓动之后，是如何悄悄地、有效地制度化的。但是，反垄断终于开始实现其功能是一回事，忘记这种功能是多么不足又是另一回事。尽管人们在 75 年前所设想的由集中和垄断带来的恶果没有完全成真，但美国人对集中权力的恐惧的传统今天似乎依然适当。无论美国经济的集中度是否仍在大幅提高，目前的集中程度已经非常高了，其商业结构催生出一个有着强大社会、政治以及市场力量的管理阶层。这个阶层的意图绝非邪恶或阴险，但人性的局限之处往往比其权力的范围更令人印象深刻，在现代条件下，我们有权利再问，我们是否能创造足够的制衡手段来约束它。这个阶层所主持的经济在增加商品和服务的生产方面取得了显著的成功，但生产这些商品和服务的城市大众社会仍然没有摆脱普遍的贫困，而各种积弊之深，问题之多，却始终没有得到解决，甚至有些问题连尝试解决的机会都少得可怜，所有这些，叫人每每看到都触目惊心。今天，我们最大的国内危险不在于我们没有足够的竞争，所以不能生产足够的商品，而在于我们不能提供某些人道的、有治疗作用的，对人富有裨益、助人恢复活力的社会服务，而这些服务在竞争精神中是完全不被理解的。最好的情况是，大企业不会提供这种服务。最坏的情况是，它会养活一个阶层来阻止人们提供这些服务。

自由银币和"硬币"哈维的思想

　　1963 年，哈佛大学出版社重新出版了威廉·哈维的《硬币小子的金融学校》(*Coin's Financial School*)，这是 1890 年代最畅销的主张自由铸造银币的小册子。哈维一直是一个难以捉摸的人物，他没有留下任何身份证明文件，要为他写出完整的传记不太可能。哈维为一场民间运动发出了清晰的声音，他在这方面的作用不亚于这段历史中的其他任何人。这篇文章最初是作为哈佛大学出版社 1963 版《硬币小子的金融学校》的导言发表，现在做了一些修改；此文在白银议题的复杂背景下讲述这个人物，是目前为止对哈维最详尽的描述。

1

　　今天，谁能毫不费力地理解"自由铸造银币运动"曾经激起的热情？虽然联邦政府在 1934 年迫于白银利益集团的压力采取了毫无意义且持续多年的白银采购政策，曾经激烈的金银复本位制问题已经随着现代货币管理手段的出现而过时。然而，从 1870 年代到 1890 年代，整整一代美国人都卷入关于白银的争论中。对于那个时代参与论战的人来说，白银和黄金不仅仅是贵重金属，而且是珍贵的象征，是信条和信仰的实体，过了多年之后，它们对生活在 19 世纪正统观念回声中的人们仍然不失其意义。1933 年，富兰克林·罗斯福宣布停止黄金的兑换[1]，刘易斯·W. 道格拉斯在一个漫长而焦虑的夜晚结束时说："这是西方文明的终结。"另一边，来自亚利桑那州的参议员亨利·F. 阿什赫斯特在被国务卿亨利·摩根索追问他对白银的痴迷时，回答道："我的孩子，我从小到大都用银币，我不能和你讨论这个问题，就像你不能和我讨论你的宗教[2]一样。"1

　　1896 年的"自由铸造银币运动"是我们历史上暴风骤雨般的破坏性运动之一，自杰克逊时代以来，第一次出现总统选举由金融问题主导的情况。人们对自由铸造银币的激情不足以使布莱恩当选，但它足以将民主党的控制权从克利夫兰总统手中夺走，将共和党分裂成两个不可调和的派别，新的平民党只能围绕"自由铸造银币"这个单一议题开展政治活动，从而成为布莱恩和民主党的附属党。这一运动的威胁性足以使所有支持金本位的群体团结在麦金利身后，他们在竞选中付出巨大的人力物力，为我国历史上所仅见。在击败白银的过程中，金本位支持者不仅

---

[1] 1933 年 3 月上任后不久，罗斯福总统宣布全国范围内的银行一律停止黄金的兑换，以防止对经济缺乏信心的消费者挤兑银行。他还禁止银行支付黄金或出口黄金，禁止私人囤积价值超过 100 美元的黄金。

[2] 亨利·摩根索是犹太人。

击败了一项改革，还阻止了一场十字军式的征战。

试图重温这场运动的精神的研究者将布莱恩的"黄金十字架"演讲视为白银事业的伟大文献。然而，他的演讲是对已经提出的论点的总结；对于不了解货币问题上发生的争论的读者来说，这篇演讲假定了很多事情，但解释得很少。人们无法从这篇演讲中看出"自由铸造银币运动"支持者的确信感是如何建立起来的。如果说听众可以很快理解布莱恩想表达的内容，那是因为他利用了民间早已形成的情绪，这种情绪是由大量分析性、煽动性文献所激发的；而在所有文献中，迄今为止最有效和最令人难忘的是威廉·霍普·哈维的这本小书，该书共 155 页，在运动爆发的两年前，也就是 1894 年 6 月首次印刷。

1894 年是严峻的一年。1893 年初，一场萧条以迅猛之势袭来。因 5 月的股票市场恐慌以及联邦黄金储备可能耗尽的威胁，萧条的影响加剧。到了 1894 年年中，经济已全面受制于这场萧条。小麦和棉花价格的崩溃令农民感到恐慌。银行倒闭和企业破产达到了无法想象的程度。成千上万资产雄厚者家道破落，亨利·亚当斯感叹他的整个一代人都收到了"驱逐通知"。每天都有磨坊和工厂在关闭，很快每五个劳动力中就有一个失业。饥饿和绝望的人们排成长队，在街道和公路上踯躅不前。哈维准备出版《硬币小子的金融学校》时，雅各布·考克西（Jacob Coxey）的失业请愿军正在华盛顿游行抗议。此书出版的当月，普尔曼的暴力罢工爆发，虽然很快被克利夫兰总统派往伊利诺伊州的联邦军队镇压了下去。到 1894 年年底，克利夫兰的政党针对他的财政政策吵得不可开交，而在西部和南部，被一些保守派视为无政府主义动乱先锋的平民党对两个主要政党的力量形成了严重冲击。没有人知道这场危机会让美国偏离其传统道路多远，也没有人知道还有多少机构注定要崩溃。

饱受危机之害的人们都在呼唤一个简单的解决方案，而他们对危机原因的困惑只会加剧他们对治疗的教条主义态度。自 1890 年以来，关于政府采购白银的争议一直是一个核心问题，它将每个人的注意力集中在货币问题上，人们每天都紧张地关注着财政部黄金储备几近枯竭的情况。几乎每个人都在谴责西部和南部狂热的"自由白银"支持者，或者谴责纽约和伦敦的银行家和放高利贷者。《硬币小子的金融学校》便得益于这股几乎不可思议的货币狂热。1895 年 5 月，一位通讯员写信给克利夫兰的秘书："自从我们上次见面后，我已经走遍了全国，经过了南部、西部的 24 个州，行程超过 1 万英里。这些地方的人在金钱问题上简直像疯了一样，他们无法理性地讨论这个问题。"肯塔基州一位在乡村生活的编辑写道："这里的政治已经疯了。这个国家的每个怪人都出来了，只有石墙才能阻止他们。"克尼索·M. 兰迪斯在伊利诺伊州这样报道：

　　真的，印第安纳州和伊利诺伊州的民主党在这个问题上表现得很疯狂……农民尤其不守规矩……我在印第安纳州有很多叔叔是农民，他们都是诚实和聪明的好人，但在金钱问题上完全是疯狂的。你对他们无能为力，只能随他们去吧。

1895年4月，一位密西西比州的议员写信给克利夫兰的战争部长。信中写道："报童在每列火车上卖一本名为《硬币小子的金融学校》的小册子，每家雪茄店都出售这本书……几乎每个人都在读这本书。"[2]

2

很久以来，只有少数专家读过这本曾经"几乎每个人"都读过的小册子。虽然印刷了几十万册，但这本书如今很难买到了，而且发黄的书页一翻就掉页。毫无疑问，数以千计脆弱的小册子直接被人翻阅到解体的程度。但哈维和他的小册子不能被遗忘。他是"自由铸造银币运动"中的托马斯·潘恩；《硬币小子的金融学校》之于1896年的运动支持者，就如同《常识》之于1776年的革命者一样。自由银币运动失败了，但我们不能忽视《硬币小子的金融学校》的重要性，因为它表达的是美国民众的想象。

布莱恩这样评价《硬币小子的金融学校》：它是"支持金银复本位制的教育力量中的最强音。可以说，近代以来，没有一本关于经济问题的书产生过如此巨大的影响"。没人知道这本小册子究竟发行了多少册。哈维在1895年写给《论坛》杂志的信中说，该书在出版后的11个月里售出 40 多万册。在 1896 年的竞选中，白银党[1]购买并分发了 12.5 万册。该书的销量最保守的估计是 65 万册，最大的数字是哈维估计的 150 万册。他妻子更冷静的猜测是 100 万册——这个数字似乎更接近真实销量，而且绝非不可信。3 书以不同等级的纸张和装订方式出版，定价分为 25 美分、50 美分和 1 美元，它们被感兴趣的组织大量购买，并被销售商广泛兜售。《硬币小子的金融学校》所达到的发行量在当时只有大众杂志能与之匹敌，图书很少能有这么大的发行量。

哈维为介绍其观点而选择的文学形式简单而有效。"硬币小子"，一个年轻却异常聪明的小金融家，试图通过抨击导致萧条发生的知识上的错误观念，来缓解萧条带给人们的痛苦。他在芝加哥的艺术学院建立了一所学校，邀请芝加哥的年轻人参加关于货币问题的六次系列讲座。这本书记录了他的讲座内容，但由于"硬币小子"的讲座有时会被友好的或争论性的问题打断，所以书里采用的是偶尔被对话打断的独白形式。（哈维可能是借鉴了他的公司出版的第一本书才采用了这种戏剧式的手法，那是一本威廉·沃尔什大主教写的关于金银复本位制的小册子，以记者访谈的形式写就。）随着讲座的进行，听众中据说加入了许多真实人物，哈维毫无忌讳地点出了他们的名字。有

[1] National Silver Party，从 1892 年一直活跃到 1911 年，在内华达州最为成功，政治纲领是支持金银复本位制和自由铸造银币。到 1902 年，基本被内华达州的民主党吸收。

几位是不知名的"自由铸造银币运动"支持者，但其他的主要是知名的编辑、政治家、商人、律师和经济学家。因此，我们这位虚构的主人公似乎与论敌发生了真实的交锋，听众中如菲利普·D. 阿穆尔、马歇尔·菲尔德、H. H. 科尔萨特和参议员谢尔比·卡洛姆等人认真听了这些论战。[4] 金本位支持者提出一些他们确信会难住硬币小子的问题，但硬币小子极好地运用事实和理论一一回应，令这些金本位支持者陷入混乱。在败下阵来的这些人当中有芝加哥知名银行家莱曼·H. 盖奇，后来成为麦金利的财政部长，还有货币权威、芝加哥大学经济学教授 J. 劳伦斯·劳克林。尽管中心人物是虚构的，但因为书中引入了这些当时的知名人物，这座"学校"给人一种它是在现实中真实存在的感觉，这令许多读者认为这些讲座也是真的。劳克林对自己被写成在辩论中输给一个经济学初学者感到特别愤怒，他和盖奇、科尔萨特以及其他一些据说出席"学校"的人一起，共同声明整件事情是虚构的，因为总有读者写信就他们在书中所说的话提出问题，而他们已经厌倦了回答这些问题。

尽管劳克林认为像哈维这样的业余作品"不值得认真讨论"，但他觉得有必要在一本叫《关于金钱的事实》(*Facts about Money*) 的小册子中回应哈维，甚至在一个公共平台上与之辩论。另一位对哈维提出反驳的知名作家是《纽约晚间邮报》的经济记者霍勒斯·怀特，他也写过一本关于货币和银行的权威作品，他将自己的抨击作品命名为《硬币小子的金融傻瓜；或者，狡猾的骗子揭底——对〈硬

币小子的金融学校〉的完整答复》。对货币争论的狂热和
哈维的小书所取得的非凡成功促使哈维的反对者写出了
许多的回应作品——这些文献的数量之多，足以成为书目
编纂者的一个重要项目。[5] 这些反驳作品中涉及的经济学
知识的复杂程度不一，标题或轻率或庄重，例如：乔治·E.
罗伯茨的《在金融学校的硬币小子》、爱德华·威斯纳的《现
金与硬币》杰伊·洛林的《硬币小子的金融学校的揭底与
关张》、罗伯特·F. 罗厄尔的《硬币小子的错误》、约翰·A.
弗雷泽和查尔斯·H. 谢尔盖的《可靠的钱》、梅尔维尔·D.
兰登的《钱、金、银，或者金银复本位制》、约翰·F. 卡
吉尔的《金融界怪人》、斯坦利·伍德的《答〈硬币小子
的金融学校〉》、W. B. 米歇尔的《美元抑或别的？》、L. G.
鲍尔的《镇上的乡巴佬：或者，硬币小子金融学校的最后
几日》、查尔斯·埃尔顿·布兰查德的《山姆大叔的金融
讲座汇报》、埃弗里特·P. 惠勒的《真正的双本位制，或
者真硬币与假硬币》。然而，这些书中没有一本拥有它们
要驳斥的书哪怕千分之一的影响力。

　　这些标题唤出了那个论战时代的气氛，然而，《硬币
小子的金融学校》最引人注目的地方是其语气的相对朴
素。可以肯定的是，它有尖酸刻薄的幽默，有令人眼花缭
乱的东拉西扯，也有夸夸其谈的时刻。但总的来说，考虑
到哈维精力旺盛、容易冲动的个性，再回忆一下当时毫无
节制的时代气氛——那时支持金本位的媒体经常将支持
"自由白银"的参议员描述为"狂热分子""哥萨克""边
境恶棍""土匪""不忠者""叛徒"和"疯子"——《硬

币小子的金融学校》似乎更引人注目，因为它摆出了一副坚持理性分析的架势，无论这种架势是多么虚妄。它背后有一种褊狭头脑的强硬逻辑，坚信复杂的社会问题可以被拆解到最后一步，然后被彻底弄清楚，坚信社会问题真的可以被解决，并且是通过简单的手段解决。无论是多么业余和不确定，该书都是对货币本位这个特别错综复杂的主题所做的颇具技术性的讨论；想到该书一定曾激发起了诸多读者付出努力，希望通过仔细阅读它从而理解发生的事情，人们难免为之触动。它可能比任何其他的政治社会类畅销书都更多地要求读者运用自己的推论能力。与我们其他关于社会问题的流行小册子相比，它对大众的吸引力令人难以理解——它缺乏潘恩的《常识》中伟大的革命修辞，缺乏玛丽亚·蒙克的反天主教小册子《骇人听闻的天主教秘闻》中诱人的色情意味，缺乏《汤姆叔叔的小屋》中的人性感召力，缺乏《进步与贫穷》中的预见性以及通篇的分析，也没有《向后看》的小说形式及其广泛的社会意义。《硬币小子的金融学校》紧贴货币问题的细节，主要依靠引人注目的漫画来营造情感冲击效果。对哈维本人来说，该书也是一个很稀罕的特定时间的产物——他后来写的东西都不再具备这本书中的长篇论辩和连贯性，他之前所做的任何事情也没有表明他将会作为一本书的作者而被世人所知。

3

威廉·霍普（"硬币"）·哈维于 1851 年出生在弗吉尼亚州西部一个叫布法罗的小村庄，家里有六个孩子，哈维排行第五。[6] 父亲罗伯特·特里格·哈维是弗吉尼亚人，有苏格兰和英国血统，母亲安娜·哈维在弗吉尼亚的祖先可以追溯到殖民时代，他们是法国人的后代，很早就在附近的加利波利斯周围的领土居住。人们对威廉·哈维的童年几乎一无所知，只知道他所在地区占据多数的联邦主义者和分裂主义同情者（其中一些是他父亲家族的成员）之间的冲突扰乱了他的童年。内战期间，为了安全起见，家人忍痛将小哈维的一个姐姐送进了修道院，她成了一名修女。他的一个哥哥在罗伯特·李的军队里当兵，后来在一场战斗中受伤。

战争接近尾声时，年轻的哈维开始在布法罗的小私立学校学习，16 岁时他在学校教了几个月的书，之后短暂地在马歇尔学院就读，当时的马歇尔学院是一所提供中学水平教学培训的州立师范学校。他在那里读了三个月书，这也标志着他正式教育的结束。他花了很短的时间学习法律，这在当时是为法律相关职业做准备的惯常做法。19 岁时他获得了律师资格，并开始在西弗吉尼亚州卡贝尔县县治巴伯斯维尔村执业。铁路大亨科利斯·P. 亨廷顿在俄亥俄河河畔的一个镇子（这个镇子后来以亨廷顿的名字命名）为切萨皮克与俄亥俄铁路建了一个车站以后，威廉·霍普·哈维搬到了亨廷顿（这是他成年后诸多居住地变化里的第一次），与他的一个哥哥合伙执业。亨廷顿发展迅速，是哈维到当时为止居住过的最大的地方。

哈维很不安分，很快又搬去了别的地方。1875 年，在他 24 岁这年，他搬到了俄亥俄州的加利波利斯，这是俄亥俄河谷的一个繁华地段，距离亨廷顿约 40 英里，他在那里遇到了安娜·哈利迪，两人于 1876 年结婚。这对夫妇很快就去了克利夫兰，哈维尝试在这个商业和工业中心从事法律工作，他们四个孩子中的前两个在克利夫兰出生。[7] 在克利夫兰待了三年后，哈维带着他不断扩大的家庭去了芝加哥，但哈维在芝加哥只停留了一年多就觉得待够了。到了 1881 年，哈维的五口之家回到了加利波利斯。哈维现在成了俄亥俄州几家批发公司的律师。1883年，因为处理一位客户的事务，他来到了科罗拉多州的西南角，勘探者不久前在那里发现了矿藏量可观的银矿，32 岁的哈维第一次接触了这种将让他在历史上占得一席之地的白色金属。第二年，他带着家人和十名年轻工人来到科罗拉多。哈维开始在乌雷附近的矿区工作，并把家人安置在山边的一个大木屋里。到了寒冷的冬天，他的妻子和孩子们搬到加利福尼亚，而他则除了圣诞节以外一直留在矿区，住在他工作地附近的一个机房角落改建而成的房间里。在这三年里，哈维努力工作，监督一座产量可观、名为"银铃"（Silver Bell）的银矿开采，他的健康受到了一定程度的损害。哈维进入这行正逢银矿开采最糟糕的时刻。高昂的经营成本让小企业难以为继，只有大企业可以经营得下去。矿区里充斥着大量流离失所的工人，工资下降，整个行业受到罢工的严重冲击。最糟糕的是，1870年代银价便发生过严重下跌，随着产量的增加，银价更是急剧下降。

哈维很快就放弃了矿山，转而从事房地产业务，将其与自己的律师业务结合到一起。他在普韦布洛、丹佛和犹他州的奥格登先后工作了六年。在科罗拉多州，他因出售一种"生命药水"而被人记住，这种药水可以治疗人的各种疾病。他也是普韦布洛的一个展览馆——矿物宫（Mineral Palace）——的发起人之一，馆内藏有落基山脉矿物。1890年夏天，"矿物宫"以盛大的庆典开幕，它是哈维此前参与过的各种创业项目里面最华丽、最成功的一个。成功的滋味并没有终止哈维想要漂泊的愿望，他在普韦布洛投资之后又搬到了丹佛，然后是奥格登。在奥格登，他买下一栋房子并修葺一新，可能考虑要在此永久定居。他还买下了大盐湖沿岸一英里的临湖土地用于开发，似乎还试图推广一个模仿新奥尔良狂欢节的节日。据当地传言，这件事让他损失了一大笔钱。

无论如何，哈维剩下的资本足够让他在1893年5月把一家人再次迁回芝加哥，然后开始了出版业务，投身到"自由铸造银币运动"之中。按照他雄心勃勃的标准，42岁的他既不是一个成功者，也不完全是失败者。他坚持不懈地追求财富，在开始从事法律工作后的13年里，先后住了9个地方。哈维在科罗拉多州待了很久，足以感受到白银矿工的痛苦和失望，熟知"自由白银"倡导者以往的经历以及他们有关货币的论述——这在科罗拉多州是正统，就像金本位制在纽约是正统那样。他不懂经济学里错综复杂的细节，现实中的辛酸经历让他获得了一些信念，正是这些信念让当时主要的不满情绪之后成了全国的焦点。“硬币”哈维为自己突然跃上历史舞台做好了准备。

4

“硬币”哈维是一个货币问题上的怪才，美国盛产此类人物。早期对充足的货币供应量的需求，长期以来对一个合格的中央银行系统的渴求，我国企业经济的开放性，个人财富的急剧起伏与动荡——所有这些都催生出大量经济问题上的异议者，他们炮制自己的思想体系，并获得广泛接受。每一次萧条都会孕育出大量灵丹妙药、灵药贩子和货币宣传册作者。1890 年代的这场萧条的惊人之处在于，“自由铸造银币”的呼声迅速占据了舞台中央，其他改革建议被推到边缘位置。

为了理解这一点，我们必须简单回顾一下内战以来货币问题的历史。内战之前，美国在法律上（下面我们会看到，在事实上并非如此）一直采用金银复本位制。1861 年，战时需求迫使美国暂停兑换硬币，并发行美国纸币，即“绿背纸币”（greenback），除了支付关税和公共债务的利息外，绿背纸币是完全法定货币。在那之后，美国实行的是不可兑换纸币本位制。以黄金来衡量，流通中的绿背纸币有相当程度的贬值，且贬值程度越来越大。随之而来的是通货膨胀，战争结束后，许多经济和政治领导人敦促绿背纸币退市，迅速恢复硬币支付。他们遇到了来自农民以及很多商人的抵制，特别是在西部，这些农民和商人对战时伴随通货膨胀而来的繁荣记忆犹新，而战后的经济衰退对其造成很大影响，他们害怕货币进一步收缩。（也有一些主张高关税的商人——无论东部还是西部——赞成通货膨胀，因为他们认为通货膨胀会产生保护主义的效果。）

因此，战后的保护主义首先表现为对绿背纸币退市的抵制。表面上看，这一运动在 1868 年取得过成功，当时国会禁止绿背纸币的退市和注销，在 1874 年还取得过一次成功，迫于经济萧条的压力，当时国会还增发了一些绿背纸币。在 1873 年开始的萧条期间，绿背纸币通货膨胀论更为盛行。一个新的绿背党随即出现，其候选人在 1878 年的国会选举中获得了 100 万张选票。

但是，就价格水平而言，自 1865 年以来，通货膨胀论者一直节节败退。在这些年里，掌管美国政策的人奉行节俭政策。他们认为，在政府恢复硬币支付之前，更确切地说，在政府全额恢复战前通行的金币之前，货币不会健全或稳定。为了实现这一目标，美国的价格水平必须下降到欧洲的价格水平——欧洲的价格水平本身也在下降。否则，美国的高价格会降低出口，增加进口，并导致黄金外流。这将破坏财政部的政策：积累足够的黄金储备，最终恢复黄金兑换。

通货紧缩政策并不要求真的减少货币的供应量——

货币收缩总是充满了政治危险。事实上,由于银行存款和纸币的增加,公众手中的货币供应量从 1870 年到 1875 年稳步增长,1878 年后再次增长。价格水平的急剧下降——对于金本位战略家而言则算不上急剧,只能算令人满意——不是像绿背纸币理论家所认为的那样,是货币供应量下降导致的,而是因为实际产出的快速增长超过了货币供应的增长。美国经济增长达到的体量正在适应其货币体系。那些控制货币政策的人的贡献只是抵制了大量发行新的绿背纸币的政治诉求,经济增长完成了其余的工作。[8] 同时,支持绿背纸币的人们在反对通货紧缩的时候强化了一种幻想,而"自由铸造银币运动"也将继承这种幻想;因为他们只强调绿背纸币是扩大货币供应的唯一希望,而忽略了货币供应的持续增长是通过银行活动,特别是通过活期存款的大量增加实现的。因此,1890 年代那种过度强调商业周期中的货币因素而忽视其他因素的做法,在绿背纸币时期得到了强化,也导致金本位制与金银复本位制双方的观点被扭曲。

无论如何,在这一时期,许多观点保守、有重大利益关系的人都相信,恢复金币支付是以惨痛代价换来的。但通货紧缩主义者成功地实现了他们的目标:绿背纸币很快就开始恢复其相对于黄金的价值。1875 年,国会通过了《恢复硬币法》,规定在 1879 年 1 月 1 日恢复硬币支付。绿背纸币的价值稳步上升,直到它在恢复硬币支付日期前两周完全实现了与黄金的平价。

每个了解情况的人都明白,恢复硬币支付指的是用金币来支付。记住法律规定的货币本位和实际的货币本位之间的区别可能会有所帮助，以免像哈维和他同时代的一些人那样头脑混乱。一开始，美国在法律上承诺实行金银复本位制。但是，为了在事实上拥有成功的金银复本位制，一个政府必须调整两种金属的价值，以保持其流通。金银复本位制意味着，政府需要规定其货币单位——比方说一美元——用金币或银币铸造时达到一定重量，保持二者之间固定的兑换比率，允许其自由进出口，在铸币厂可以不限量地购买或铸造两种金属。不难看出，金银复本位制的机制会怎样陷入扰乱。政府设定的铸币兑换比率必须非常接近世界市场的比率，该比率反映的是两种金属的货币以及非货币用途的需求和供应。如果两种金属中的一种在市场上的价值高于它在铸币厂的价值，那么它将不会被送到铸币厂用于铸造大量硬币，而是会被用于工业用途或被囤积起来，这样只有另一种金属作为货币流通。[9]因此，如果铸币比率与市场比率相差很大，两种金属将只会在很短时间内同时流通。（当然，如果一些国家的政府综合需求足够大，可以商定出一个铸币比率，这种政府间的联合行动可以稳定金银的价值，使得两者同时流通成为可能。）

　　当货币系统根据汉密尔顿的指导进行组织时，国会采纳了他的建议，将铸币比率设定为15比1，也就是说，15盎司的白银可以兑换1盎司的黄金。但商业市场的比率接近于15.5比1，因为这是法国的铸币比率，所以趋于稳定。由于法国对黄金相对于白银的估值比我们高，美国货币经纪人便通过出口黄金、进口白银来赚取利润；1800年后，黄金的流通量微乎其微，1825年后则完全没有。美国实际上是银本位制。

1834年，由于一些无需在此赘述的原因，国会故意把钟摆推得更远些，将铸币比率设定为16比1，期望白银会被黄金取代。在此后的十几年里，两种金属一起流通，但最终银币变得稀有。1850年，众议院筹款委员会的主席说："在过去的三四年里，我们只有一个货币本位，也就是金本位。"[10] 19世纪中叶在加利福尼亚和澳大利亚发现的黄金给白银流通最后一击，黄金相对于白银的价值大大降低，1美元银币中的白银价值约为1.03美元。因此，人们不再把银币作为货币使用，而是把银币（甚至是银制辅币）拿来熔化或出口。

虽然在法律上规定的是金银复本位制，但实际上两种本位轮番上阵，从1792年到1834年，大部分时间是银本位，而在1834年之后不久又变成金本位。到了1870年代，白银从流通领域已经消失了一代人的时间，因而人们想到硬币时只会想到金币。

这一事实是1873年《铸币法》的背景，该法在平淡无奇地获得通过后的几年内引起了巨大争论。1873年法只是试图将铸币惯例写进法律，并且简化内战结束时处于混乱状态的辅币。但在列举要保留的硬币时，该法的制定者从列表中删除了早已在市面上不存在的银元。当时，1美元银币中的白银仍值1.03美元，[11] 没有大量白银进入铸币厂。尽管已经发生的变化很快就会降低白银的价值，但只有最有远见和敏锐的货币研究者才能预见到，白银的价值会下降得如此之快。放弃标准银元，标志着法定金银复本位制的终结，在 1873 年国会中，没有任何一个白银州的代表对此表示反对，其他任何人也没有反对。但是，《铸币法》的通过与一场严重的经济萧条和又一次价格崩溃的爆发时间离得很近，而且正好是在世界银价急剧下跌的前夕。1873 年的《铸币法》之后，1875 年又出台了《恢复硬币法》，每个人都很清楚，等到 1879 年硬币支付恢复以后，美国将在法律上（早先在事实上）成为金本位国家。现在，通货膨胀论者虽然仍为绿背纸币辩护，也开始要求将白银重新货币化作为价格下跌的补救措施。很快，以 16 比 1 的铸币比率自由、无限制地铸造银币的要求取代了绿背纸币问题，成为廉价货币支持者的主要政纲。

只要看一眼 1870 年代初到 1890 年代中期的国际价格趋势，就会明白要求货币通胀的持续压力以及世界范围内农民普遍的不满情绪为何存在。价格的长期下行与国际金本位制的形成和扩展同步发生，当代许多知名分析家都认为，国际金本位制的形成是导致银价长期下行的主要原因。1871 年（而不是哈维所说的 1873 年），新成立的德意志帝国决心采用金本位制，给白银带来了一系列冲击。两年后，德国将熔化旧币得来的大量白银投放到世界市场。要吸收这么多白银对拉丁货币同盟[1]的国家来说压力太大。1873 年和 1874 年，这些国家停止了自由和无限制的

---

[1] Latin Monetary Union，成立于 1865 年的欧洲单一货币组织，于 1927 年解散，联盟中的国家有法国、比利时、瑞士、意大利和希腊等国。

银币铸造，从而让市场失去了稳定白银价值的主要力量。瑞典、挪威和荷兰也跟随德国采用了金本位制。这些事件恰好赶上美国西部开发了大量新的银矿，白银的供应因之增加，而当时西方世界对白银作为货币使用的需求正在迅速下降。就在"硬币"哈维汗流浃背地从他们的"银铃"中开采更多的白银之时，白银的价格业已失守。1872年，银价为每盎司1.32美元，1884年跌至1.11美元，1894年跌至63美分。

白银价格的下跌与1870年代至1890年代世界总体价格趋势大致相当，尽管更为严重。在美国，每次发生经济萧条，价格水平都急剧下降，只是在经济好的时候略有回升。这种价格趋势对新企业家以及收支勉强平衡的企业家来说是持续存在的危险，他们依赖宽松的信贷，特别容易受到商业震荡的影响；当然，那些长期负债的农民受到的打击也特别严重。最重要的是，价格的下降对于小麦和棉花的种植者来说是无法容忍的，他们生产的大部分农作物都要出口到世界市场，而这两种农作物在世界市场上日益供大于求。小麦和棉花价格下跌的速度和严重程度超过了其他所有产品。1870年每蒲式耳（1蒲式耳≈35.24升）小麦售价1.37美元，到1894年降至56美分；原棉从1870年的每磅23美分降至1894年的7美分。这样就很容易理解为什么硬币小子为了证明农民和"自由白银"支持者有着共同利益，选择了一个只比较白银、棉花和小麦价格历史的表格。基于对这三个经济领域的共同关切，才形成了政治上的通货膨胀运动，这么说虽有简化之嫌，但也站得

住脚——三个领域都面临着其产品在世界市场上严重过
剩的局面。

5

当"自由白银"支持者赢得了对通货膨胀运动的控制
以后，他们从绿背纸币支持者那里继承了一套强大的煽动
文献和政治传说。绿背纸币运动成功地将异议者的思想集
中在货币政策上，认为货币政策上的变化是解决国家弊病
的主要办法；该运动反对将发行债券、积累黄金作为货币
紧缩的基础，它让许多人相信自己是债券持有人阴谋的受
害者：债券持有人在外汇市场上发行待售债券，让他们沦
为"给外国人'劈柴打水的人'"[1]。为了让这种遗产为己所
用，"自由铸造银币运动"必须让绿背纸币的支持者放弃
他们对包括白银在内所有形式的硬币的偏见。[12]

但相对于绿背纸币的支持者，"自由银币"支持者有
一些优势。首先是知识上的优势：法定货币似乎是无限的、
任意的，但银币与一种产量有限的金属联系在一起，在世
界货币体系中得到长期认可，也得到了伟大的经济学家和
政治家的支持。法律上的金银复本位制是美国和世界其他
许多地方的传统，简单地说，白银可以被称为"我们父辈
的美元"，是从华盛顿和杰斐逊再到安德鲁·杰克逊的货

---

[1] 出自《约书亚书》第 9 章第 21 节，意指在别人命令下从事体力劳动者。

币体系的主力。其次是政治上的优势：产银州在国会里是个强大的集团，在两个主要政党中都有很多支持白银的人——这与绿背党形成鲜明对比，即使在其 1878 年的鼎盛时期，绿背党也没能选上一名参议员；另外，白银州还有来自小麦州和棉花州的盟友支持，不容忽视。最后一个优势是财政上的：银矿利益集团能够为"自由铸造银币运动"带来比绿背纸币运动更多的财政支持。随着时间的推移，绿背纸币运动对纸币的承诺逐渐消褪，而它那种适应力更强的对世界的看法，对银行家、债券持有人、外国人和垄断者的敌意，则被"自由白银"代言人接了过去。

1878 年，"自由白银"支持者取得了他们的第一次立法成功。自 1873 年以来的经济萧条所引起的不满，导致从宾夕法尼亚州到加利福尼亚各地因白银问题而引发的抗议行动大大增加，许多制造商加入了白银和农业通货膨胀论者的行列。1877 年末，众议院通过了来自密苏里州的众议员"白银迪克"布兰德[1] 提出的一项法案，该法案要求自由铸造银币，并使银币成为完全法定货币。赞成该法案的票数达到了压倒性的 163 票，反对票仅有 34 张。财政部长约翰·谢尔曼仍然专注于他的偿付和恢复硬币措施所取得的成功，这时必须向反对货币紧缩的力量做一些妥协。谢尔曼知道自由铸币会遭到海斯总统[2] 的阻挠，于

---

[1] 美国民主党政治家。1873 年至 1895 年和 1897—1899 年在美国众议院担任议员，因其支持金银复本位制的立场获得了"白银迪克"（Silver Dick）的昵称。

[2] 拉瑟福德·伯查德·海斯（Rutherford Birchard Hayes，1822—1893），美国共和党政治家，第 19 任美国总统（1877—1881 年）。

是召集参议院的反对派达成妥协，最终在 1878 年通过了
《布兰德-艾利森法》。该法案要求财政部长每月采购价值
不少于 200 万美元、不超过 400 万美元的银条，并将其铸
成完全法定货币的银币。虽然他强烈反对把银币作为法定
货币这一条款，但最终还是接受了。"在我们这样的政府
中，顺应民意总是好的，我认为，银币法案的通过便做到
了这一点。"[13] 幸运的是，这项措施的通过与经济重新繁
荣同步发生，但该措施既没有阻止整体物价的下跌，也没
有阻止白银价格的下跌——尽管保守的财政部长们一直
在采购最低要求的白银数量，根据法律规定，主要是以银
元券（silver certificate）的形式发行了超过 3.78 亿美元。

　　1880 年代末发生的农业危机，让要求政府采购白银
的呼声随之变得更高。1889 到 1890 年，有六个支持白银
的西部州加入联邦，国会中白银集团的力量因之大大加
强。1890 年，为了赢得对其高关税计划的必要支持，哈
里森政府对白银集团做出了新的让步：提高白银采购量。
1890 年的《谢尔曼白银采购法》要求财政部长每月采购
450 万盎司白银——这一数量大约相当于国内银矿的产
量，并再次发行法定货币国库票据（Treasury note）来
支付。

　　如此大量银元券的存在，对谢尔曼及其前任们精心建
立起来的财政部黄金储备是一种威胁。根据《谢尔曼白银
采购法》，财政部长被要求保持两种金属的"平等"，这
意味着银元券与黄金一样有价值。政府并没有承诺将所有
仍在流通的旧绿背纸币、银元、1890 年的国库票据与黄

金保持同等价值。由于财政部需要用黄金赎回这些债务，这对其黄金供应量构成潜在的消耗。财政部承受压力的能力取决于总体繁荣的状况。经济繁荣，国库便会有大量盈余，也就可以有余裕进行采购白银这种奢侈行为。1879年到1881年，以及1891年，欧洲对美国农产品的需求很大，黄金流入美国，也使黄金储备暂时得到巩固。

但是，甚至在1893年的危机之前，哈里森政府的一些举措就已经导致盈余逐步减少。当时政府资金的主要来源是关税收入，1890年的一些关税条款导致关税收入减少。与此同时，昂贵的养老金法和其他一些加大的支出，都对联邦资金形成巨大消耗。商界对财政部的黄金储备感到越来越焦虑，人们开始贮存黄金。为了满足其支出，财政部发现它不得不支付绿背纸币和国库票据，但它们很快会被拿来兑换黄金，故而对黄金的供应量构成潜在的无休止的消耗。欧洲国家的中央银行受困于经济萧条，又因1890年巴林银行的破产而受到震动，遂开始收紧它们的黄金政策，于是情况变得更糟了。

许多年前，财政部预留了1亿美元的黄金，这是为确保成功恢复硬币支付而必须持有的储备。随着时间的推移，这个数字被认为是安全的财政储备所需要达到的水平，在金融界头脑清醒人士中有一种神奇的意义。正如格罗弗·克利夫兰所说，人们对这个数字的"关切有着某种感情色彩"。在克利夫兰1893年就职仅六个星期后，黄金储备就降到了这个数字以下，不久之后就开始了一场严重的金融恐慌，股票市场崩溃，全国各地银行发生挤兑。克利夫兰还意识到，印度即将停止铸币厂的银币业务，这将对银价造成又一次沉重打击。不可能再假装美国能够在承担其发行的银元券被兑换成黄金的同时还能保持金本位制了。克利夫兰认识到必须与白银势力摊牌，于是在6月30日召开国会特别会议，废除《谢尔曼白银采购法》。

能够让白银通货膨胀和金本位制达成妥协的繁荣现在已不复存在，实现不同利益之间真正的调和已不可能，随后的国会辩论也是怨气冲天。金本位支持者将这场恐慌几乎完全归咎于白银采购政策，另外也归咎于商业信心不足，而造成这种状况的是未来价值（future value）的不确定性以及对外贸易和投资受到的威胁。他们大谈在白银不断贬值、西方所有贸易大国都放弃将其作为标准货币使用的情况下，继续采购白银是一种愚蠢行为。

"自由白银"支持者对这场恐慌的看法截然不同：他们一再指责，是无情的银行家故意挑起了这场恐慌，只是为了制造困境，这样一来可以迫使政府废除《谢尔曼白银采购法》。[14]至于《谢尔曼白银采购法》，他们并不赞成，因为他们真正需要的是自由和无限制的银币铸造。但他们认为这是他们目标的防线——"最后一道脆弱的屏障，"一位来自内布拉斯加州的平民党参议员这样说道，"一边是我们爱国、勤劳的人民大众，另一边是伦巴底街和华尔街一群傲慢、好斗、贪婪的货币兑换商和赌徒，这些人为了私人利益……宁愿让世界回到黑暗时代的阴霾之中，让世人为所有随之而来的邪恶和苦难备受折磨。"[15]当他们被告知，美国完全不可能单独维持金银之间的平等地位，而且按照现有比率无限制铸币是不可想象的，这时他们往往会重新强调美国的规模和宏伟，对欧洲各国污蔑一番，提醒人们他们的选民的经济状况是多么值得同情。针对自由铸币实际上意味着实行银本位制这种论点，他们可能会像来自密苏里州的参议员弗朗西斯·马里昂·科克雷尔后来断言的那样，认为真的转为银本位制反倒更好。"迅速耗尽黄金储备正合我意。我们可以在不对我们的金融体系造成任何影响的情况下转为银本位制。"[16]

在国会辩论中表现突出的是威廉·詹宁斯·布莱恩，他在众议院发表了激动人心的长篇演讲。在参议院，议员们发表令人筋疲力尽的冗长演说阻挠议事，一些最有才能的议员论述了"自由白银"论者的主张，特别是来自科罗拉多州的参议员亨利·穆尔·泰勒。他在说到如果废除《谢尔曼白银采购法》，科罗拉多州会遭受怎样的不幸时，突然大哭了起来，瘫倒在桌前，双手捂住脸。这一切都无济于事：1893年10月底，《谢尔曼白银采购法》被废除，"自由白银"支持者不得不寄希望于呼吁公众参与抗议。[17]

正是在这里，哈维找到了自己的角色。在他的书面世之前的18个月里，他的注意力一定被这些重要的事件所吸引。正是在恐慌爆发时，他搬到了芝加哥，在围绕白银问题的辩论接近高潮的那几个月里忙于成立硬币出版公司。他的第一份出版物是都柏林沃尔什大主教写的《金银复本位制与单本位制》，出版于国会做出废止《谢尔曼白银采购法》决定的两个月后。虽然他在几年前就对金银复本位制表现出了一定兴趣，但没有人知道除了沃尔什的书之外，他还读过哪些有关"自由白银"论的著述。[18] 但是，如果他读了《国会记录》中关于废止决定的数百页辩论演讲稿中的哪怕一小部分，他就会发现，自己那些最独特的经济论点在那里都可以找到根据，他还能从中获得对自己全部基本态度和信念的肯定。

6

毫无疑问，这些态度的广泛流传，让《硬币小子的金融学校》与普通读者之间建立起了良好关系，这一点对于该书获得成功非常重要，不亚于书中核心经济论述起到的作用。在继续讨论哈维在金融问题上的看法之前，先来关注他书中的语调会对我们有所助益。

年轻的硬币小子本人就是一个暗示性的符号。虽然他处理的是最复杂的题目，给最令人困惑的问题提出解决方案，但硬币小子不是一个睿智老者，而是一个青年的形象，甚至接近少年。哈维的漫画家把硬币小子画成身穿燕尾服、头戴高顶礼帽的样子，但他的裤子是及膝短裤，有着孩子气的脸蛋，他被称为"年轻的金融家"和"小演说家"。在之后的一本书中，哈维似乎将硬币小子的年龄写得更小，说他在进行这些演讲时只有 10 岁。选择这样一个人物作为他的代言人，哈维意在表明，一旦去除自私自利、自欺欺人这些让人分心的杂质，经济学并没有多么复杂，一个男孩敏锐、简单和未受污染的头脑完全可以掌握，因此，普通人对货币问题的直觉比银行家和拿钱办事的经济学教授复杂的诡辩更可靠。[19] 哈维认为《马太福音》第11章第25节用来描述这本书很适当："父啊，天地的主，我赞美你，因为你把这些事向智慧和聪明的人隐藏起来，却向婴孩显明。"

在整本书中，这样一个观念反复出现：老人们彻底被自私自利腐蚀了，文明的希望在于让年轻人走上正道。硬币小子起初是为了芝加哥的年轻人而选择在艺术学院开办学校，希望能够引导年轻人"走出扰乱国家的由谬误、异端邪说以及各种主义构成的迷宫"。当硬币小子的第一次演讲在年轻人中取得了巨大成功之后，他才被要求向所有年龄段的人开放，然后学校迅速挤满了"中老年男性"，他们希望用"棘手的问题"来迷惑这个年轻人。这回芝加哥的大商人们得到了报应，感到迷惑的是他们，而不是硬币小子。"他们吹毛求疵地听着硬币小子的演讲，想在他给出的事实或推理中挑错。但他们没有发现任何错误，这让他们感到惊奇。他说话很有逻辑……这些话还是出自一个男孩之口，这让他们更惊讶了。""硬币小子就像木制船队中的装甲炮舰。他的炮声响彻云霄，让所有的反对者都安静下来。"天真烂漫但受过良好教育的青年人彻底战胜了诡计多端的老年人。由于老一代人办事不力，国家被带到了灾难边缘。硬币小子为了年轻一代肩负的希望而发声。

在哈维笔下，背离金银复本位制是违逆自然秩序的行为，上帝把金银两种金属交给人类用作货币，执意不遵循金银复本位制就违背了神的旨意。"就像走路需要两条腿，看东西需要两只眼睛一样，两种货币对于人民的繁荣也是必不可少的。"但是，尽管两者都是必要的，它们并不具有同等的道德或者经济意义。白银，在历史上一直是小货币单位的基础或组成部分，普通人常与之打交道，所以被认为是民众使用的钱。黄金则是富人使用的钱。供应充足的白银与富足联系在一起，而黄金则与吝啬联系在一起。这两种金属被赋予了人类的性格和命运：穷困潦倒、任人欺凌的白银被拒于铸币厂门外，而万千宠爱集于一身的黄金则被迎请进门。这种对金属的拟人化处理在书中的漫画里得到了体现，白银受到的对待代表着农民和诚实的劳动者遭受的压迫和忽视，哈维在谈到 1873 年的《铸币法》"剥夺了白银不受限制的铸币权利"时，也使用了这种拟人化处理。

西部和南部民众对东部的敌意、农村对城市的敌意、美国的民间传统对英国以及约翰牛[1]和罗斯柴尔德家族的金钱权力的敌意贯穿全书，并且都在漫画中得到了很好的表现。美国被认为陷入了"一个由欧洲强加给我们的金融体系"。大都市中心的银行家接受了这个金融体系，但它几乎在其他所有地方都造成了巨大破坏。大都市中心的人们专注于个人利益，目光狭隘，自欺欺人。"城市里不会

---

[1] 约翰牛（John Bull），英国，尤其是英格兰的拟人化形象，源于 1727 年苏格兰作家约翰·阿布斯诺特出版的讽刺小说《约翰牛的生平》，主人公约翰牛是一个头戴高帽、足蹬长靴、手持雨伞的矮胖绅士，为人愚笨且粗暴冷酷、桀骜不逊、欺凌弱小。

产生政治家，它们培养的是专家。专家关心的是做哪些事情能对自己有利，尽管这些做法可能会损害其他人利益。而政治家必须胸怀远大，必须全面了解所有人的利益，特别是贫困阶层的利益。"

书中的漫画，有些是 H. L. 戈达尔专门为这本书所绘，另外一些则借用了支持"自由白银"的报纸上的漫画。上述的种种感情在漫画中被简化为简洁而醒目的图像。白银被笔刺杀，黄金对白银的尸体露出残忍的微笑；西部和南部被东部的金融陷阱欺骗，最终西部和南部联合起来战胜了东部；一头奶牛在西部饲养却在纽约产奶（这是平民党使用的图像中最常见的一个）；以英格兰为中心，代表罗斯柴尔德家族的章鱼用它的触手缠住了整个世界，标签写着"伟大的英国魔鬼鱼"；约翰牛残忍地攻击着自由女神，而枷锁缠身的白银只能无助地看着；山姆大叔把大炮里的英国狮发射了出去；一个贪婪的放高利贷的人坐在椅子上，手上攥着他的金袋。

然而，在讨论金本位的支持者时，哈维的语言却相当克制。哈维认为，保守派媒体在面对"自由白银"支持者时，非常恶劣地用谩骂取代了理性论证，他想把硬币小子描绘成超越这些低级谩骂的高尚人士。他谈到劳伦斯·劳克林时，称他是"拿着银行家给的钱的政治经济学教授，智力水平……取决于工资水平"，这是罕有的人身攻击的例子。大多数情况下，哈维更愿意把许多商人描绘成愿意听从理性的潜在的朋友。他说，银行家本身通常是爱国阶层，但他们被位于伦敦和纽约的势力所控制。

哈维可以与他同时代的大多数人达成理性和公平竞争的立场，因为"自由白银"的支持者将其敌意指向了其他地方——指向"1873年罪行"（the Crime of '73）的肇事者，以及作为国际金本位制堡垒的英国和作为其金融中心的罗斯柴尔德家族。哈维在讨论"1873年罪行"和英国时，无法再保持平静。在哈维或者大多数"自由白银"支持者看来，白银在1873年被停止用作货币这场他们嘴中的灾难，不是一个可怕的错误而是一个狡猾的阴谋导致的结果。白银的非货币化是"那些有意通过造成货币稀缺来损害商业的人"的杰作，它完全达到了预期的目的：它造成了经济萧条，带来了无尽的痛苦。1873年的《铸币法》是秘密通过的，许多投票支持该法律的人并不知道他们在做什么。白银"被秘密地非货币化了，从那时起，一个强大的货币托拉斯运用欺骗手段，歪曲事实，把成千上万诚实的人引入了歧途"。白银的非货币化

> 通常被称为1873年罪行。之所以称它为罪行，是因为它没收了价值数百万美元的财产。之所以称它为罪行，是因为它使数千人沦为贫民。之所以称它为罪行，是因为它导致数千人自杀。之所以称它为罪行，是因为它让健壮男子落泪，让寡妇和孤儿挨饿，生活陷入困苦。之所以称它为罪行，是因为它正在摧毁我们国家的堡垒——这片土地上诚实的自耕农。之所以称它为罪行，是因为它把我们这个曾经伟大的共和国推到了毁灭的边缘，如今它处于摇摇欲坠

的危险之中。[掌声]

当然，这个阴谋的真正中心是伦敦。在硬币小子的论证中，几乎每一步都夹杂着对英国的旧有敌意，读起来有时会让人觉得回到了 1812 年的氛围里。他认为，即使是我们的货币制度，也要追溯到"我们的革命先辈，他们憎恨英国，深刻了解英国在我国的企图"。哈维想利用反英情绪是出于一个重要的战术理由。主张美国单方面自由铸造白银的人不仅要和金本位倡导者论战，而且还要和国际金银复本位制论者论战，后者认为应该使用两种金属作为货币本位，但又坚持认为，如果美国在没有国际支持的情况下继续将白银作为货币使用，势必会导致一场灾难。反对美国单方面实行"自由白银"政策的人当中，国际金银复本位制者的论点实际上是最强大的一个，哈维在处理这个问题时的挫折感无疑与他在表达观点时使用的激烈言辞很有关系。

《硬币小子的金融学校》的高潮部分出现在硬币小子第六次也是最后一次演讲中，他清楚地表达了对英国势力的蔑视。他敦促人们尝试进行实验，建立不依赖于他国的货币系统。如果国际金银复本位制论者的论点被证明是正确的，我们就不应该向金本位制投降，而是应该发动战争："如果他们的论点是真的，我们就让英国成为我们的附属国，把它的名字从地球上抹去。[掌声]"硬币小子接着说，"与英国的战争将是地球上有史以来最受欢迎的战争"，也是最公正的战争，因为我们讨伐的"是一个支配世界货币，给世界制造痛苦的大国"。他继续说道，如果美国可以反抗英国单方面实行金银复本位制，则没有必要发动战争。希望英国参与国际行动是徒劳的：它是一个致力于金本位制的债权人国家。"凡是财产利益和人性发生冲突的地方，英国都是人类自由的敌人。"如果逃避斗争，不去为在美国实现单方面的金银复本位制而努力，便意味着向英国投降，而且会有爆发内战，致使共和国灭亡的风险。他认为，如果目前的政策继续下去，

> 英国将拥有我们的身体和灵魂。它正在对美国进行和平征服。它在 18 世纪用枪炮没能做到的事，在 19 世纪用金本位制做到了。[掌声] 18 世纪时保守的富裕阶层为亲英派提供支持，现在也为英国在本国的朋友提供支持。[掌声] 纽约商人在 1776 年通过了反对《独立宣言》的强硬决议，他们现在也通过了反对美国政策的强硬决议。[掌声]

7

虽然哈维的书无疑是最受欢迎的关于"自由白银"的论述，但它远远不是最好的。事实上，它比布莱恩和泰勒等人在国会里的演讲，以及布朗大学校长 E. 本杰明·安德鲁斯、麻省理工学院校长弗朗西斯·A. 沃克、"自由白银"大使和宣传家 S. 达纳·霍顿等美国本土的金银复本

位制支持者的著作要差得多，人们不禁会认为格雷沙姆法则（Gresham's law）也适用于民间有关货币的讨论：糟糕的论述会把优异的论述驱逐出观点市场。哈维的论述不够系统、缺乏逻辑，他对问题的重点几乎没有把握。他最大的失败之处是他在添油加醋上的"惊人天赋"——他随时会在论证中加入对论证不必要或无法证实的论断。例如，他极其重视他的这样一个断言：世界上所有的黄金可以被纳入一个边长 22 英尺的立方体中；他在书里写道，硬币小子课堂中的金本位支持者面对这个真相，几欲失控，尽管没有人否认黄金是一种稀缺商品。他坚持认为，生产白银的成本是每盎司 2 美元，而在人们的记忆中，白银的价格还没有超过每盎司 1.36 美元，这就意味着这行一直是慈善事业，而且已经持续了超过一代人的时间——这样的说法引来经济学家的嘲笑。他犯下事实错误，他歪曲法规和引文，他发明令人困惑的术语，如"赎回货币"（redemption money），他把次要问题或不是问题的问题变成了关注的焦点，他编造了一部货币历史，而且他让自己在批评者面前漏洞百出，而原本"自由白银"论没有这么多漏洞。[20]

事实上，除了它的成功，哈维的书中几乎所有东西都能引起争论。哈维的小册子对历史研究者的重要性在于它的受欢迎程度，这表明，哈维对于"自由白银"论的理解接近于那些有着坚定信念、活跃的头脑，但没有受过特别训练的普通"自由白银"支持者。哈维就像格特鲁德·斯泰因曾称另一位货币狂人埃兹拉·庞德的那样，是"一个村野解说人"。像许多其他运动一样,"自由铸造银币运动"也有其下里巴人和阳春白雪的文化。哈维代表了普通人的思维,他论述的要点再现了当时非常普遍的观点。这些要点可以从他杂乱的论述中提取出来,其中包括四个主要是历史性的论断以及四个主要是纲领性和经济性的论断。这四个历史论断是:美国货币最早的单位就是银元,于1792年被采用;直到1873年,银元一直是成功的金银复本位制之中主要的组成部分;1873年,当时那个被邪恶的黄金利益催眠或腐蚀的国会,"秘密地"、偷偷摸摸地停止将白银作为货币本位,国会不知道自己在做什么;1873年白银的非货币化使美国失去了一半的主要货币供应。可以被看作主要是经济方面的论断是:国家所承受的萧条和痛苦是价格下跌和黄金持续升值的后果;低价格可以通过引入新的货币来补救;以16比1的比率自由和无限制地铸造的银币是新货币适当的来源;最后,这种补救措施由美国单方面采用即可获得成功,无需任何外国的合作。

哈维讲述的有关美国最早的货币体系的历史,实际上与将自由铸造银币作为1890年代经济状况的补救措施的优点完全无关。如果"自由银币"在1894年是一项好政策,那么开国元勋在1792年打算使用什么硬币就完全不重要。1894年的人们比开国元勋多了一百年在货币制度上的经验,在经济知识上也有了更多进步,开国元勋的货币政策对哈维同时代围绕货币问题论争的任何一方并不构成什么理性权威(rational authority)。但是,"自由白银"的支持者和他们的反对者一样,珍视他们的历史传说,而自由铸造银币将恢复"我们父辈的美元"这样一种让他们满足的信念，是历史传说中重要的组成部分。

哈维对美国货币历史的描述非常有误导性。他竭力想证实最初的货币单位是银元，黄金虽然"也被当作货币使用"，但"它的价值是以银元计算的"。他的这些表述是无稽之谈，毫无根据。最初的货币单位只是美元（dollar），以各种面值的金币和银币在市面流通。[21] 美元被规定需要含有一定重量的白银和一定重量的黄金，白银与黄金的比率为 15 比 1。开国元勋并不会更喜欢白银。人们普遍更喜欢黄金，因为它有更确定和稳定的价值；汉密尔顿在 1791 年 5 月向国会提交的关于硬币的报告中，建议采用金银复本位制，只是因为现有的黄金数量不足以作为货币体系的基础。如果说哈维声称的白银具有首要地位这个说法有什么是能够站得住脚的，那只能是：由于黄金太过贵重，无法作为普通硬币使用，只能以 2.5 美元的四分之一鹰金币（gold eagle）到 10 美元的鹰金币为单位进行铸造，而普通人用的硬币是银制的。（"黄金被认为是富人用的钱……穷人很少使用，而赤贫者则连见都很少见到。"）

哈维在他的表述中暗示，在"1873 年罪行"之前，美国的金银复本位制运作顺畅，而且旧银元在美国广泛流通，这些都是误导。如我们已经谈到的，金银复本位制在法律上确实存在。而在事实上，由于国会未能制定与世界市场相符的铸币比率，银本位制和金本位制交替出现。这种交替后来让教条主义的金本位制支持者喋喋不休地坚称，金银复本位制已被证明是不可能得到实行的。他们没有考虑到这样一个事实：从汉密尔顿时代到内战这段时间里，国会如果有意愿，那么达成与法国更协调一致的铸币比率也不是不可能的事情。这令人忍不住去猜想，如果国会在 1792 年后不久就决定纠正汉密尔顿在铸币比率上的错误，采用法国的铸币比率，那么国际金银复本位制又会获得多大的力量呢？

哈维似乎没有意识到，老式美国银元在国会对其发行做出规定后不久就迅速从流通领域消失了。这是因为标准美国银元虽然在重量上比西班牙银元轻，但它比西班牙银元更新、更亮、更少磨损，因此在某些种类的外贸中更容易被接受。贸易商发现出口银元换取西班牙银元有利可图，另外西班牙银元在美国也是法定货币，因此，西班牙银元就成了美国国内主要的白银流通媒介。由于美国银元的流失，杰斐逊总统于 1806 年下令停止发行银元硬币，这一暂停措施持续了 30 年。

哈维的第三个断言——1873 年的《铸币法》是在支持金本位制的银行家要求下由腐败的国会秘密通过的——是"自由白银"支持者的信条，在 16 年的时间里，信者甚众。尽管它本身并不可信，金本位制代言人还是被迫对这一指控做出了详尽的反驳。他们指出，任何法案都不可能在国会秘密获得通过，《铸币法》从 1870 年 4 月提交，到 1873 年 2 月获得通过，在国会审议了近三年；众议院铸币与度量衡委员会主席在向众议院介绍该法案时指出，它在法律上确立了单一货币本位制，并宣布该法案是由参议院委员会提交给他的，该委员会"比我见过的任何一个委员会对该法案的关注都要细致入微";根据国会的命令，该法案被印刷了 13 次；参议院就该法案进行了一次辩论，众议院两次，在《国会议事大全》(Congressional Globe)一共占了 144 列；造币局的两位局长和其他专家指出，该法案让旧银元不再作为货币使用；马萨诸塞州的塞缪尔·胡珀在众议院引导对该法案的辩论，他细心地指出到金元会被确立为价值标准。一些参议员提到了停止铸造银元；"自由银币"支持者后来引用的一些表明该法案是秘密通过的引文，都是对国会辩论的歪曲。[22]

然而，当类似于"1873 年罪行"这样的虚妄之说被如此广泛地相信时，了解它是如何产生的也许与反复证明其虚假同样重要。毫无疑问，经济上的疾苦和社会怨恨同这个神话的形成和传播有很大的关系。但是，"1873 年罪行"这一概念的产生有其合理性：事实上，即使是国会中更懂行的人，1873 年在投票通过《铸币法》时，也很难非常敏锐地认识到自己所做的事情将会有怎样的影响。

这项措施起先是为了编纂铸币法，纠正内战结束时我们的辅币所处的混乱和代价高昂的状况。1860 年代末，在对这种行动的必要性进行了大量讨论之后，财政部部长乔治·鲍特韦尔要求货币监理局副局长约翰·杰伊·诺克斯准备一项法案。该法案于 1870 年首次提交给国会，并在通过前的三年里进行了大量讨论和修正。继续铸造标准银元的问题从未成为议题，任何细心的议员都不难理解，银元的铸造被放弃了。银元在 1806 年之前被大量出口，从 1806 年到 1836 年没有铸币，从 1836 年到 1873 年没有在国内流通，它对人们来说只是一种不熟悉、几乎被遗忘的硬币。没有人反对停止铸造银元，不是因为这件事有什么秘密，而是因为没有人关心。白银利益集团知道，已经不在流通中的银元含银量实际上比自由市场上的1美元多几分钱，他们没有理由要求继续铸币。1873年的法律出台时，德国还没有实行金本位制，甚至当德国开始实行金本位制以后，德国向世界市场出售白银并没有马上导致白银价格走低。

《铸币法》通过7个月后，1873年的恐慌开始了，白银价格的下跌也差不多同时开始。以货币政策为着眼点的改革者很自然地将这两个事件联系起来。随着越来越多的人要求采取通货膨胀政策，那些认为采取支持"自由白银"的政治立场乃明智之举的国会议员开始解释说，在投票支持1873年的《铸币法》时，他们并不知道自己在做什么——如果人们考虑到该法所具有的技术性，就会发现在某种意义上，他们中的大多数人说的是实话。但是，至少对于其中某些人来说，加入大众高喊"1873年的《铸币法》是犯罪"的口号，需要某种无所忌惮的虚伪。例如，来自宾夕法尼亚州的众议员威廉·D. 凯利，也就是上面引用的那个向众议院保证该法案在铸币与度量衡委员会中被仔细权衡过的人，是少数几个在1872年1月9日明确告诉众议院"保留金银复本位制不可能"的人中的一个。然而，六年后，凯利厚颜无耻地加入那些坚持认为1873年《铸币法》是个骗局的人间，他说："虽然我是委员会主席，但我不知道《铸币法》将使银元停止作为货币使用的事实，也不知道该法将导致银元从我们的硬币体系中被放弃。"

哈维认为《铸币法》"摧毁了美国一半的赎回货币"。针对此说法，他的批评者喜欢指出，你很难摧毁一种根本不在流通的货币，而且该法不可能对 1873 到 1879 年的经济萧条产生任何影响，因为当时国家仍然采用的是不可兑换的纸币本位。他们还喜欢指出，1878 年和 1890 年的白银法已经让银元在某种程度上恢复了流通。事实上，到了1894 年，在流通中的银元或具有法定货币地位的银元券比 1873 年任何人想的都要多，但这也没有提高物价水平或白银价格。[23]

我们的货币历史充满了微妙的嘲弄，必须指出《铸币法》具有讽刺意味的一点：《铸币法》不但没有在任何实际意义上使白银停止作为货币使用，反而实际上接近于将白银重新货币化，尽管该法的制定者意不在此。在停止铸造旧的标准银元的同时，该法律创制了一种新的银元——贸易银元（trade dollar），主要目的是促进与东方银本位国家的贸易，并与墨西哥银元竞争。贸易银元的含银量略高于旧的标准银元，预计不会在美国国内流通。然而，法律规定，贸易银元不仅可以自由铸造，而且还可以作为法定货币，在美国国内支付 5 美元以下的款项。加入可以作为法定货币的条款是为了通过提高美元在国内的地位，以此加强其海外的地位。没有人觉得贸易银元在国内会有任何真正的流通，因为它的含银价值比已经消失的、相比之下较轻的标准银元要高，而且预计它不会与当时通行的绿背纸币在流通上出现竞争。但是，随之而来的白银价值的突然下降和绿背纸币价值的上升，导致贸易银元在国内大量流通，还出口到了东方国家。因此，国会在1876年取消了贸易银元的法定货币性质，之后贸易银元继续流通，1878年铸币停止。一直到1887年国会最终赎回，贸易银元才停止了流通。但是，正如查尔斯·R.惠特尔西所观察到的，自由铸币和法定货币地位这两条规定在其生效期间，让白银短暂地重新货币化，而且，如果考虑到贸易银元的重量更大，白银被重新货币化的比率约为16比1——考虑到白银价格的变化，这个比率对白银是有利的。但是，主张通货膨胀政策的人们没有看到贸易银元的创制无意中为白银带来的利好，没有很大的兴趣去阻止废除贸易银元法定货币地位的决定。这可能是因为他们不理解贸易银元具有的让白银重新货币化的潜力。从政治上看，将日益增长的支持白银的民意动员起来反对1876年国会做出的取消贸易银元法定货币地位的决定，要比恢复自由铸造标准银元容易得多。惠特西教授将这一战术疏忽归因于"白银利益集团在经济学上的无知"。[24]但总的来说，回顾那段历史，给人的感觉是，1870年代所有参与货币论争的人都像是在黑暗中摸索。

8

　　现在让我们来看看哈维的纲领性论断，而不是历史性的一面。看待他的纲领性论断有两种可能的方式。第一种是把哈维看作专业经济学家，对他的论述采用对待任何专业著作那样的严格标准。这种方式没有什么意义，除了确立大众鼓动和专业分析之间的区别。哈维是一个业余作者，他的书充其量只是一部对复杂的金银复本位制观点的夸张描述。当然，把哈维当作专业人员对待对当代金本位制的捍卫者来说是有利的，而且这点也不容辩驳。毕竟，哈维的确把"硬币小子"描绘成一个比专家更权威的专家。劳伦斯·劳克林指控说，"这本书是为了迎合普遍的偏见而作，并且是有意识地欺骗众人"。这样的指控也许太个人化了，没有考虑哈维书中率真的一面；但我们必须接受另一位同时代的经济学家威拉德·费雪更冷静的意见，他写道，"（该书）对那些专门研究货币问题的人没有价值"，他觉得"如此粗糙的作品能引起这么大的轰动"是件很奇怪的事情。[25]

但也可以说，在民主社会中，像货币这样复杂的问题有时确实必须成为大众讨论的对象，而且必须以一种简化的方式来讨论。那么，人们可能会问，不考虑技术问题，要求以通货膨胀作为 1890 年代经济萧条的补救措施是否有实质性的经济价值，要求更廉价的货币是否也有一些道德上的理由。如果从更广泛、更宽容的表述来看待这个问题，哈维的主张就变得更有道理，而且在某种程度上甚至是有预言性的，因为在某些研究领域，昨天的怪人可能比昨天公认的发言人更接近今天的主流观点。

哈维的纲领性论断的精髓在《硬币小子的金融学校》第 175 页得到了总结，他这样表述他对白银重新货币化的主张："通过增加货币量，让所有财产的价值得到增长。债务人有可能偿还他的债务；商业能重新开始，各行业得以振兴，但只要白银和所有其他财产以金本位衡量，各行各业就会一直处于瘫痪状态。"他在书中有多处表述不精确，比如从书中第147页之后谈论的费解的（虽然插画很吸引人）有关商业萧条的概念，再比如他于第203页所做的断言：把金元减半，"将使美国所有财产的价值［他大概是指价格］增加一倍，债务除外"。[26]

当然，哈维使用的是非常初级的货币数量理论（quantity theory of money）：在货币需求稳定的情况下，货币的价值将与其数量成反比。因此，一般价格水平会直接随着货币量而变化。大量增加货币供应量，如自由铸造银币所承诺的，总的价格水平会提升，升值过高的债务回到合理的水平，并使整个经济重新焕发活力。

有一种危险是，我们的注意力可能会因为完全被哈维关于通货膨胀的论证，特别是他的以16比1的比率自由铸造银币的奇思妙想所吸引，从而忽略了要求实行通货膨胀政策所具有的实质性优点。比起哈维同时代的教条主义专业人士，现代经济观点会更多地尊重哈维给出的理由，特别是考虑到1890年代的大萧条是长期的急剧通货紧缩之后发生的。导致哈维的观点变得没有说服力的是他对金条、银条形式的货币供应的痴迷，因为他遵守的是从美国农业思想中继承下来的过时的货币观。他并不认为货币在功能上是一种支付手段，而只把它当作记账手段（或者如他所说的，是一种价值的尺度）。他认为"真正的"货币是指硬通货。他所使用的货币数量理论（第188页）只适用于"赎回货币"，亦即黄金或白银。对于在他生活的时代不断发展完善的信贷体系，他认为与货币本位的基本问题无关；他认为所谓的"信用货币"的扩张并不代表货币供应量的真正增加，而且还觉得它的过度扩张是危险的（第141—143页）。

现代货币数量理论将所有支付手段考虑进来，以此衡量货币供应量，包括活期存款（即可通过支票提取的银行存款）。他们还认为货币流通速度是估算任何时期的货币供应量时必须考虑到的一个方面。货币流通速度的概念虽然很早就有，但在哈维的时代刚刚开始被用于实证研究。对于哈维的同时代的人来说，快速增长的活期存款的使用是个常见和显著的现象。到了1890年代，大约90%的商业交易都通过支票进行。这些身边的现象无法让哈维产生兴趣，他不认为它们会对货币需求产生影响，他认为信用货币在促进转账方面很方便，但它与价值的衡量没有关系，而价值的衡量是他唯一关心的问题，于是他否定了信用货币（第145—147页）。

毫无疑问，哈维的货币观源于一种商业经验，这种商业经验当时还没有过时很久，仍然影响着许多农民和一些商人的思维。他的观点反映的是民间的认知：一块一块的钱，除非它们不用作货币时也有大致相等的价值，或者可以直接兑换成同等价值的货币，否则并不是真的"有价值"。E. 本杰明·安德鲁斯在1894年写道："几年前，我在新英格兰一个繁荣的村庄认识了一个经营了十年的商店店主，他不知道如何开具支票。如果在东部都是这样，那么在西部和南部，银行业务的作用该是多么微不足道。"[27] 有这样的乡村背景的人们自然地完全用基础货币来解决货币问题，而对设计更灵活的支票信贷工具的可能性不感兴趣。也许对他们提出的最严厉的批评是，当国家最终试图设计一种流动的信贷结构，以此更充分地回应他们所抗议的那种罪恶时，像哈维这样的人因为对银行的偏见太深，不但没有支持这种努力，反而进行抨击，认为这只是高利贷者获得利润和权力的新方法。

总之，哈维认为黄金升值是导致他那个时代整个西方世界陷入价格低迷的困局的主要原因，他对这个观点的表述是当时美国和欧洲许多比哈维见多识广的人（其中包括杰出经济学家和政治家）对此问题看法的一个粗糙的流行版本。面对商业波动和失业现象，面对几个国家农业人口普遍且日益增长的不满情绪，这些受人尊敬的同时代人深感不安。他们将价格低迷主要归咎于国际金本位制的形成。在他们看来，1873 年之后，每个新加入金本位制的西方国家都在争夺非常有限的黄金供应，导致黄金升值，价格下跌。当然，如果价格稳定是人们最迫切的需要，那么在这些年以及之后，实行金本位制的成绩并不鼓舞人心。[28] 此外，金银复本位制在经济理论中有其一席之地，因此人们很容易相信，如果各国在 1870 年代甚至 1880 年代初成功达成协议，在西方贸易共同体实行金银复本位制，情况可能会好一些。

外行人不可能评价这种反对金本位制的传统理由的

是非曲直，但大多数熟悉宏观经济发展的经济学家，近年来在评估货币金本位在价格长期下跌中的作用时，都倾向于弱化其影响。相比之下，工业化和交通改善带来的某些长期变化对价格长期下跌的影响更大。工业的发展带来了许多长期的改进，因而降低了成本。对铁路和航运的大量投资、运输设施的改善、苏伊士运河的开通——这些变化导致世界各地大片处女地迅速发展，世界迅速变成一个单一市场。农业人口特别敏锐地感受到了这些变化的影响，他们需要在拥挤的国际市场上竞争，成了国际农业大萧条的受害者。此外，对实际货币供应量历史的研究表明，在这种长期的价格下跌过程中，银行业的变化使实际货币供应量越来越多地脱离黄金供应量的增长速度。J. G. 戈尔利和 E. S. 肖把活期存款和其他货币增长来源都考虑进来，计算了美国的货币供应量。他们的计算结果显示，从1869 年到 1899 年的几十年间，实际人均货币供应量稳定增长，且其年增长率比内战前的几年还要高一些。[29]金本位制很可能加剧了价格的下跌，但不能将价格下跌完全归咎于金本位制。

　　然而，接受这些结论，并不是要否认 1890 年代中期要求实行通货膨胀政策的优点，因为无论在经济还是道德方面，该政策都具备很好的理由：可控的通货膨胀可以刺激企业，重新调整债务人和债权人之间的平衡。困难的是要为这种通货膨胀找到一种方法，既能实现预期的价格上涨，又不至于扰乱对外贸易和投资，动摇商业界的信心，从而让预计借助通货膨胀实现的利好化为泡影。现代中央银行具备了条件，可以很容易找到这些方法，而1890年代的情况并非如此。因此，人们的辩论集中在货币本位上。从后世的角度看，金本位和"自由白银"这两种导致许多人深陷其中的教条主义之间的冲突，似乎是一场真正的悲剧，双方的拥护者都没有充分地理解问题，也没有为缓解经济困局提出适当的方案。

正是在这一背景下，我们可以看到哈维故意以业余者的方式，试图重述"自由白银"主张的真正意义。当然，人们可以从取笑怪人中得到某种没有恶意的乐趣。但是，当哈维这样的怪人获得广泛追捧时，政治家应当认真对待鼓动起民众的力量，即使不认真对待他们的想法。1890年代，美国和欧洲正在辩论的是一个重大的社会问题，它有其道德的一面，也有其技术性、经济的一面。在道德方面，金本位制的捍卫者往往像最狂热的"自由白银"支持者一样，将自我封闭在教条之中，缺乏社会同情心。那个时代头脑正常的政治家，和当时头脑正常的经济学家一样，在正统观念中故步自封，无法以建设性的方式处理持久且普遍存在的社会不满情绪。因此，我们不能去推崇劳伦斯·劳克林的社会哲学和格罗弗·克利夫兰的治国之道。他们将这种严苛的、长期的价格通缩视为"自然"，将债权人的利益与真正的道德相提并论，并将任何尝试对债务升值采取补救手段的做法视为不自然、不诚实，是对神圣义务完全的否定——如劳克林在与哈维的辩论中所说的，这是一种"将社会中节俭、勤劳、成功的大多数人的一部分储蓄和收益转移到那些游手好闲、铺张浪费或时运不济的人身上"的做法。[30] 这种带有挑衅意味、自命不凡的态度是一个富有人道精神的政治家身上不会有的。艾伦·内文斯虽然对格罗弗·克利夫兰为金本位制所做的辩护不吝赞美之词，但他指出，农民的抱怨有其正当的理由："我们的历史很少有比下面的景象更有讽刺意味：东部的债权人嘲笑农民不诚实，与此同时坚持要求农民归还远比其借出时更多的金额。"[31] 克劳林也表达过更公正的言论："当国家在合同结束时从债务人处获取与合同生效时债权人给与债务人的相同购买力，不多一点，不少一点，便是实现了最高的公正。"这也就是为什么布莱恩觉得，他在反对废除《谢尔曼白银购买法》的演讲中说"只有购买力保持稳定，美元才能信得过"这句话，只是在呼应劳克林的说法。[32]

国际金银复本位制者似乎站在正确的立场上：他们认为未来解决通货紧缩的办法是通过采取超国家举措，使得贸易大国能够在保持稳定的汇率的同时，在国内价格政策上保留一定的自由；而教条主义的金本位支持者则判断错误，他们认为货币是由不可改变的规律所支配的，不受管理措施影响。当然，美国"自由白银"的支持者绝大多数都不是国际金银复本位制者；像哈维一样，他们毫不妥协地主张美国单方面实行金银复本位制。其中的差别是至关重要的。金银复本位制的国际性是美国"自由白银"支持者的致命弱点——在《硬币小子的金融学校》的最后，哈维谈到在一个国家维持金银复本位制这个无望的问题时，丢掉了冷静的教导口吻和理性论证，对英国发表了长篇攻击性言论，这并非巧合。那种认为美国能够依靠自己维护白银价值并维持金银复本位制，而非采用银本位制的想法，一直以来都是荒谬的；在市场比率下降到 32 比 1 的时候，认为能够以 16 比 1 的比率无限制地铸造白银，并且仍然坚持金银复本位制，这种想法被其反对者视为一种极其愚蠢的经济主张，这是可以理解的。由于这个原因，在美国和其他地方，"体面的"金银复本位制者把货币标准问题看作一个国际问题。因为这点，"自由白银"民族主义者视他们为卑鄙的叛徒。

"自由白银"民族主义者不愿面对的一个现实是，自 1871 年以来的事态发展已经严重损害了白银的国际地位，除了采取协调一致的国际行动，没有别的方法能够恢复它作为标准货币的地位。由于两种金属的价值之间的差距在过去 20 年里日渐增大，他们中很少有人能坦率地承认，自己实际上已经成为银本位制的支持者。今日的我们不再被金本位制的完美或必然性的幻想迷惑，也许仍然有可能像一些坦率的"自由白银"支持者在 1894 年所做的那样，试探性地争辩说：通过实行银本位制来恢复价格，会比接受当时仍然没有到底的令人沮丧的剧烈价格下跌更健康。但是，改用银本位制可能会事与愿违，因为商界的信心会受到打击。即使人们不考虑这种不可量化的因素，对外国投资和贸易的打击可能会产生严重影响，推迟而非加速经济复苏。美国是一个债务国和资本输入国，银本位制对其债务偿还和投资市场的影响很可能成为一场小灾难。抽象地讲，银本位制或纸本位制并无不妥，但这并不意味着这种转变不会——如参议员科克雷尔如此自信地说——"对我们的金融体系造成任何影响"。[33]

从历史的角度来看，有一点可以说，通过国际协议维护白银地位的关键时刻早已过去。此外，人们也可以指责美国的"自由白银"运动削弱了争取这种国际协议的力量。

在这一指控的背后，是一段漫长的国际讨论和谈判的历史，标志性事件是分别于1867年、1878年、1881年和1892年举行的四次国际货币会议。诚然，英国坚定地拒绝放弃金本位制，英国的这一态度或对或错地被其他大国认为构成了不可逾越的障碍，导致国际社会无法在白银问题上采取令人满意的行动。但是，英国重视其与印度的贸易，而印度采用的是银本位制，英国因而越来越关注白银的稳定。部分出于这个原因，英国的发言人欢迎美国单独或与其他国家共同采取行动，维持白银在国际市场中的使用以及白银的价格。在英国，金本位制既是一种习惯，也是一种教条，但英国人不认为它是可以对外输出的、必须让别人接受的信条。

在国际金银复本位制支持者为各国就白银的使用达成协议而努力的许多年里，美国的白银购买政策以及不久后可能随之而来的无限制铸币的威胁，像乌云一样笼罩在国际货币会议上。欧洲各国政府越是有理由期待美国的白银购买政策会给它们提供机会倾销白银，并加强黄金在各自国家的地位，它们就越不可能屈服于自己国家金银复本位制支持者的论点。从海斯总统到麦金利总统，虽然对白银的政治力量很敏感，但都对达成国际货币协议的努力感兴趣。可是，1878 年和 1890 年白银利益集团在国会获得的成功，外加支持"自由白银"的国会议员对货币外交的鲁莽干预，都对他们的努力造成了破坏。[34]

达成国际协议的最具战略意义的时刻可能是 1881 年的国际货币会议，在当时的美国，黄金的地位很强，而欧洲列强正在遭受严重的黄金危机。一股巨大的支持金银复本位制的情绪席卷了欧洲，英国也未能幸免；会议现场的英国代表很想看到其他国家，也许是美国和拉丁货币同盟，开放银币的无限制铸造。但美国当时按照《布兰德—艾利森法》实行购买白银的政策，加上英国拒绝放弃金本位制，遏制了白银的发展势头。

11 年后，英国人在英格兰银行董事阿尔弗雷德·罗斯柴尔德的领导下，参加了 1892 年的国际货币会议。英国人仍然不愿意改变金本位制，但仍然关注卢比，并对白银表示关心。[35] 在这次会议上，他们建议欧洲大陆国家与美国一起开展共同的白银购买计划——作为支持，英国人提出在英国将可以被接受为法定货币的白银数量从 2 英镑提高到 5 英镑。这对英国来说是个很小的代价，可以通过诱使美国对白银购买做出坚定的承诺，来缓解其在亚洲的商业遭遇的困难。英国金融家确实在试图利用美国的资源，但不是像美国的"自由白银"支持者所指控的那样，迫使美国采用金本位制，而是让它承诺继续依照《谢尔曼白银购买法》购买白银。英国选择这个立场当然不是公正无私之举，但它揭示了经济世界的某些复杂性，而这些复杂性对于《硬币小子的金融学校》的忠实读者来说难以理解:"硬币"哈维、威廉·詹宁斯·布莱恩和阿尔弗雷德·罗斯柴尔德竟然在一同维护美国的白银购买政策!

9

商业和金融的现实世界是复杂的,但货币议题鼓动者的精神世界却非常简单。在他们珍视的传说中,英国银行势力暗中将金本位制强加给了美国人民。《硬币小子的金融学校》表达的反英情绪以及有关货币历史的阴谋论观点,在哈维于1894年9月出版的宣传性小说《双国记》(A Tale of Two Nations)中得到了更详细的阐述,该书的出版时间距离他的杰作问世只有三个月。这部作品可能是有史以来唯一一部关于金本位制的影射小说,其本身就值得关注。《双国记》的成书时间和《硬币小子的金融学校》差不多,它把后者中的一些情绪更有力地表达了出来。从象征意义上,它必须与伊格内修斯·唐纳利(Ignatius Donnelly)的《恺撒之柱》(Caesar's Column)处于同一行列。二者都使用小说体裁,借用想象阐述了平民主义思想。哈维本人始终对《双国记》的重要性抱有信心,因为直到1931年他还重印了这部小说。[36]

《双国记》的开篇设定在1869年,一位身材魁梧、聪明绝顶、出身于古老的犹太家族的银行家罗特男爵(影射罗斯柴尔德),正在与另一位金融家威廉·T.克莱因恩爵士讨论他的计划。男爵有一个大胆的计划:如果能够让美国和欧洲停止将白银作为货币使用，黄金的购买力将翻倍，那么黄金所有者和以黄金支付的债务持有者将会获得巨大的好处。他说，这项政策的成功对英国的好处比一千年的武力征服还要大。美国将不会在世界贸易中抢英国的风头，而是会（以某种没有明确说明的方式）变得穷困，它的工业力量会遭到削弱。男爵的客人认为美国国会不会颁布白银非货币化措施，因为那相当于金融上的自杀。对此，罗特男爵自信地回答说，国会中几乎没有人了解货币，只要法案的语言具有足够的欺骗性，就会获得通过，而法案的真实效果在很多年内都不会被发现。男爵冷酷地概述了他的计划：只要巧妙地使用金钱的力量，就将"建立起富人和穷人两个阶层来。第一个阶层享受这个世界，第二个阶层靠服侍第一个阶层活着。我们必须用贫穷来粉碎他们的男子气概——到那个时候他们会成为好仆人和温顺的公民"。

为实现这个冷血阴谋，第一个被利用的是一位美国参议员，他的名字叫约翰·阿诺德（影射的或许是约翰·谢尔曼和本尼迪克特·阿诺德？）。他在伦敦拜访罗特男爵，摆出一副高贵的美国政治家的样子，但他的本性被罗特男爵和男爵的漂亮女儿伊迪丝看穿。这位深色皮肤的女士在判断人的性格方面有着超乎寻常的能力。她很快就发现，阿诺德极度崇拜金钱权力。罗特男爵毫不费力地收买了阿诺德，让他利用自己的影响力推动白银在美国的非货币化。三年后，男爵的年轻外甥维克多·罗加斯纳为了实现男爵的阴谋来到了华盛顿。罗加斯纳英俊阴郁、见多识广、贪图享乐，他的任务是推动白银的非货币化措施最终获得通过。辅助罗加斯纳的有一个秘书、两个前伦敦警察，他们的工作是努力说服国会议员；还有一个热情而美丽的俄国犹太女性，只要能推进事情或让她所爱的人获得幸福，她愿意做任何事情。罗加斯纳诡计多端，一心要惩罚美国。"从最高意义上讲，我是一个军事指挥官。"他沉思道：

> 我在这里是为了毁灭美国——康沃利斯都不可能比我做得更多。为了美国的恶行和侮辱，为了我国的荣耀，我将把刀子深深地刺进美国的心脏……我将粉碎他们的男子气概。我将摧毁这个国家最后一丝繁荣的痕迹，彻底灭掉他们提及自己革命先辈的那种令人憎恶的骄傲。我要让他们互相争斗，看他们互相残杀，互相破坏对方的家园，而我将毫发无损地看着这一切发生。

哈维寥寥几笔就交代了格兰特政府的腐败气氛，在此氛围下，黄金利益集团为了在货币问题上促成对自己有利的立法，再次引发一场丑闻也就不足为奇了。罗加斯纳也有怀疑和担心的时候，但不久之后，他的策略就成功了——白银被停止作为货币使用，"1873年罪行"成为一个事实。"世界上有史以来最大的罪行在不知不觉中被犯下，它将造成的痛苦，比一个世纪中所有其他罪行造成的痛苦加在一起还要多。"美国国会议员们还不知道他们做了什么，花了三年时间才发现。后来罗加斯纳在促成德国

（哈维把德国放弃白银的时间弄错了）和法国的白银非货币化时也发挥了重要作用。然后他回到美国进行了一场支持金本位制的宣传战，因为这个时候"自由白银"支持者正在奋力反抗。但事实证明，要收买经济学教授和大部分媒体是很容易的。人民是"冷漠的黄金寡头权力统治下的无助受害者"。

故事来到 1894 年，新的人物出现了。腐败的阿诺德参议员有一个受监护人格蕾丝·薇薇安。罗加斯纳现在非常富裕，人到中年，仍然英俊，他看上了格蕾丝。格蕾丝更喜欢约翰·梅尔文，这是一位来自内布拉斯加州林肯市的支持"自由白银"的年轻议员，他高贵、英俊、身材匀称、能言善辩，很像威廉·詹宁斯·布莱恩。然而，这场竞争似乎并不平等：罗加斯纳很有钱，梅尔文很穷，而且，罗加斯纳老谋深算。面对欧洲人的奸诈，美国人的纯真又一次处于不利地位。"这个年轻人诚实而坦率，他的成长经历简单、平淡无奇，面对罗特男爵那精明的外甥的圆滑老练、诡计多端，以及他充满各种密谋的人生积累的广博知识和理论，他完全无力招架。"最糟糕的是，阿诺德参议员不能忍受梅尔文的"自由白银"主张。在这场英国人和美国人对这位"美得足以成为哥伦比亚的象征的女孩"的争夺中，无耻的阿诺德参议员偷偷地把梅尔文写给格蕾丝的信藏了起来，以便让格蕾丝觉得梅尔文对她失去了兴趣。

故事逐步走向高潮，而其背景是 1894 年诸多激动人心的事件——恐慌带来的痛苦、考克西的失业请愿军在华盛顿抗议引发的恐惧、普尔曼罢工导致的怨恨情绪。梅尔文的兄弟成了考克西失业请愿军中的一员，他的父亲破产了，梅尔文自己也为无法支付抵押贷款所困，他不知道的是罗加斯纳正在伸出黑手，要求梅尔文的债权人对他提出苛刻要求。面对大萧条时期的所有苦难，罗加斯纳的冷酷无情一如既往，他在等待着70%的美国人陷入困境的时候到来——他相信，到了那时，政治局势会爆发巨变，美国现政府要么被君主制取代，要么在革命中被彻底吞噬。与此同时，人们的注意力都集中在各种不重要的问题上面，无暇顾及货币这样的根本性问题，"我们埋伏在特别安全的地方开枪射击……我将让这个令人憎恶的国家彻底沉没；把它撕碎，让它流血、爆发混乱，而这么做，只是为了证明我们的金钱的力量有多么强大"。

书中有一段有趣的内容讲述了罗加斯纳的想法，通过这段内容我们可以了解哈维是如何认知那些"黄金阴谋家"的。罗加斯纳是个不折不扣的明白人，有着犹太人的古老智慧和历史意识［需要我们种族中的一员（耶稣）来发现我们文明中的这个错误（高利贷）］，自米底－波斯时代以来，借贷和囤积就是导致文明崩溃的根本原因。罗加斯纳头脑非常清醒，甚至在私下概述了一个哈维式的"完美文明"计划，这个"完美文明"的基础就是废除债务和高利贷，以及对财产征收重税。然而，他在知道通往完美的道路的情况下却选择了邪恶。他是一个黑暗天使，一个摩尼教式二元论的噩梦。[37]

但等待他的是个人的失败。经过一番艰苦的求爱，他终于急不可耐地向格蕾丝求婚（"这个男人的眼睛里闪烁的火焰，与历史上的犹太人眼里的火焰是同一种——大卫凝视拔示巴时，或者在雅各第一次看到井边的拉结时，眼睛里都闪烁着这样的火焰"）。格蕾丝委婉地拒绝了，说她只想做"好朋友"。他感到很是绝望，第一次向她透露了自己的真实身份：他根本不是美国投资顾问，他只是需要这个身份来从事阴谋活动；他告诉她自己出身贵族家庭，拥有巨额财富，前途无量。罗加斯纳希望能以此吸引格蕾丝，因为据说几乎每个美国女孩心中都渴望财富或者头衔。"我来自欧洲最古老、最骄傲和最富有的家族之一。事实上，我们也是世界上最古老和最富有的家族。我们的万贯财富控制着许多国家的事务……假以时日，我将成为一名男爵。"

罗加斯纳做得过头了，格蕾丝对这种收买自己的企图感到不快。"你对美国嗤之以鼻，说什么你来自更好的文明，我可以成为你的文明的装饰品。我为自己是一个美国女人而感到骄傲，你所轻蔑的这种文明令我感到满足。它可能是野蛮的，但我很满足。"现在罗加斯纳打出了他的王牌。他去找参议员阿诺德，请求他出面调解。但是参议员唯一未被腐蚀的情感，就是他对自己的被监护人的感情，在格蕾丝想要选择谁做自己的丈夫这件事上他不能干涉。回到家中的罗加斯纳想出了最后的办法：用他对参议员腐败的了解敲诈参议员。罗加斯纳的兄弟，一个阴谋行动中的次要人物，责备罗加斯纳对格蕾丝的痴迷。"难道我们同族同信仰的女人中，就没有足够美丽、身心优雅，可以满足任何男人的人选吗？"但罗加斯纳不为所动，回答说："难道我们的祖先，即使是在阿拉伯平原上，只要他们满意，不也是会选择各个种族的女人吗？"罗加斯纳继续敲诈阿诺德参议员，威胁他要曝光他的贪腐行为，参议员最终屈服了。罗加斯纳像个魔鬼一样洋洋得意，他"并不只是在笑，而是在奸笑，就像尼禄看到他母亲痛苦死去一样高兴"。但格蕾丝无意中听到了他的话，她打断两人的对话，斥责自己的监护人，然后又对罗加斯纳骂道："你很精明，你精通你们那世代相传的商业手段，那也是你们世代相传的精明、密谋、狡猾的行事方式。你让我感到厌恶。"罗加斯纳站起来，走近格蕾丝，没人知道他想干什么。就在这时，约翰·梅尔文这个"典型的美国男人"闯了进来，将他推倒在地。

　　之后的故事就没什么可说了。约翰·梅尔文和格蕾丝结了婚，罗加斯纳回到了无私的珍妮·苏特莱夫斯基身边。"这位美丽的犹太女士在许多情况下都是他的代理人"，她欢迎他的回归，"就像丽贝卡对待艾凡赫那样殷勤"。她耐心地忍受着他对格蕾丝·薇薇安的追求，而现在"她的脸是一首诗，一首伟大的古老犹太民族的史诗"。罗加斯纳需要她——他崩溃了，成了一个无助的废人，往后的人生都将受益于她的奉献。这本书的结尾一定会让"自由白银"支持者读起来觉得毛骨悚然："1894 年 9 月 29 日，有一个外国财团的代表从利物浦乘坐'巴黎'号汽船赶赴美国，他将取代罗加斯纳的位置。"

　　哈维书中轻微的反犹语调，对于那些熟悉金钱狂热和反犹情绪的传统联系的人来说并不奇怪。在美国的"自由白银"运动中，这种偏见是远为强烈的反英情绪的一个方面；它并没有超越一种修辞上的庸俗情感，因为没有人主张针对犹太人采取任何具体行动。和他同时代的平民党人伊格内修斯·唐纳利一样，哈维对反犹情绪存在矛盾的看法，并对自己的偏见感到一定程度的羞愧，于是我们在他的反犹言论中偶尔也会读到令人尴尬的亲犹表述。在《新版硬币小子的金融学校》中，哈维不承认自己对犹太人存有偏见：

> 他们是地球上最聪明的人种，通常以最公平的方式对待彼此……你不应该对任何种族有偏见……犹太人中有许多人成为货币兑换商；这对他们来说似乎是自然的，可能是由于他们过度精明。他们看到它具有任何其他行业所不具备的优势。[38]

不得不说，许多犹太人可能会觉得哈维的赞誉比他的诽谤更难忍受。

最终，哈维无法摆脱犹太商人夏洛克的形象，这种形象充斥着从绿背纸币支持者到库格林神父和埃兹拉·庞德在金钱问题上表达的古怪论点，他在后来的著作中反复引用基督教思想家对高利贷的禁令。在他的《常识，或政治体大脑之血块》（*Common Sense, or the Clot on the Brain of the Body Politic*）中，[39] 他借用了里德帕思（John Clark Ridpath）《世界历史》中的一段引文，其中指出犹

太人不像大多数人那样工作，对人类生产性工作没有任何
贡献，而是"获得对货币市场的控制，利用这种控制为
自己及族人谋取专属利益"。哈维说，尽管历代基督教会
一再禁止放贷，但基督教会的统治者"身后一直跟着一
个顽固的敌人，试图放贷——接受抵押，要求借款人保
守秘密，不断积累他们的货币存量，直到 17 世纪，他们
的财产已经多到足以迫使文明做出对其有利的让步"。哈
维引用了《申命记》第 23 章第 19、20 节有关放贷的核心
段落：同族内放贷是被禁止的，但是"借给外邦人可以取
利"。哈维称这段话为"致命的例外"。[40] 他认为，这样一
来，"犹太人便成了放债人。外邦人被视为'陌生人'、犹
太人的敌人，犹太人试图用高利贷作为武器来惩罚、毁
灭自己的敌人"。但是，如果犹太人愿意放弃和改革，他
们还有希望：

> 饱受困苦的世界呼唤他们公开放弃高利贷，加入
> 反对此罪恶的改革者行列以做出补偿！犹太人是一个
> 高尚的种族，拥有高等智慧和洞察力，对事业执着；
> 只要他们认识到对外邦人挥舞高利贷之剑与"人类的
> 兄弟情谊"是矛盾的，他们便能融入从事生产工作的
> 文明之中，成为自己牧民祖先值得赞扬的后代，适应
> 古老土地上的耕种和重建工作。

10

　　作为知名"自由白银"宣传册的作者，哈维也曾短暂地活跃于政治领域。1894年，他忙于处理伊利诺伊州平民党的事务，与其他大多数州的平民党不同，该党有一个强大的劳工社会主义派别，有意将集体主义的内容写入该党的纲领中。哈维同情的是党内更保守的农业派，农业派拒绝接受集体主义，并把希望寄托在货币改革上。党内两派最终决裂之后，哈维与禁酒党领袖霍华德·S. 泰勒一起遏制激进派的活动。1895年，他出版了《新版硬币小子的金融学校》，在这部作品中，硬币小子重新阐述了哈维的金融思想，书中花了大量篇幅讨论作为历史动力的贪婪和无知，并抨击了美国的英籍土地所有者。同年，哈维与劳伦斯·劳克林就白银问题进行辩论，并与前国会议员罗斯威尔·H. 霍尔进行了九场辩论。他还试图组织某种向所有现有政党的成员开放的政治性兄弟会，希望能借此净化这些政党。这个组织被称为"美国爱国者"（Patriots of America），在其集会时有自己的仪式，有点像全国性的兄弟会；同时又建立了一个女性组织作为辅助，名为"共和国之女"（Daughters of the Republic）。哈维的《美国爱国者》（*The Patriot of America*）一书在很大程度上是为这个组织所写的章程。在选举之前，他自荐成为该组织的"全国第一爱国者"。《美国爱国者》一书极不连贯，这种不连贯成了哈维日后写作的通病；此外，该书使用极其夸张、浮华和多疑的语调写就。哈维认为，善与恶正在为控制世界而斗争，情况变得非常糟糕，"我们必须为世界的文明做自由人的最后一搏"。谋杀、自杀、犯罪、精神错乱以及英国人和铁路的土地所有权在书中混为一谈，作为社会处于病态之中的证据："美国已经被外来势力渗透了，我们的财产正在迅速落入外人之手。"[41]

哈维提议的"美国爱国者"的一些特点，特别是其半保密性，使布莱恩和他的支持者感到担忧，他们认为这样一个组织可能会导致派系斗争。哈维解释说，该组织"将为我们提供资金，发起一场反对金钱势力的全国运动"，它的保密性以及要求成员必须按照多数人决的原则来投票，是为了阻止"狡猾和不择手段"的敌人混入组织内部。"我爱你，"哈维在给布莱恩的信中写道，"我将永远为你着想，因为我相信你是我国第一批爱国者之一。"[42]

1896年，哈维热情地为布莱恩工作，举办讲座和演讲，分发银质徽章。哈维（他最初偏向于支持密苏里州的"白银迪克"布兰德）当时是白银党执行委员会成员，该委员会购买了100万册沃尔什大主教的《金银复本位制与单本位制》，其中一半是英文，一半是德文译本，还有12.5万册《硬币小子的金融学校》。[43] 竞选结束后，哈维花了几个月时间进行演讲，为民主党人筹集资金。他与布莱恩的友好关系维持了很久，直到1913年，布莱恩仍在努力为哈维争取伍德罗·威尔逊政府的农业部的职位。[44]

1896年是"自由白银"运动的鼎盛时期。第二年，经济萧条的趋势发生了变化。新的金矿和新的开采方法加速了价格上涨，而"自由铸造银币"的支持者曾认为只有白银重新货币化才会导致这个结果。很快，人们就清楚地看到"自由白银"运动败局已定，那些围绕此运动展开知识和政治生活的人们如今失去了根基。芝加哥这个哈维取得巨大成功的地方，开始对他失去吸引力。1899年，他出版了由硬币出版公司推出的最后一本书：《硬币小子论货币、垄断和帝国主义》（*Coin on Money, Trusts and Imperialism*）。

这本书里的硬币小子是个16岁的青年，他在为阻止反动势力做出最后努力。他将人类历史描述为两类人的斗争舞台：人道的一类和自私的一类。前者以推进人类福祉为乐，同时也不忽视自我；后者则只追求提升、加强自我。前者现在正推动民主和改革运动；后者则在鼓吹君主制和帝国主义。当然，书中有相当一部分内容是硬币小子对货币和银行的看法，但该书没有集中在单一主题。接下来的部分，硬币小子开始攻击英国在美国的投资者以及土地所有者，谴责英国政府允许放债人影响法律的制定。随后硬币小子谈到了托拉斯问题，当时公众越来越关注这个问题，但哈维谈托拉斯问题远远没有他谈论货币问题那样自如：他的主要建议是，所有工业托拉斯都是由金融托拉斯滋养的，如果摧毁后者，其他的托拉斯也会随之消失。

接下来是帝国主义，这在当时是非常受关注的问题，硬币小子从相当模糊的道德角度来看美国走向帝国主义背后的动力：盘踞在一国货币和工业体系中的邪恶力量自然会寻求对外扩张。"在蹂躏了自己的人民之后，这种自私的力量就会寻找其他国家的人民来蹂躏。在掠夺了本国人民之后，胃口大开，就会寻找别国人民来掠夺——这就是所谓的征服。"硬币小子现在开始使用简单的摩尼教式二元论语言，认为正是这种"邪恶势力"导致美西战争演变成为一场帝国主义征服战。与许多美国人一样，硬币小子认为美西战争是合理的，因为美国代表的是受苦受难的古巴人民，拿起武器反抗荒淫的西班牙君主。但特权阶级抓住了这一点，通过占据菲律宾以及在古巴保持美国势力，为在美国建立君主制迈出了第一步。哈维认为，许多人喜欢扩张是因为他们认为扩张对商业有利，而事实上美国国内的空间足以进行无尽的扩张，并可通过改善国内条件来实现繁荣。他建议修建一条连接密歇根湖和伊利湖的运河，建立一个具备良好道路和灌溉沟渠的系统。

全书的情感高潮发生在硬币小子将美国对菲律宾的占领与英国对布尔人的战争相提并论，并指责麦金利总统同情英国并效仿其行径的时候。他喊道：

> 总统没有遵守宪法规定，他在国会没有宣战的情况下发动战争，这是**叛国罪**！他与英国**秘密结盟**，与为自由而斗争的共和国为敌，这是叛国罪！我谴责国会中的大多数人是鼓动总统的邪恶势力的心甘情愿的傀儡！

这段话说完，想象中的观众站起身来，欢呼、鼓掌。

哈维最迫切的担忧之一是，扩张主义会导致常备军数量增加，军队规模可达 10 万人。如同开国元勋们一样，哈维也相信民兵，相信州军队。一支由国家控制的常备军很可能成为"君主制"的工具，而且肯定会导致一支雇佣兵的出现，这对美国政府来说很危险，且可能加剧对外征服的欲望。与雇佣兵不同，民兵不会参与征服战争。"我们的民兵不参加不正义的战争！"对于邪恶势力即将开始的斗争来说，要求建立一支常备军只是顺带提出的。"君主制准备扼住共和国的咽喉！"少数特权者试图实现对人民的征服，在此过程中，要求建立一支常备军只是开始。"如果他们在 1900 年的总统选举中获胜，再过四年，他们将会公开表达对君主制的渴望！……我们要抗争的邪恶势力是有组织的，它决心要奴役美国！"哈维很确定他们实现此目的要借助的工具是什么：由于未能控制民主党，他们已经在共和党中站稳脚跟。马克·汉纳，作为这群人的代表，他"在白宫里有一张床……是按照英国女王卧榻的样式设计的"。[45] 哈维认为，当务之急是保持民主党不受邪恶势力渗透，加强组织，为取得胜利团结起来。

11

　　甚至在布莱恩 1900 年第二次竞选失败之前，哈维就已经清楚地认识到毫无胜算。3 月，自信的共和党人轻松地通过了《金本位法》，虽然此举主要是对已经确立的事实所做的正式声明，但似乎是给白银问题真正画上了句号。两个月后，哈维开始准备从芝加哥撤出。1900年5月，他出现在阿肯色州奥扎克山区的罗杰斯镇，他曾为了"自由白银"运动在1894年和1896年到访过那里。这一次，哈维相当突然地在一个当时被称为"银泉"（Silver Springs）的环境宜人、水源充足的地方买了一块325英亩的土地。秋天，他带着家人回来，并宣布了在罗杰斯镇郊外开设一个奥扎克度假村的计划。不久，他将这块土地重新命名为"蒙特尼"（Monte Ne，他以为在西班牙语中是"水之山"的意思）。哈维与他从芝加哥带来的、此前为他工作的两名秘书一起，成立了蒙特尼投资公司。第二年春天，蒙特尼酒店开业了。不久之后，酒店就响起了哈维引进的老式小提琴手演奏的曲调。哈维希望老式乡村娱乐的复兴能使度假村充满活力。抵达度假区的游客由威尼斯贡多拉船夫摆渡过湖。

其他经营活动也随之而来。1902年，一条通往洛厄尔的四英里长的铁路支线建成，这条铁路可以把游客带到这个与世隔绝的度假区。威廉·詹宁斯·布莱恩在铁路开通时前来发表演讲。来自乔普林、史密斯堡和斯普林菲尔德的度假者乘坐弗里斯科铁路抵达度假区。哈维的公司为这些游客规划了游览活动。哈维与当地的一些企业家一起组建了蒙特尼银行，总资本25000美元，他们建了一栋白色的盒式建筑作为办公场所；另外还建造了一个巨大的、向四处延伸的由若干小木屋组成的酒店；为将物资运入蒙特尼，又成立了一个贸易公司。

几年来，哈维似乎可以用从"自由白银"时代积攒下来的资本在观光度假业务中开启一项新事业。但个人和财务方面的厄运似乎一直困扰着他。他的家人在蒙特尼待了没多久,哈维的宅子就被烧毁了,他的图书馆、家用钢琴、银器以及从芝加哥带来的其他家庭用品都被毁了。1903年,他时年23岁、正在学法律的儿子哈利迪在一次铁路事故中丧生。哈维计划在1904年参加国会竞选,但遭到当地民众顽固的抵制,他很快放弃了竞选。随着时间的推移,弗里斯科铁路逐渐对运行无利可图的游览列车感到厌倦,而且将游客吸引到与世隔绝的蒙特尼变得越来越难。哈维自己的小铁路失败了,他的银行也在所有储户获得全额偿付后,于1914年倒闭。计划建设的酒店完成了一部分,几年来酒店的经营情况一般,但是,用当地一位记录者的话说:

> 酒店的地基开挖之后,哈维先生与工会劳工组织者发生了很多纠纷,他放弃了这个项目,把砖石留给后人去沉思其起源与意图。那次劳资纠纷使哈维先生的人生观变得相当糟糕,影响了他之后在蒙特尼的晚年生活……从这时起直到他去世,哈维先生的生活充满了财务困难,以及围绕着财产控制权的法律纠葛,他的野心也发生了数次改变。[46]

受到蒙特尼与世隔绝带来的障碍的刺激,哈维完成了生命中最后一次成功之举,他组织了欧扎克公路协会(Ozark Trails Association),旨在标示、宣传一个总长达

1500 英里的汽车公路网络，这些公路连接阿肯色州、密苏里州、堪萨斯州和俄克拉荷马州的四个城镇和 500 万人口。在他所在的地区，哈维看到铁路作为人们的交通方式处于衰败之中，到 1910 年，他第一次产生成立欧扎克公路协会的念头时，任何有远见的人都可以看出，汽车是美国未来的旅行方式。"我对欧扎克公路的个人兴趣，"哈维写道，"是它们都通向蒙特尼，在那里，我们有一个令人愉快的度假胜地。"1913 年，哈维在蒙特尼举行的一次会议上组建了欧扎克公路协会。此后多年，他将自己的精力投入"造好路运动"（good-roads movement）中，但并不期望立即从中获得收益。为了将他所谓的"一个巨大的现代公路网络带入阿肯色州"，哈维花费了大量的时间来绘制以及实际标记公路，同时还努力争取邻近城市商人们的支持。15 年来，哈维毫不吝啬地付出了大量时间，除了在旅行、标记公路和宣传活动的花销，他别无所获。哈维剩下的酒店业务显然因他的精力分散而受到影响，但那种对某项蓬勃发展的事业的认同，似乎再次调动起了他身上一贯澎湃激昂的宣传热情。"他在积极投入工作时，"哈维在"造好路运动"中的一位合作者写道，"似乎不会出现身体不适或疲惫的情况。他有着不屈不挠的意志，还有一种十字军式征战的精神以及极好的体力。逢着一场重要的活动，他的眼睛便会像神秘主义者那样燃烧起一股强烈的热情。"[47]这项工作到 1920 年已基本完成，哈维又可以自由地将精力投入思想宣传工作中。

哈维的十字军式征战精神并没有脱离社会问题。他从未放弃过世人可能会听从自己意见的希望，也从未放弃过《硬币小子的金融学校》的成功可能会以某种方式重现的期待。1915 年，他又出版了一本名为《补救》(*The Remedy*) 的书，书名表明他仍然抱有希望。《补救》阐述了哈维的教育理念，他认为通过学校的品格培养体系，可以让与邪恶斗争的正义力量变得强大。书中包含了一份学校品德教育手册。1920 年，哈维在《常识，或政治体大脑之血块》中重新表达了对自私和高利贷的批判，回顾了美国货币和银行的历史，还对联邦储备系统下的银行利润批判了一番。他认为，联邦储备系统"使英格兰银行黯然失色，让放债人获得了比杰克逊将军当年摧毁的美国第二银行更大的优势。放债人对银行系统的组织如今可以说是得到了完善"。哈维不分青红皂白地反对银行，实际上他反对的是旨在缓解各种弊病的信贷工具的创制，而最初正是那些弊病让他开始了十字军式的征战。这本书中的偏执狂和世界末日论调子比以前更加强烈。不仅仅是基督教对高利贷的禁止，哈维还越来越多地关注早期反对高利贷的人所遭遇的可怕的、时而神秘的命运。他多次将美国的情况与罗马帝国迫害基督徒时的情况进行比较：

> 纽约、芝加哥和其他大规模放贷城市的放高利贷者、金钱势力对改革者的教导做了虚假和歪曲的宣传——就像他们在罗马所做的那样——直到公众的思想被毒害，被偏见遮蔽，公平的审判变得不再可能。他们压制言论自由、新闻自由、和平集会，他们监禁

和流放改革者，没有人知道真理是什么！

他对罗马帝国实施的暴力和酷刑越来越痴迷，警告说这些暴力行径很可能会重演。（"在这第二次危机中，殉道的基督徒用鲜血向世界人民发出呼吁！"）他认为对早期基督徒的迫害是一个政治事件，主要是针对他们为抗议高利贷做出的反应，哈维引用塔西佗的话来警示这样的抗议可能会面临怎样的命运："有些人被钉在十字架上；有些人被缝在野兽的皮里，遭受凶狠的群狗攻击；还有些人被涂上可燃物，被当作火把，照亮黑暗的夜晚。"[48] 想到这位在欧扎克村度过自己最后岁月的老人不得不被这样的噩梦折磨，实在令人难过。

1924 年，在战后经济萧条和新一轮美国农业崩溃的刺激下，哈维通过他的穆图斯出版公司推出了一本名为《保罗的政治家学校》（*Paul's School of States-manship*）的小书。在书中，另一个了不起的男孩（有些地方仿照硬币小子所设计）在蒙特尼开设了一所学校——就像硬币小子在芝加哥办学校那样。哈维称该书"披露了世界历史上与文明和人类有关的最重要的发现"，但并没有得到与其重要性相称的接受程度。从好的方面来说，保罗的学校是一所培育性格的学校。他承诺在一个以黄金为基础（真没想到）的新社会中，建立一个不征税、不发行债券的政府，但其真正的成功来源是自由发行纸币。哈维再次强调，对货币功能的正确理解是文明的关键，但尽管他承诺在解决货币问题的基础上建立一个新的文明，他在这本书里比以往任何时候都更相信，拒绝接受他的观点会导致文明的彻底崩溃。六年之后，他又出版了一本题为《书》(The Book)的作品，该书的标题透着一位大预言家的自信。在这本书中，哈维重申了自己的许多观点，重新使用了他的许多语录，重温了历史上基督教对高利贷的反对，警告人们反对独裁，重印了《双国记》的一部分，重述了"1873年罪行"，呼吁建立一个新的政党。

现在，哈维对社会改革的可能性越来越没有信心。让我们再次引用当地记录者对他命运的描述："随着他年事渐高，对现有法律和现状的谴责越发激烈，他放弃了在蒙特尼早先一起做（商业）实验的那些富人朋友，转而争取穷人的一分半厘。"60多岁的哈维又回到了他刚到芝加哥时的那种充满鼓动性的精神状态之中，但此时他已经没有了早年的乐观情绪。一个没有能力解决货币问题的文明几乎肯定会以灾难告终。一个早在1920年就宣布的新设想开始在他的大脑中成形，随着时间的推移，他对该设想的执念不断加深：他将在蒙特尼，在自己的度假区所在地，建造一座伟大的金字塔，在里面留下他自己的书，以及各种代表20世纪文明的文物，他确信这个文明将走向毁灭。如此一来，"从灰烬中崛起"的未来文明就能偶然发现由"硬币"哈维保存的遗迹。随着时间的推移，他对金字塔的痴迷越来越深。这座金字塔的底部应当是40平方英尺，高度为130英尺，在它的顶部，也就是从岁月的尘埃里突出来的地方，会有一块牌子，上面写着："当你读到这句话时，请到下面去寻找导致前文明毁灭的原因。"未来的人们会在下面发现《保罗的政治家学校》《书》和《圣经》，这些书经过了化学处理，可以长期保存，此外还有各种关于20世纪文明的技术和科学成就的书籍。另外，哈维还想到了一个周到的预防措施：留下破解英语的方法。这样一来，如果是不懂英语的人发现了这里，他们便可以更好地破译金字塔内的作品。

为了筹集资金来建造这样一座金字塔，哈维向他的读者筹款。他指出，这将是下一个千年至福，"这座金字塔与自我或者虚荣无关，没有任何人的名字会出现在金字塔外面"。金字塔的建造是按照哈维的要求开始的。为了给金字塔一个安全的地基，他挖空了自家附近的山丘，建造了他喜欢称之为金字塔"门厅"的地方——"一堆不对称的混凝土和石头组成的座位状的东西，"一位当地记者描述道，"但没有任何正常的条理"。在留存下来的照片中，这个"门厅"看起来就像一些奇怪的头脑混乱的小个子普韦布洛人[1]定居的村落。最后，建造金字塔的总成本估计为10万美元，这个项目也被放弃了，就像哈维的酒店、银行和铁路一样，但这次他遇到了意外的好运——"门厅"本身成了奇观，代替了古老遗迹，吸引成千上万的游客前来，支付入场费，瞻仰哈维未能实现的梦想的碎片。他们被邀请参加关于金融改革的讲座，并有机会购买哈维的新

---

[1] 普韦布洛人（Pueblo），是一个传统居住地位于美国西南部的美洲原住民社群，主要生活在亚利桑那州及新墨西哥州等的沙漠地区，但并非游牧民族，而是居住在当地一种用泥砖建成的建筑物内，并且靠农耕维生。

旧著作，所有这些书都被方便地展示出来。

到了 1920 年代中期，哈维已经放弃了所有商业活动，完全沉浸在他的救世主梦想之中。在后来的写作中，他说到他试图组织一个新的全国性政党，先是取名"自由党"，后又改为"繁荣党"。也许他向雅各布·考克西"将军"征求了意见。考克西有时会来拜访哈维，二人一起讨论过往的时代，哀叹世界的现状。1930 年代的大萧条让哈维最后一次获得了公众关注。1932 年，他参加了总统竞选，在没有组织竞选活动的情况下获得了 800 张选票。三年后，他再次参选，谴责罗斯福的白银购买政策，认为其谨慎已经到了荒谬的程度，是对白银的"嘲弄"。1936 年 2 月，在货币本位制之战 40 年后，哈维去世，享年 84 岁。直到最后他都感到自豪，认为自己很重要，正是这样的心理才让他不顾一切地要求获得全世界的关注。在他晚年拍摄的一张照片中，哈维留着细长而庄重的白胡子，眉头微微皱起，神情有些忧虑和不安，看起来很像一位小镇商人或银行家。虽然他只有中等身材，但如他一位熟人所说，"他站着和走路的时候腰板挺得很直，让人觉得他比实际身高要高"。仿佛仅凭意志力，他便可以让自己的身量高出一头。

注 释

第一部 美国右翼研究

美国政治中的偏执狂风格

1 当然，也存在例外情况，尤其是在最离谱的右翼煽动者当中——特别见 Leo Lowenthal 和 Norbert Gunterman: *Prophets of Deceit: A Study of the Techniques of the American Agitator* (New York, 1949)，第 9 章——但这些例外情况的重要性存在争议。N. McConaghy 的文章针对各类思想风格和精神病的不同表现方式之间的关系提出了一些有趣见解，见 N. McConaghy: "Modes of Abstract Thinking and Psychosis", *American Journal of Psychiatry*, CXVII (August 1960), pp.106–110。

2 米尔顿·罗克奇（Milton Rokeach）在 *The Open and Closed Mind* (New York, 1960) 中，试图对观念的内容和支持这些观念的方式做出系统的区分。然而，重要的是要记住，虽然任何信仰体系都可以用偏执狂的方式来表达拥护，但有一些信仰体系似乎几乎完全是用偏执狂的方式来表达拥护的。

3 *Interstate Shipment of Firearms*, Hearings before the Committee on Commerce, U. S. Senate, 85th Cong., 1st and 2nd sess. (1964), p.241; cf. pp.24–54, passim (January 30, 1964).

4 见 Franz Neumann 的文章 "Anxiety and Politics", 载于 *The Democratic and the Authoritarian State* (Glencoe, III., 1957), pp.270–300. 关于在迥然不同的环境中对欧洲的偏执狂风格所做的两项研究，见 Fritz Stern: *The Politics of Cultural Despair* (Berkeley, 1961) 以及 Stanley Hoffmann: *Le Mouvement Poujade* (Paris, 1956)。

5 肯尼迪遇刺事件的阴谋论解释在欧洲比在美国更为流行，但据我所知，没有哪个欧洲人能比得上伊利诺伊大学的里维罗·奥利弗（Revilo P. Oliver）教授的聪明才智，他认为虽然肯尼迪为共产党的阴谋效力颇多，但他的行动落后于"在 1963 年事实上占领美国"的时间表，并"迅速成为政治上的包袱"。因此，他不得不被枪杀。见 *The New York Times*, February 11, 1964。

6 *Congressional Record*, 82nd Cong., 1st sess. (June 14, 1951), p.6602；类似的段落，见麦卡锡的书 *McCarthyism: The Fight for America* (New York, 1952), p.2。

7 这篇宣言转载于 Frank McVey: "The Populism Movement", *Economic Studies*, I (August 1896), pp.201-202；1892 年的平民党纲领宣称："一个反对人类的巨大阴谋已经在两个大陆组织起来，它正在迅速占领世界。如果不立即迎击并瓦解这个巨大阴谋，它将预示着可怕的社会动荡，文明的毁灭，或建起一个绝对专制统治。"

8 引自 Sister Paul of the Cross McGrath: *Political Nativism in Texas, 1825-1860* (Washington, 1930), pp.114-115, 出自 *Texas State Times*, September 15, 1855。

9 Jedidiah Morse: *A Sermon Preached at Charlestown, November 29, 1798 ...* (Worcester, Mass., 1799), pp.20-21.

10 Robison: *Proofs of a Conspiracy* (New York, 1798), pp.14, 376, 311. 关于美国对光明会的反应的详细研究，见 Vernon Stauffer: *New England and the Bavarian Illuminati* (New York, 1918)。

11 *Mémories pour servir à l'histore du Jacobinisme* (Hamburg, 1803), I, pp.ix-x. 在《民主革命的时代》(*The Age of the Democratic Revolution: The Struggle*) 中，Robert R. Palmer 把罗比森和巴鲁尔等人的著作放在对法国大革命的普遍反应的背景下，并对他们的幻想背后的最重要的现实因素做了公正的评价。见 51-54、141-145、163-164、249-255、343-346、429-430、451-456、540-543 页；参见 J. Droz: *L'Allemagne et la Révolution française* (Paris, 1949)。关于阴谋思想在美国革命背景中的作用，见 Bernard Bailyn 在 *Pamphlets of the American Revolution* (Cambridge, Mass., 1965), I, pp.60-89 中的意见。

12 New Haven, 1798, pp.20-21.

13 Abiel Abbot: *A Memorial of Divine Benefits* (Haverhill, Mass., 1798), p.18.

14 19 世纪的这些反对运动所反对的人，在地位上存在很大差别。共济会在很大程度上属于上层人士的事务，天主教徒主要是贫穷的移民，摩门教徒从本地农村中产阶级中汲取力量。具有讽刺意味的是，这些反对运动的受害者之间本身也有类似的敌对情绪。共济会有强烈的反天主教情绪。摩门教反天主教，在某种程度上也是反共济会的。然而，他们的诋毁者却毫不犹豫地把两者都视为仇敌。例如，有时会有这样一些说法：耶稣会渗透进了共济会，天主教的威胁经常与摩门教的威胁相提并论。所有这些运动都能引起那些痴迷于秘密的头脑的兴趣，他们关注在世界范围围绕终极价值进行的斗争，只能接受要么彻底取胜、要么彻底失败的结果。超越教派界限的仇恨，打破了存在于认知层面的精细的区分。

15　1829 年 9 月，亨利·达纳·沃德在他的《反共济会评论》中指控说："阴谋的私人信件使用的是皇家拱门的密文，这就证明了阴谋参与者是共济会高级成员。这也是他们逃脱法律报复的原因：他们的罪证主要存在于共济会的神秘人物手中以及皇家拱门内部，因此，共济会渎神的誓言，皇家拱门级别的成员如果违反义务将会遭受的不敬神的惩罚，阻止了法庭的搜查。" Leland M. Griffin: *The Anti-Masonic Persuasion, unpublished doctoral dissertation*, Cornell University (1950), pp.627-628.

16　*Light on Masonry* (Utica, 1829), pp.iii, x. *The Address of the United States Anti-Masonic Convention* (Philadelphia, 1830) 宣称（17 页）："我们所控诉的，是人类可能犯下的最严重罪行，之所以称其为最严重，乃是因为这些罪行背后有着极大恶意以及毁灭性的目的。它们预示着极其紧迫的危险即将到来，因为这些罪行来自一个阴谋，比起人类历史上记录的任何其他阴谋，该阴谋的参与者人数更多，组织更严密，而且即使在被揭露之后，仍保有其骇人的力量。"

17　Griffin: 同上，pp.27-28。

18　*Proceedings of the United States of Anti-Masonic Convention...* (Philadelphia, 1830), pp.57, 58.

19　Morse: *Foreign Conspiracy against the Liberties of the United States* (New York, 1835), pp.14, 21.

20　转引自 Ray Allen Billington: *The Protestant Crusade* (New York, 1938), p.120。

21　Morse: 同上，pp.95-96。

22　Lyman Beecher: *Plea for the West* (Cincinnati, 1835), pp.47, 62-63.

23　Maria Monk: *Awful Disclosures* (New York, 1836; facsimile ed., Hamden, Conn., 1962); 见 R. A. Billington 为《骇人听闻的天主教秘闻》1962 年版

所写的前言以及他在 *The Protestant Crusade* 中的叙述，pp.99-108。

24 John Higham: *Strangers in the Land* (New Brunswick, N.J., 1955),
    pp.81，85，180. John Higham 在研究反天主教运动后来阶段的一位领导
    人 Henry F. Bowers 时，发现"他一直保持兴奋状态，惯于做出毫不让
    步的绝对化判断"，他生活在"一个可疑、想象中的危险世界中。在这
    个世界中，敌对势力的存在，可以解释日常经验中的琐碎事件，一种宏
    大使命感支撑着他，进行反对该敌对势力的斗争。在任何地方，他都能
    看到拥有巨大权力的外国教会在本国实施阴谋的证据"。"The Mind of a
    Nativist: Henry F. Bowers and A.P.A.", *American Quarterly*, IV (Spring
    1953), 21.

25 "The Dispossessed"，收入 Daniel Bell 编辑：*The Radical Right* (New
    York, 1963), pp.1-38。

26 爱德华·希尔斯用非常简洁且出色的笔法，将以阴谋论来解释权力之概
    念对人们具有怎样的吸引力，置放回了它的历史背景中：*The Torment of
    Secrecy* (Glencoe, Ill., 1956)，尤其见该书第 1 章。

27 《所得税：万恶之源》于 1954 年在纽约出版，特别见该书第 5 章。有
    关这个阴谋之历史很好的简要总结，见 Chesly Manly: *The Twenty-Year
    Revolution: From Roosevelt to Eisenhower* (Chicago, 1954)，该书记述了"革
    命"的所有方面，联合国被认为是（179 页）"为了控制美国的外交和国
    内政策，颠覆宪法，建立一个极权主义社会这个巨大阴谋的主要工具"。
    最近的一本被广泛阅读的作品是菲利斯·施拉夫利的《是选择，不是回声》
    (*A Choice Not an Echo*)，该书在戈德华特运动中尤其受欢迎。该书描述
    了纽约的一小群"秘密的造王者"的所作所为，这些人被认为从 1936 年
    到 1960 年控制了共和党的事务。该书作者认为，许多议题对共和党有利
    （23、25-26 页），"只要我们有一位围绕这些议题开展竞选的总统候选人，
    共和党就不可能输"。然而，他们已经输掉了四次总统竞选，"因为一小
    群秘密的造王者，利用隐匿的说客和心理战技术，操纵共和党全国代表
    大会，提名那些会回避或压制那些关键议题的候选人"。约翰·A. 斯托
    默的《没人敢称之为叛国》(*None Dare Call It Treason*, Florissant, Mo.,
    1964) 是一本更充实的当代阴谋论观点手册，记录了美国生活许多领域
    受到的影响。作者问道 (226 页)：是否存在一个摧毁美国的阴谋计划，并
    且外国势力提供支持、有计划的通货膨胀、歪曲条约制定权和裁军都属
    于该阴谋的一部分？"他巧妙地回答说，这一切是有计划的，还是仅仅
    是"被误导的理想主义者的作为，两者并无区别。这一个个事件的存在

是事实。无论是否由共产党人或其他一些秘密革命团体所策划，它们都符合这个模式……制造这一个个'部件'的人数不多，但这些人在政府、社会各界、新闻界、工会、学校等领域都有巨大的控制力"。

28 Joseph R. McCarthy: *America's Retreat from Victory* (New York, 1951), pp.54, 66, 130, 141, 156, 168, 169, 171.

29 《政客》(*The Politician*)，222、223、229 页。韦尔奇的引文略有不同，因为他对艾森豪威尔的难以置信的抨击在本书后来的版本中有所修改——例如，艾森豪威尔后来被描述为（291 页）要么是一个自愿的代理人，要么是一个决心不惜一切代价统治世界的匪徒阴谋的一个不可或缺的重要组成部分。在一篇收入丹尼尔·贝尔编辑的《激进右翼》、题为《约翰·伯奇协会》("The John Birch Society") 的文章中，作者 Alan Westin 根据不同版本的文本，对韦尔奇的观点作了精辟的总结，见 *The Radical Right* (New York, 1963), pp.204–206。

30 *The New York Times*, July 21, 1963, VI, p.6.

31 *May God Forgive Us* (Chicago, 1952), p.73. 基督教反共产主义十字军运动（the Christian Anti-Communism Crusade）的负责人弗雷德·C. 施瓦茨博士（Dr. Fred C. Schwarz）更加谨慎。在他的讲座中，他认为，如果没有人阻止他们的话，共产主义者将在 1973 年控制世界。当代大多数偏执狂风格发言人都会谈到"共产主义时间表"，他们似乎非常了解时间表上的重要日期。

美国最引人注目的可能是威廉·米勒发起的再临宗，米勒在 1830 年代的纽约很活跃。米勒是浸礼会传教士的后代，专注于千年至福预言，并做了计算。根据他的计算，基督先是在 1843 年到来，然后在 1844 年 10 月 22 日再临，领导一个基督复临派，拥有大量信徒。到了 1844 年 10 月 22 日这一天，米勒派教徒聚集在一起祈祷，许多人放弃了他们的世俗职业，有些人变卖了财产。10 月 22 日之后，米勒运动逐渐减弱，但其他对日期的预测更加谨慎的基督复临派却继续保持活跃。

米勒的写作一个显著特点是他论证中的严格的逻辑性和系统性，另外，他激烈反对共济会、天主教和其他邪门外道。克罗斯（A. Whitney Cross）说，米勒的副手和追随者们"认为这个世界无法被拯救，立法机构腐败，不忠、偶像崇拜、天主教、宗派主义、诱惑、欺诈、谋杀和决斗愈演愈烈"。克罗斯认为，米勒派并不像有些人认为的那样与美国新教的主流相差甚远，"不能把米勒派斥为无知的农民、主张自由放任的拓荒者、经济变革的贫困受害者，或者认为他们被一个因为怪异的巧合暴得大名的狂人催眠，因为整个美国新教在某些信念上与米勒派非常接近。米勒派的教义是基要主义正统逻辑上的绝对，正如完全成圣论是复兴主义的极端……所有的新教徒都期待 1843 年发生某个大事件，而正统派的批评家都没有在基本原则上对米勒的预测提出任何真正的异议"。见 *The Burned-Over Distric* (Ithaca, N.Y., 1950), pp.320–321。该书第 17 章很好地叙述了米勒主义运动。

　　L. Festinger, H. W. Riecken 和 S. Schachter 合著的 *When Prophecy Fails* (Minneapolis, 1956) 讲述了当代一个有趣的预言崇拜的故事，面对证明预言为假的压倒性证据，忠实信徒拒绝接受，几位作者对此现象做了一些冷静思考。

32　"两个体系是完全对立的：一个必须且将会消灭另一个。"Edward Beecher: *The Papal Conspiracies Exposed and Protestantism Defended* (Boston, 1855), p.29.

33　如今在更有名望的人群里成为一种时髦趋势。因在参议员戈德华特竞选中取得成功而闻名的斯蒂芬·沙德芬（Stephen Shadegg）写道："毛……写了一本关于渗透战术的宝贵的书。他在书中说：'一个村子，只要给我两三个人，我就能占领它。'在 1952 年和 1958 年戈德华特的竞选活动中，以及他担任顾问的其他所有竞选活动中，我都采纳了他的建议。"见 *How to Win an Election* (New York, 1964)，106 页。在写到冷战战略时，戈德华特宣称："我建议我们分析、模仿敌人的战略；他们的战略成功了，而我们的战略却没有。"见 *Why Not Victory?* (New York, 1962), p.24。

34　David Brion Davis: "Some Themes of Counter-Subversion:An Analysis of Anti-Masonic, Anti-Catholic, and Anti-Mormon Literature", *Mississippi Valley Historical Review*, XLVII (September 1960), p.223.

35　同上，p.221。

36　*The Blue Book of the John Birch Society* (n.p., 1961), pp.42–43.

37　*The Pursuit of the Millennium* (London, 1957), pp.309–310; pp.58–74. 在中世纪，千年至福说在穷人、受压迫者和无望者中盛行。如 Samuel Shepperson 所观察到的，在英美经验里，此类运动从来不是只限于这些阶级，而是有一个更坚实的中产阶级基础。"The Comparative Study of Millenarian Movements," 见 Sylvia Thrupp 编辑：*Millennial Dreams in Action* (The Hague, 1962), pp.49–52。

38　L. B. Naimer: "History", in Fritz Stern (ed.) *The Varieties of History* (New York, 1956), p.375.

伪保守主义的反抗运动——1954

1　Theodore W. Adorno et al.: *The Authoritarian Personality* (New York, 1950), pp.675–676. 虽然我在很大程度上借鉴了这项富有启发性的研究，但我对其方法和结论有一些保留。关于该研究的评论性综述，见 Richard Christie and Marie Jahoda (eds.) : *Studies in the Scope and Method of "The Authoritarian Personality"* (Glencoe, Ill., 1954)，特别是 Edward Shils 的精辟评论。

2　关于奥马哈自由大会，见 Leonard Boasberg: "Radical Reactionaries", *The Progressive*, December 1953。

3　见 D. W. Brogan 的评论，"The Illusion of American Omnipotence", *Harper's Magazine*, December 1952，pp.21–28。

4　Richard Rovere: "Letter from Washington", *The New Yorker*, June 19, 1954, pp.67–72.

5　Elmer Davis: *But We Were Born Free* (New York, 1954), pp.35–36; 参见 pp.21–22，以及全书各处。

6　在这方面，可比照托克维尔的观点："不可否认的是，民主制度强烈地刺激了人们的嫉妒心；这与其说是因为民主制度给每个人提供了使自己与他人拉平的手段，不如说是因为人们总是觉得不能得心应手地使用这些手段。民主制度唤醒和怂恿了永远无法完全满足的平等的激情。这种完全的平等，总是在人们认为得到它的瞬间，便从他们的手中溜走了。" Alexis de Tocqueville: *Democracy in America*, ed. By Philips Bradley (New York, 1945), I, p.201.

7　参照 Samuel Lubell 对孤立主义的描述，他认为孤立主义是一种报复性的记忆。参见 Leo Lowenthal 和 Norbert Guterman 对右翼煽动者的评论，*The Future of American Politics* (New York, 1952)，第 7 章。"煽动者似乎避开了自由主义和民主运动所关注的物质需求领域；他主要关注的是传统政治中通常被忽视的人们的遭遇挫折的领域。专注于物质需求的方案似乎忽略了道德不确定性和情感挫折，而它们正是一个社会出现问题时人们的直接表现。因此可以推测，煽动者的追随者之所以认为煽动言论很有吸引力，不是因为他偶尔承诺'维持美国的生活水平'或让每个人都有工作，而是因为他宣称自己将给予他们在当代社会和经济结构中被剥夺的情感满足。他给人们的是态度，而非面包。" *Prophets of Deceit* (New York, 1949), pp.91–92.

8   每个族群都有自己独特的地位历史，我很清楚，我在本文的表达忽略了
    许多重要差异。如德国人和爱尔兰人这些更早移民美国的群体，其地位
    历史与意大利人、波兰人和捷克人这样的族群完全不同——后者近期才
    开始寻求进入专业和白领阶层，或者至少争取达到这些阶层享受的中产
    阶级住房和消费标准。爱尔兰人的情况具有特殊意义：他们在市政领域
    长期占据突出地位，但一定程度上被排斥在许多其他领域之外，这让他
    们的地位非常不明确；他们在许多方面的地位有提升，而在其他方面，
    特别是在市政权力上面最近受到其他群体——特别是意大利人——的挑
    战，他们的地位下降了，丢失了一些权力。1928 年选举中的宗教偏见和
    势利眼，给他们造成了很深的、一直没有完全从中恢复过来的伤害，因
    为那象征着信奉新教的多数群体以与德行无关的理由拒斥了他们卓越的
    领导能力。"阿尔"·史密斯和富兰克林·罗斯福关系的破裂，再加上吉
    姆·法利（Jim Farley）未能成为罗斯福的继任者，让这种感受延续了下来。
    对德裔的研究可能会将重点放在希特勒时代和第二次世界大战期间（甚
    至可以延伸到第一次世界大战时期），围绕国族忠诚的不安产生的影响。

9   当前形势的一个值得注意的特点是，基要主义新教徒和基要主义天主教
    徒将他们的旧仇放到一旁（这在我国历史上是首次），联合起来反对他
    们通常所说的"无神论"分子。

10 Margaret Mead: *And Keep Your Powder Dry* (New York, 1942), Ch. 3.

11 1965 年补遗：现在来看，接下来这段话的大部分内容都是无端猜测，我
    认为，强调移民家庭而非"老美国家庭"的威权主义的做法是有问题的。
    但是，我现在还是认为，伪保守主义心态的特点是与威权之间失常的关
    系，这是一个核心要点。

12 见 Else Frenkel-Brunswik 的文章 "Parents and Childhood as Seen Through
    the Interviews", *The Authoritarian Personality* (New York, 1950) 第 10 章，作
    者在谈到那些相对没有民族偏见的受试者时说（387–388 页）："在他
    们的家庭中，父母较少要求孩子服从自己。父母的地位焦虑程度不高，
    因此没有那么强的遵守社会规范的焦虑，对社会上不接受的行为表现
    得更容忍一些……对地位的关注相对弱，人们的情感生活往往就会更
    丰富、更开放。总的来说，在没有偏见的被测试家庭中，感情更为充沛，
    更少附加条件，人们更少屈服于传统规则。"

13 参见 Joseph Greenblum 和 Leonard I. Pearlin: "Vertical Mobility and
    Prejudice", 收入 Reinhard Bendix 和 Seymour M. Lipset 编辑的 *Class,
    Status and Power* (Gmencoe, Ill., 1953), pp.480–491; Bruno Bettelheim 和

Morris Janwitz: "Ethnic Tolerance: A Function of Personal and Social Control", *American Journal of Sociology*, IV (1949), pp.137–145。

14 阿多诺也提出了这种相似性（见 *The Authoritarian Personality*，152 页及之后），另外提出这种相似性的还有其他研究者（见阿多诺引用的研究，152 页）。

15 我提到这些人是为了说明，这种敌意延伸到了那些没有犯错的人身上。当然，像阿尔杰·希斯这样的有罪之人就更适合了。希斯是伪保守派从新政一代中挑选的人质。他是上天赐予伪保守派的礼物。如果希斯不存在，伪保守派是不能编造这样一个人物出来的。

16 1965 年的补遗：本段表达的具体观点可能依然成立，但我想到，这段内容可能会被理解为美国的社会流动性一直在下降；证据表明，实际情况恰恰相反。

伪保守主义问题重谈——1965

1 Seymour M. Lipset 的文章 "Three Decades of the Radical Right" 证实了这一点，该文收入 Daniel Bell 编辑的 *The Radical Right* (New York, 1963), pp.336–338。在接下来的内容中，Lipset 对调查数据的分析给我提供了非常大的帮助。

2 还必须记住，作为一种现象，麦卡锡主义的影响力比它本身更广泛。1953 年和 1954 年，麦卡锡的影响力达到顶峰，在此期间的民意调查里，他从未获得少于 34% 的公众支持，而在 1954 年 1 月，这个数字一度上升到 50%。没有哪个头脑正常的观察家会想到，极右翼思想会得到三分之一美国公众的支持，更不用说二分之一的美国公众了。例如，在 1964年 7 月，当时右翼势力势头高昂，一个全国性的民意调查显示，只有 4%的公众会因为某位总统候选人得到约翰·伯奇协会的支持而选择投票给他，但有 47% 的人更倾向于投票反对他；其余的人则不受影响或没有对此发表意见。见 *The New York Times*, July 31, 1964。一般来说，大约有 5% 到 10% 的公众会对伯奇协会表示赞同（见 Daniel Bell 编辑的 *The Radical Right*，201–202 页，349–363 页），尽管经常有多达 15% 的公众赞同右翼立场。

3 应该说，伯奇协会成员的偏见更多是针对黑人、墨西哥人和东方人，针对犹太人的偏见要弱一些。伯奇派对天主教徒的偏见比反伯奇派要弱一些。（见 Seymour M. Lipset: "Three Decades of the Radical Right", *The Radical Right*, p.361。）虽然所有的民意调查都表明，伯奇派普遍得到过相对较高水平的正规教育，但这些民意调查并没有提供伯奇派人士所上的大学的相关信息，如果能知道他们所上的大学有多少是国际性大学和学院，又有多少是教派性教育机构，会是一件很有趣的事情。

4　　基要主义领导人因为自己的信仰和价值观被普遍否定感到痛苦，转而给政治反动力量提供支持，这在我国历史上不是首次出现。1920 年代，他们大力支持三 K 党，特别是在南方。1922 年至 1928 年期间，三 K 党雇用的 39 名反天主教讲师中，有 26 名是基要主义的新教牧师，其中 16 名是三 K 党。三 K 党人经常在这些牧师的家中受到款待，教堂也被用来举行三 K 党集会。新三 K 党的两位主要领导人都有基要主义背景——其发起人 William J. Simmons 上校曾是一位宗教营会的劝士，而其最成功的倡导者 Edward Y. Clarke 在放弃其在三 K 党的活动后，投身于基要主义运动。作为回报，三 K 党经常为反进化论法案的通过采取行动。关于某些教派的传教士与三 K 党活动之间的关系，见 Michael Williams: *The Shadow of the Pope* (New York, 1932)，317 页及之后内容。关于这种联系的限度以及新教徒对三 K 党的反对，见 Robert Moats Miller: "A Note on the Relation Between the Protestant Churches and the Revival of the Klan", *Journal of Southern History*, XXII (August 1956), pp.355–368。

5　　韦尔奇在北卡罗来纳州长大，从小就是虔诚的基要主义浸礼会教徒，他选择以佐治亚州梅肯市一位被共产党人杀害的年轻原教旨主义浸信会传教士的名字命名他的组织。韦尔奇的糖果制造生意很成功，他曾经在全国制造商协会中非常活跃，他身上体现了基要主义的激励和小企业的狭隘保守主义的结合，正是这种结合令极右派充满活力。施瓦茨是一位澳大利亚五旬节派传教士的儿子，他在澳大利亚作为非专业传教士有相当丰富的经验，之后应一些反现代主义传教士的邀请来到美国。他在美国的职业生涯始于一次福音派风格的巡回演说。在他为反共"学校"招募的"教员"中，传教士和前传教士占有突出地位。哈吉斯从福音派转向右翼政治，与 Gerald L. K. Smith、Gerald Winrod 和 J. Frank Norris 等前辈的方式基本相同。他是阿肯色州欧扎克圣经学院和基督会（Disciples of Christ）的产物，尽管他现在的牧师职位是独立的。另一位成功的西南地区领导人是 George Benson 博士，他曾是基督教会在中国的传教士，现在是阿肯色州塞尔西附属于教会的哈定学院（Harding College）的院长。该学院仍然反对达尔文，但它的主要名声是其作为右翼政治广播和电影的策源地，它凭借这一点吸引了商人的大量捐款。在东部，新泽西州科林斯伍德的圣经长老会（Bible Presbyterian Church）的 Carl McIntire 牧师通过他的广播节目获得了大量听众。McIntire 曾是文化修养很高的基要主义者 H. Gresham Machen 的弟子，在被长老会大会开除后自立门户，他一直极力反对基督教现代主义运动以及普世教会合一运动。最后是美国教会联盟（Church League of America），该组织成立于 1937 年，当时是为了反对自由主义新教，但现在是一个右翼组织，由一位叫 Edgar Bundy 的南方浸礼会的牧师管理。

6 Kenneth K. Bailey: *Southern White Protestantism in the Twentieth Century* (New York, 1964), p.152，该书第 3、4 章讲述了南方的基要主义背景。有关这种惊人的增长所带来的内部紧张关系的介绍，见 Samuel S. Hill, Jr,: "The Southern Baptists", *Christian Century*, LXXX (January, 1963), pp.39–42。

7 Raymond E. Wolfinger 等：“America's Radical Right: Politics and Ideology”，收入 David E. Apter 编辑：*Ideology and Discontent* (Glencoe, Ill., 1964)，pp.281–283。研究者没有声明这项研究的样本有代表性。基督教反共产主义十字军运动成员中的很大一部分对采访他们的学生有敌意，除此之外，还有其他困难。这些人拒绝接受采访，也拒绝回答邮寄的问卷。这件事表明，沃尔芬格小组的受访者是运动中不太极端的成员。这些受访者主要是专业人员和技术工人以及商业经理，收入超过 1 万美元以及已经毕业或上过大学的人，与这些人在总人口中所占比例不符。他们的平均年龄也比湾区一般人口要高一些。他们的情况与全国抽样调查中认可伯奇协会的人很相近。见 Seymour M. Lipset 的文章 "Three Decades of the Radical Right", *The Radical Right*, p.350。

8 Mark Chesler and Richard Schmuck: "Participant Observation in a Super-Patriot Discussion Group", *Journal of Social Issues*, XIX(April 1963), pp.18–30.

9 我曾在 *Anti-intellectualism in American Life* (New York, 1963) 中尝试说明反现代性的背景，特别是书中第 5 章。

10 Seymour M. Lipset: "Religion and Politics in the American Past and Present"，收入 Robert Lee 和 Martin Marty 编辑：*Religion and Social Conflict* (New York, 1964), pp.114–115。

11 H. H. Remmers and D. H. Radler: *The American Teenager* (Indianapolis, 1957).

12 具体例子见本书 118–127 页的内容。

13 这些群体实际的社会地位和他们的不满情绪强度之间的差异也令人印象深刻。正如丹尼尔·贝尔所观察到的，他们来自不同的群体，其中许多人过得很好。"从探究经济状况来确定哪些人是'被剥夺者'很有误导性，因为导致他们焦虑的并非只有经济利益。"见 Daniel Bell 编辑：*The Radical Right* (New York, 1963), p.19。

14 见 Immanuel Wallerstein: "McCarthyism and the Conservative", unpublished M.A. essay, Columbia University (1954), 46 页及之后内容。

15 *Congressional Record*, 81st Cong., 2nd. sess. (February 20, 1950), p.1954.

16 Robert Sokol: "Status Inconsistency", unpublished doctoral dissertation, Columbia University (1961)，特别是 87–95, 120–125, 175, 198–200 页。

17 我认为，对不同来源的现有信息的最佳评述仍然是 Seymour M. Lipset 的文章 "Three Decades of the Radical Right"，收入 Daniel Bell 编辑的 *The Radical Right* (New York, 1963)，尤其是 326–348 页。

最经常被引用、被认为有效反驳地位假设的研究，是 Martin Trow 1954 年在佛蒙特州本宁顿对麦卡锡主义意见的调查："Small Businessmen, Political Tolerance, and Support for McCarthy", *American Journal of Sociology*, LXIV (November 1958), pp.270–281. 为什么会这样去解释该研究是我所不能明白的。虽然在一个相当微不足道的问题上存在足够明确的分歧，但该研究非常强调麦卡锡主义中反保守、反体制的因素，认为它"正是针对保守派权威和机构——'大人物''自命不凡者''官僚们'"，认为对麦卡锡的支持是"在引导人们对社会、经济和政治秩序的某些不满情绪"，发现麦卡锡主义者"对一个不断冒犯他们最深层价值观的世界感到愤怒、困惑以及很深的怨恨"，描述他们的怨恨和愤慨"没有有效和制度化的表达渠道"，外加"对现代社会的占据支配地位的潮流以及各类机构的普遍恐惧"，因而被动员起来——在这方面，该研究的分析与它（被认为）驳斥的作者的分析没有明显的不同。特别见 *American Journal of Sociology*, LXIV (November 1958)，273、276、277 页。无论如何，没有理由相信本宁顿是一个研究麦卡锡主义的好地方或有代表性的地方，而且，正如 Lipset 所指出的，该研究的一些关键调查结果无法在全国数据中被重复验证。"Three Decades of the Radical Right", Daniel Bell 编辑的 *The Radical Right* (New York, 1963)，340–341 页。

对地位假设提出严重质疑且最有价值的两项有关极右翼的研究是 Nelson W. Polsby: "Towards an Explanation of McCarthyism",

Political Studies, VIII (1960), pp.250-271，以及 Raymond E. Wolfinger 等："America's Radical Right: Politics and Ideology"，收 入 David E. Apter 编辑：*Ideology and Discontent* (Glencoe, Ill., 1964)。但这个主题的一些困难在他们的正面结论中得到了体现。Nelson W. Polsby 做了详细介绍（258 页）："有相当多的证据支持该假设：麦卡锡在基层取得的成功主要是在共和党人当中。"Raymond E. Wolfinger 在对 1960 年代右翼基督教反共产主义十字军运动的研究中也表达了同样的观点，这项研究中发现的有关基督教反共产主义十字军运动成员最突出的事实是："他们的身份各异，但都不是民主党人。"他说，民主党人的稀缺，"是我们的样本中最引人注目的特征"（285、288 页）。这些结论——麦卡锡对共和党人的吸引力大于对民主党人的吸引力，以及 1960 年代的右翼分子绝大多数是共和党人——有一个很大的优势：它们在未来不会受到任何质疑或者被削弱。这些结论很可靠，这一点令人欣喜，但它们并没有提出引人注目的新主张，以帮助我们有更深的理解。最有价值的是去找出造成共和党内部分化的特质有哪些：为什么一些共和党人加入极右翼，而另外一些共和党人认为极右力量是对政治体的威胁；另外，支持麦卡锡的相当数量的民主党人的社会特征是什么。

18 *Symbolic Crusade* (Urbana, Ill., 1963), p.18. "当一个政治问题实际的、工具性结果从属于获得声望的重要性之时，它就成了一个地位政治的问题……争论的焦点不在于人们提出的措施对具体行动的影响，而在于政府的公共行动赋予哪些人的文化以正当性的问题（148 页）。

令人欣慰的是，古斯菲尔德小心翼翼地避免了还原主义的谬误：他认识到禁酒运动的倡导者对道德问题的深切关注，而没有试图将禁酒运动的发起原因简化为倡导者对其地位的强烈关注。他在书中展示，这些人的道德承诺如何影响了他们的地位，另外也提供了许多证据证明，他们最终对这个过程有了相当程度的认识（见第 5 章）。他的书中对地位的关注并非要取代禁酒运动的实质性目的，而是作为该运动的一个重要的附加方面来讨论。见 57-60 页。

19 然而，即使是民意调查员，也很难摆脱旧的思维模式。社会经济地位是基本类别，该认知是商业民意调查的基础，但选民的宗教归属的重要性没有被认识到。Paul Lazarsfeld 第一次告诉乔治·盖勒普，宗教归属与投票习惯有强大关系，并且会对选民的投票习惯产生独立于其他因素的影响，后者觉得难以置信；甚至到了 1959 年，Elmo Roper 还断言，宗教归属与投票之间没有关系。见已引用过的 Lipset: "Religion and

Politics in the American Past and Present", p.70。关于宗教作为美国政治的独立力量，以及倡导禁欲的新教对保守主义的关注，见 Benton Johnson: "Ascetic Protestantism and Political Preference", *Public Opinion Quarterly*, XXVI（Spring 1962），pp.35–46。

戈德华特与伪保守主义政治

1 *The Future of the Republican Party* (New York, 1964), p.127.

2 "上帝的法则和自然界的法则没有日期限制。保守主义者的政治立场所依据的原则是通过这样一个过程确立的：该过程与每十年、百年都在变化的社会、经济和政治状况无关。这些原则来自人的本性，来自上帝所揭示的关于祂的造物之真理。环境确实在变化。受到环境影响而形成的问题也是如此。但是决定问题解决方案的原则不会改变……人们面临的挑战不是寻找新的或不同的真理，而是如何将公认的真理应用于当代世界所面对的问题。"Barry Goldwater, *The Conscience of a Conservative* (New York, Macfadden ed., 1960), "Foreword", p.3.（可能有必要补充一点，考虑到戈德华特对他出版的许多书是由人代笔这件事特别直言不讳，我引用这些书的前提是：他在签字确认前仔细阅读过这些书，而且这些书确实代表了他在这些作品成书时期的观点。）他还说过："我们时代的基本问题与林肯或华盛顿的时代没有什么不同……只是把马换成了拖拉机，把手工工具换成了机器。"1960 年在犹他州青年商会大会上的讲话，引自 *The New Republic*, March 27, 1961, p.14。

3 *Time*, July 24, 1964, p.27.

4 *The Conscience of a Conservative*, p.43; Congressional Record, 87th Cong., 1st sess. (June 21, 1961), p.10971; 同前书, 88th Cong., 1st sess. (September 3, 1963), p.16222. 向参议院教育小组委员会、参议院劳工和公共福利委员会的陈述，1963 年 4 月 30 日（Hearings, I, 279）。

5 *Fortune*, May 1961, p.139; *Look*, April 21, 1964; cf. *The Conscience of a Conservative*, p.22.

6 *The Conscience of a Conservative*, p.37; cf. *The New York Times*, November, 24, 1963.

7 例如，戈德华特 1960 年对尼克松明显地遵守了这一准则，1964 年又一次短暂地遵守了这一准则：对那些不能完全认同他的共和党人的立场表示了一定程度的同情之理解。戈德华特的对手在牛宫体育馆传阅那封著名的斯克兰顿的信件时打破了这一局面，信中谴责戈德华特的观点和据称为戈德华特使用的策略。传阅该信件的行为远远超出了在党内出现争端时通常遵守的礼仪。

关于美国联盟政治要求人们在党代表大会上怎样表现，以及戈德华特势力对这些要求的拒斥，见我的文章："Goldwater and His Party", *Encounter*, XXIII (October 1964), pp.3-13。

8 关于局外人和局内人的政治心态差异的精辟陈述，见 Eric L. McKitrick 在 *Andrew Johnson and Reconstruction* (Chicago, 1960) 一书中对安德鲁·约翰逊和亚伯拉罕·林肯的对比，特别是第 4 章。

奇怪的是，约翰·肯尼迪参议员生涯的外在表现与戈德华特的参议员生涯一致。然而，他们在思考方式，更不用说智力水平上的差异之大，都超乎想象。因为在家庭训练、教育和社会地位——可能还有天性——方面的差异，肯尼迪成了一个局内人。

9 "除了一个例外，而且显然是个失误，他在竞选期间没有举行新闻发布会。他在各个城市停留期间，通常避开人群、贫民窟和贫民区，只在挤满激进保守派人士的大厅里出现，这些人不需要他来劝说。戈德华特参议员几乎没有努力去争取那些没有被说服的人。" Rober J. Donovan, *The Future of the Republican Party* (New York, 1964), p.55.

10 Robert D. Novak 说，这些 "不是听命于常规党内领导人的普普通通的党务工作者。他们是一种新型的代表，他们中的大多数人以前从未参加过全国党代表大会……他们去那里只有一个目的：为巴里·戈德华特投票。要吸引他们投票给另一个候选人，会像劝诱一个宗教狂热者一样困难"。*The Agony of the G.O.P. 1964* (New York, 1965), pp.345-346.

参见 Richard Rovere："他们是新型代表。戈德华特的代表们颇为自豪地说，他们中一半以上的人第一次参加党代表大会……从各个方面来说都很年轻。" "Letter from San Francisco", *The New Yorker*, July 25, 1964, p.80.

11 戈德华特 1964 年不遵守职业政治家准则，并不是因为未能理解该准则很容易掌握的一般原则，而是因为他不断倒向教条主义者。"我们是一个大党，"他在 1963 年 9 月 11 日的一次演讲中宣布，"我们有足够的空间容纳各种不同的意见。当意见相左时，不要去穷追猛打与我们有分歧的人。" Robert D. Novak, *The Agony of the G.O.P. 1964* (New York, 1965), p.232. 这个主张在旧金山共和党全国大会上消失不见了。

12 Rober J. Donovan, *The Future of the Republican Party* (New York, 1964), p.92.

13 戈德华特和他的追随者在竞选活动中针对代表们所使用的方式，不在于培养代表们的和解才能。正如诺瓦克所说，戈德华特弃用"党大会前的政治规则，该规则要求候选人安抚未表态者，而非仅仅取悦追随者……戈德华特不但不去安抚未表态的代表，转而摧毁之。这需要让他自己的忠实追随者处于高度兴奋状态……他是在征服共和党，而不是说服"。Robert D. Novak, *The Agony of the G.O.P. 1964* (New York, 1965), p.353.

14 Phyllis Schlafly: *A Choice Not an Echo* (Alton, Ill., 1964), p.5; John A. Stormer: *None Dare Call It Treason* (Florissant, Mo., 1964)，特别是 33-53、196-198、224-225 页。这些年轻作者代表了被戈德华特吸引的年轻一代激进保守派。斯托默是密苏里青年共和党人联合会的主席，菲利斯·施拉夫利是伊利诺伊州共和党妇女联合会的主席，也作为戈德华特的代表参加了在牛宫体育馆举行的全国共和党大会。

15 "我家乡的很多人都被（伯奇）协会所吸引，"戈德华特 1961 年说，"我对协会中的人们印象深刻。他们是我们在政治上需要的人。"在另一个场合，他称他们是"我们这个群体中最优秀的人"，而到后来，伯奇协会的会员显然可能是戈德华特竞选的严重负担时，他仍然为他们辩护，坚持认为，作为一个群体，伯奇派不应该被称为极端分子。"他们相信宪法，相信上帝，相信自由。"*Time*, April 7, 1961, p.19; *Time*, June 23, 1961, p.16; *The New York Times*, July 18, 1964.

16 参见 Richard Rovere 在旧金山的报道（80 页）。据他观察，大多数情况下，戈德华特的代表们年轻而富裕，"穿着得体，组织严密，谈吐文雅，像钉子一样坚硬。妥协和迁就的精神对他们来说是完全陌生的。他们来到旧金山，并不仅仅是为了提名自己支持的人，然后把他以前的对手团结在他身后；他们来到旧金山，是为了取得意识形态上的全面胜利，彻底摧毁批评自己的人们……他们希望在取得胜利的同时也去惩罚对手"。

17 旧金山之后，破镜难圆。斯克兰顿按照职业准则要求，为戈德华特做了许多强有力的竞选演讲，竞选接近尾声时，还在匹兹堡的一次大型集会上为戈德华特主持活动。他在开场发言中不经意地提到自己并不总是同意戈德华特的观点。戈德华特的忠诚支持者们对此报以一片嘘声回应，斯克兰顿见状敷衍了几句，匆忙收场。见 Robert D. Novak, *The Agony of the G.O.P. 1964*, p.5。

18 和通常情况一样，这个神话有一定的真实性：初选和旧金山共和党全国大会上，戈德华特与温和派的斗争让他在公众心目中的形象固化下来，而且这种形象从未被抹去。但在旧金山大会之后，说戈德华特是个失败者乃是因为温和派抛弃了他，这是不能成立的；实际情况是，因为他没有获选的可能，温和派考虑到自己的政治生命，才不得不抛弃他。赫希会议之后，他们中的大多数人都准备遵守职业准则（例如，斯克兰顿就非常好地做到了这点），但许多正竞选公职的人意识到，这样做对自己的竞选形势非常不利。并非只有温和派受到影响，加利福尼亚州的极端保守派参议员候选人 George Murphy 也意识到，与戈德华特保持距离对自己有利，该策略可能是他获选的因素之一。

19 *The New York Times*, November 5, 1964. 戈德华特举出的数字代表了目前尚未完成的计票情况。

20 戈德华特在其职业生涯的不同阶段寻找一个合适的公共形象，其言外之意为何，我曾在一篇文章中试图粗略地阐述："A Long View: Goldwater in History", *The New York Review of Books*, October 8, 1964, pp.17–19。

21 1961 年初，戈德华特做出姿态，表示要改变其教条主义的右翼立场，但他的这一重要表态遭到了右翼的抗议，于是便放弃了。从那以后，他的基本承诺从未改变。关于这段经历，见 Robert D. Novak, *The Agony of the G.O.P. 1964*，第 3 章。

22 本段及以下段落中引用的戈德华特的竞选演讲稿来自共和党全国委员会的油印新闻。我所选取的是 9 月 3 日（普雷斯科特）、10 月 7 日（纽瓦克）、9 日（ABC 电视网）、10 日（盐湖城）、13 日（托皮卡和密尔沃基）、15 日（休斯顿）和 16 日（苏福尔斯）的演讲。凡是出现三个省略点的地方，不代表文本的遗漏，而是原文本的标点符号。四个点则代表我所做的删减。（鉴于此举对中国读者意义不大，中文版未作区分。）

23 *Why Not Victory?* (New York, Macfadden ed., 1963), pp.16, 19, 22; *The Conscience of a Conservative*, pp.90, 94.

24 *Why Not Victory?*, pp.90–91. 有意义的是，戈德华特带着某种正义感，谴责约翰逊在 1964 年民主党大会上的接受提名演讲是"孤立主义"的，因为戈德华特认为约翰逊的演讲中没有处理外交政策相关问题。将他的观点与罗伯特·A. 塔夫脱的观点进行比较也是很有启发的，后者受旧的孤立主义的影响很大。塔夫脱虽然不缺乏民族主义热情，但他总是更关切战争会带来的结果，那就是美国的民主、地方自治和私营企业遭到摧毁。据我所知，戈德华特在其关于外交政策的重要声明中从未表达过这种担忧。对自己一直到 1951 年所持的观点，塔夫脱在他的 *Foreign Policy for*

Americans (New York, 1952) 一书中有所陈述；但要了解他的立场变化，可以参见 Vernon Van Dyke 和 Edward Lane Davis 撰写的一篇出色的事实调查：“Senator Taft and American Security”, *Journal of Politics*, XIV (May 1952), pp.177–202。

尽管塔夫脱对战争非常真实的恐惧，连同他对战争会对自由企业造成怎样威胁的理解，都已经在大多数右翼思想中不见踪影，但也有一个重要的延续之处：在那些将有关我国外交政策的辩论从围绕政治判断发生的争论变成围绕“叛国”展开争论的共和党人里面，塔夫脱也是其中一员。见 Richard Rovere: “What's Happened to Taft?” *Harper's Magazine*, April 1952, pp.38–44。

25 *Why Not Victory?*, p.118.

26 戈德华特对于在我们这个时代无法取得全面胜利的观点所表达的反对，见 *Why Not Victory?*, pp.106–109。

27 同上，p.82。

28 同上，pp.83–84。

29 “The Illusion of American Omnipotence”, *Harper's Magazine*, December 1952, pp.21–28.

30 参阅 John A. Stormer：“大约 6 亿中国人被放弃……而这都是一小撮美国叛徒和他们的自由派傀儡所为。”见 *None Dare Call It Treason* (Florissant, Mo., 1964), p.31。

31 在杰克逊领导下，美军在新奥尔良取得的重大胜利是在和平条款签署后才取得的，而在这些条款中，我们的要求无一得到满足。然而，新奥尔良的胜利与和平的消息差不多同时在全国流传，这对美国人的想象是件幸事。

32 戈德华特据说对亚利桑那州的历史和古物有很深的研究，但对世界历史并不了解，他对这段历史有不同的表述：“正是这种独立——坚强、阳刚、无畏——使我们向更强大的西班牙发起挑战，追究其对我们西半球的邻国实施暴政的责任。”*Why Not Victory?*, p.54. 这是任何一个美国历史学家都不认同的谬见。同时代有见识的美国人也不会认同。见下文《古巴，菲律宾和天命论》，特别是 164—165 页。

33 “This Age of Reinterpretation”, *American Historical Review*, XLVI (October 1960), 2–8.

34 *Why Not Victory?*, pp.23–24.

35 见本书 71 页。

36 *The New York Times*, December 18, 1964；参看 Robert D. Novak 对选举前的民意调查和提名之争各阶段的初选的报道：*The Agony of the G.O.P. 1964* (New York, 1965), pp.263, 325, 326, 332, 375, 379, 380, 389, 396。然而，Louis H. Bean 和 Roscoe Drummond 估计，戈德华特的选票中只有 250 万到 300 万是由戈德华特真正的支持者投出的，其余的只是投给共和党的选票。得出这一估计的部分原因是，他们将民意调查中对戈德华特表达好感的受访者的比例与公开表态支持共和党的选民总人数进行比较，将其与戈德华特在民意调查中实际获得的支持率作对照，再参照过去更典型的共和党候选人的情况。见 "How Many Votes Does Goldwater Own?" *Look*, March, 23, 1965, pp.75–76。

第二部 现代美国问题

古巴，菲律宾和天命论

1 Julius W. Pratt: *America's Colonial Experiment* (New York, 1950), pp.4–13.

2 Albert K. Weinberg: *Manifest Destiny* (Baltimore, 1935), p.252. 1868 年至 1878 年古巴叛乱的情况，与 1890 年代的情况有相似之处，令人深思。比起 1895 年至 1898 年的敌对行动，1868 年至 1878 年的敌对行动甚至更激烈，造成的消耗更大；其后期阶段也赶上了美国的严重萧条；维吉尼乌斯号（Virginius）事件提供了几乎与缅因号一样充分的战争借口。公众和新闻界一片哗然，但还达不到足够大的声量，不构成要求开战的压倒性力量。1890 年代有几样东西是 1870 年代所缺少的：催生扩张主义情绪的精神危机；黄色新闻的报道手法；一支足够强大的海军，这是考虑与西班牙开战的基础。参阅 Samuel Flagg Bemis: *A Diplomatic History of the United States* (New York, 1936), pp.433–435。1870 年代，给美国造成巨大消耗的内战也才结束没多久。

3 Samuel Flagg Bemis: *A Diplomatic History of the United States* (New York, 1936), p.432.

4 Walter La Feber: *The New Empire* (Ithaca, 1963), p.250.

5 在我国早期历史中，最值得注意的案例是 William Henry Seward 于 1861 年国内危机期间提出的建议：林肯应当引发一场对外战争，以此实现南北统一。1802 年，联邦党人被杰斐逊党人击溃后，Fisher Ames 对这种治国理念做出过经典表述。他写信给 Rufus King：“和所有国家一样，我们需要有一个强大邻国，其存在任何时候都能激起人民对其政府的强烈恐惧，比蛊惑人心的政客的作用大得多。” Henry Jones Ford: *The Rise and Growth of American Politics* (New York, 1914), p.69。1870 年代和 1890 年代的一个明显区别是，当时尚有可资利用的国内敌人。“我们的强项是，” Rutherford B. Hayes 于 1876 年写道，“人民恐惧坚牢不可破的南方、叛乱等等，这种恐惧让人们远离‘艰难时势’，而‘艰难时势’才是我们最致命的敌人。” J. F. Rhodes: *History of the United States* (New York, 1906), VII, 220.

6 Donald M. Dozer: “Benjamin Harrison and the Presidential Campaign of 1892”, *American Historical Review*, LIV (October 1948), p.52; A. T. Volwiler: “Harrion , Blaine, and American Foreign Policy, 1889–1893”, *American Philosophical Society Proceedings*, Vol. LXXIX (1938)，文章可信地证明，哈里森执政期间出现了帝国主义情绪。

7 Earl W. Fornell: “Historical Antecedents of the Chilean-American Crisis of 1891–92”, unpublished M.A. thesis, Columbia University (1950), p.138；有关哈里森利用战争危机和公众激烈反应的内容，特别见第 11、12 章。

8 Alfred Vagts: *Deutschland und die Vereinigten Staaten in der Weltpolitik* (New York, 1935), I, 511；有关克利夫兰政府制定政策所考虑的国内因素，参见 Nelson M. Blake: “Background of Cleveland's Venezuela Policy”, *American Historical Review*, XLVII (January 1942), pp.259–277。针对此问题的不同意见，见 Walter La Feber: *The New Empire* (Ithaca, 1963), pp.279–283。Walter La Feber 认为国内压力影响不大，他认为克利夫兰和奥尔尼看到了美国在委内瑞拉有着重要的长期利益。

9 Alfred Vagts: *Deutschland und die Vereinigten Staaten in der Weltpolitik* (New York, 1935), II, 1266 n. 参见 Ernest R. May: *Imperial Democracy* (New York, 1961), pp.75–76。

10 H. Wayne Morgan: *William McKinley and His America* (Syracuse, 1963), p.370.

11 同上，pp.369–370。

12 Alfred Vagts: *Deutschland und die Vereinigten Staaten in der Weltpolitik* (New York, 1935), II, 1308 n; Samuel Flagg Bemis: *The Latin American Policy of the United States* (New York, 1943), p.407; Thomas A Bailey: *A Diplomatic History of the American People* (New York, 1944), pp.506–508; C. S. Olcott: *The Life of William McKinley* (Boston, 1916), II, 28.

13 Walter Millis: *The Martial Spirit* (New York, 1931), p.124.

14 H. Wayne Morgan: *William McKinley and His America* (Syracuse, 1963), p.368.

15 Ernest R. May: *Imperial Democracy* (New York, 1961), p.146.

16 Mark Sullivan: *Our Times* (New York, 1926), p.137.

17 William Allen White: *Autobiography* (New York, 1946), p.195.

18 关于新闻界的作用，见 J. E. Wisan: *The Cuban Crisis as Reflected in the New York Press* (New York, 1934); M. M. Wilkerson: *Public Opinion and the Spanish-American War* (Baton Rouge, 1932)。关于"人情味新闻故事"的发展，见 Helen M. Hughes: *News and the Human Interest Story* (Chicago, 1940) 以及同一作者的 "Human Interest Stories in Democracy", *Public Opinion Quarterly*, I (April 1937), pp.73–83。

19 J. E. Wisan (*The Cuban Crisis as Reflected in the New York Press*, p.445) 指出："在国会中干预政策的主要支持者里面，大多数代表的是平民主义和自由白银运动最强盛的南部和西部各州，这并非只是偶然。"参阅 125–126、283、301 页。1897 年 5 月 20 日，参议院以 41 票比 14 票通过了一项赞成承认古巴人交战权的决议，有 33 名参议员没有投票。赞成的有 19 名民主党人、2 名平民党人、3 名独立行动的共和党人和 17 名普通共和党人。反对的有 12 名共和党人和 2 名民主党人。17 名投赞成票的共和党人的情况如下：密西西比州以西 10 人，南部 2 人，中西部 3 人，新英格兰 2 人。1897 年 12 月《纽约日报》对众议院关于承认古巴交战地位问题的民意调查显示：表示支持的有 40 名共和党人、117 名民主党人、27 名平民党人，共 184 人；反对的有 165 名共和党人、5 名民主党人、2 名平民党人，共 172 人（J. E. Wisan: *The Cuban Crisis as Reflected in the New York Press*, p.359）；参见 Julius W. Pratt: *Expansionists of 1898* (Baltimore, 1936), pp.224, 234–236, 242–243。值得注意的是，劳工运动中的主流情绪很早就赞成承认古巴的交战地位，克利夫兰的保守政策被认为是对弱者"冷漠"的另一个例子，而这种冷漠被认为是其劳工政策的特点。参见 John C. Appel: "The Relationship of American Labor to United States Imperialism, 1895–1905", unpublished Ph.D thesis, University of Wisconsin (1950), 第 2 章。参考 Ernest R. May: *Imperial Democracy* (New York, 1961), pp.81–82。

20 J. E. Wisan: *The Cuban Crisis as Reflected in the New York Press*, p.394.

21 Margaret Leech: *In the Days of McKiney* (New York, 1959), p.179.

22 H. F. Pringle: *Theodore Roosevelt* (New York, 1931), p.179.

23 这样说并不是说战争"起源"于南部和西部农民,在这一点上我被误解了。[参阅 Ernest R. May: *Imperial Democracy* (New York, 1961), 75、145 页。] 干预和战争的呼声显然是全国性的, 既包括城市也包括农村。我的主张是, 对经济状况感到不满的群体的呼声要比富人强烈得多。农民尤其不满, 正好说明了这个观点的一方面 ; 同样, 那些不太情愿的大企业也代表了另一方面。

24 Ralph Barton Perry: *The Thought and Character of William James* (Boston, 1935), II, 307; William James: *Letters* (Boston, 1935), II, 73-4; H. Wayne Morgan: *William McKinley and His America* (Syracuse, 1963), p.369.

25 H. C. Lodge (ed.): *Selections from the Correspondence of Theodore Roosevelt and Henry Cabot Lodge* (New York, 1925), I, 243; H. Wayne Morgan: William McKinley and His America (Syracuse, 1963), p.369.

26 Pratt: *Expansionists of 1898*, 第 7 章中对商界态度的论述非常经典。

27 对这一小群帝国主义精英的最好描述见 Matthew Josephson: *The President Makers* (New York, 1940), 第 1-3 章 ; 另见 Pratt: *Expansionists of 1898*, and Alfred Vagts: *Deutschland und die Vereinigten Staaten in der Weltpolitik* (New York, 1935), 第 2 卷及之后内容。

28 Pratt: *Expansionists of 1898*, 22 页 ; 对共和党扩张主义者观念的简要陈述, 见 Henry Cabot Lodge: "Our Blundering Foreign Policy", *The Forum*, XIX (March 1895), 8-17 页 ; 关于马汉的立场, 见 A. T. Mahan: *The Interest of America in Sea Power* (New York, 1898)。

29 见 Rossevelt: *Works* (New York, 1925), XIV, 182–199 页 ; H.F. Pringle: *Theodore Roosevelt* (New York, 1931), 第 13 章。

30 Tyler Dennett: *Americans in Eastern Asia* (New York, 1922), p.631.

31 W. Stull Holt: *Treaties Defeated by the Senate* (Baltimore, 1933), pp.170–171. Holt 得出的结论是 : 在菲律宾发生的战斗对辩论没有重要影响 ; 不同意见参见 José S. Reyes: *Legislative History of America's Economic Policy toward the Philippines* (New York, 1923), pp.33–34; 参考 H. C. Lodge (ed.):

Selections from the Correspondence of Theodore Roosevelt and Henry Cabot Lodge (New York, 1925), p.391 ; H. Wayne Morgan: *William McKinley and His America* (Syracuse, 1963), pp.421–422。

32 *Speeches and Addresses of William McKinley from March 1, 1897, to May 30, 1900* (New York, 1900), p.174.

33 Pratt: *Expansionists of 1898*, pp.233, 261–278.

34 H. Wayne Morgan: *William McKinley and His America* (Syracuse, 1963), p.403.

35 Jacob Gould Schurman: *Philippine Affairs* (New York, 1902), pp.1–2.

36 A. A. Greenberg: "Public Opinion and the Acquisition of the Philippine Islands", unpublished M.A. thesis, Yale Univeristy (1937), pp.2, 18. 战争爆发前，公众并没有有意识地表示支持帝国主义方案，这一点给人留下非常深刻的印象。西奥多·罗斯福谈到吞并夏威夷的建议遭到反对一事，在 1898 年 1 月 13 日写道，他"对我国人民表现出的缺乏帝国主义本能的奇怪现象感到非常沮丧"。W. A. Russ, Jr.: *The Hawaiian Republic* (Selinsgrove, Pa., 1961), p.219.

37 关于新闻舆论的变化，见下列刊物引用的调查 *Literary Digest*, XVII (July 1898), 32 页及之后内容；(September 10, 1898), 307–308 页；*Public Opinion*, XXV (August 4, 1898), 132–135 页；(December 29, 1898), 810 页。

38 A. A. Greenberg: "Public Opinion and the Acquisition of the Philippine Islands", unpublished M.A. thesis, Yale University (1937), pp.84–86. 内政部长 Cornelius Bliss 说："自他从西部回来后，我们没有人能说动他。" H. Wayne Morgan: *William McKinley and His America* (Syracuse, 1963), p.408.

39 关于参议院的辩论，见 *Congressional Record*, 55th Cong., 3rd sess., passim ; José S. Reyes: *Legislative History of America's Economic Policy toward the Philippines* (New York, 1923), 第 2 章；W. Stull Holt: *Treaties Defeated by the Senate* (Baltimore, 1933), 第 8 章；Marion Mills Miller: *Great Debates in American History* (New York, 1913), III, pp.245–324 ; Pratt: *Expansionists of 1898*, pp.345–360。

40 关于这一点令人印象深刻的证据，见 A. A. Greenberg: "Public Opinion and the Acquisition of the Philippine Islands", unpublished M.A. thesis, Yale Univeristy (1937), pp.35, 42–43, 46–47, 49–50, 60, 67–69, 71, 86。

41 关 于 反 帝 国 主 义 运 动，见 Fred. H. Harrington: "The Anti-

Imperialist Movement in the United States, 1898–1900", *Mississippi Valley Historical Review*, XXII (September 1935), pp.211–230. 关于知识阶层和反帝国主义，见同一作者的 "Literary Aspects of American Anti-Imperialism, 1898–1902", *New England Quarterly*, X (December 1937), 650–667. William Gibson: "Mark Twain and Howells: Anti-Imperialists", *New England Quarterly*, XX (December 1947), 435–70. Christopher Lasch 指出，无论是在北方还是在南方，反帝国主义的论点几乎都是在种族主义的前提上提出的。"The Anti-Imperialists, The Philippines, and the Inequality of Man", *Journal of Southern History*, XXIV (August 1958), pp.319–331.

42 Fred. H. Harrington 指出，反帝国主义联盟的知名共和党成员的平均年龄为 71.1 岁；联盟的 41 位副主席的平均年龄为 58.3 岁。相比之下，1898 年主张扩张政策的 14 位领导人的平均年龄为 51.2 岁。美国驻伦敦领事 William M. Osborne 给麦金利写信说：“如果我听到和读到的不虚，眼下国内有个主张领土扩张的政治势力正不断发展壮大，其中特别以更年轻、更活跃者人数最多。”引自 A. A. Greenberg: "Public Opinion and the Acquisition of the Philippine Islands", unpublished M.A. thesis, Yale University (1937), pp.46–47。

43 布莱恩认为，和约应该被批准，因为“如果人民真的赞成殖民政策，那么反对和约所取得的胜利将只能是暂时的”，而且，如果和约的反对者获胜，他们将被迫为战争状况的持续承担责任，另外，与敌对国家谈判总是存在风险，他们也要被迫为此负责。他认为，少数派不可能永久地阻挠吞并。他采取的政策是在 1900 年选举中向选民发出呼吁，但不可能让总统选举成为一场针对外交政策并且能产生明确结果的公投。布莱恩 1900 年在竞选中发现，反帝国主义并非一个能够吸引很多人关注的论题。参阅 Bryan: *The Second Battle* (Chicago, 1900), pp.126–128; *Bryan On Imperialism* (Chicago, 1900), p.16。有关 1900 年选举，见 Thomas A. Bailey: "Was the Presidential Election of 1900 a Mandate on Imperialism?" *Mississippi Valley Historical Review*, XXIV (June 1937), 43 页及之后。

44 参阅 Sigmund Freud: *Civilization and Its Discontents* (London, 1930), pp.110–111。

45 Louis A. Coolidge: *An Old-Fashioned Senator: Orville H. Platt* (New York, 1910), p.302.

46 引自 Pratt: *Expansionists of 1898*, pp.289–290, 294, 305。

47 Claude G. Bowers: *Beveridge and the Progressive Era* (New York, 1932), p.121.

48 Weinberg: *Manifest Destiny*, p.254. 正如 Weinberg 所指出的（279 页），美国政府最终让菲律宾获得独立时，人们没有将其称作"天命"，而是我们行使"自由意志"采取的行动。

49 Weinberg: *Manifest Destiny*, p.89.

50 Charles Denby: "Shall We Keep the Philippines?" *Forum*, XXVI (October 1898), 279–280; "Why the Treaty Should Be Ratified", *Forum*, XXVI (February 1899), 644, 647.

51 引自 Grayson L. Kirk: *Philippine Independence* (New York, 1936), p.25。

52 *Literary Digest*, XVII (July 2, 1898), p.214.

53 Walter Hines Page: "The War with Spain, and After", *Atlantic Monthly*, LXXXI (June, 1898), 721–727 页 , 特别是 725–727 页。

54 Frank Luther Mott: *American Journalism* (New York, 1947), pp.537–538.

55 Pratt: *America's Colonial Experiment*, pp.243–244, 291–310.

56 Pringle: *Theodore Roosevelt*, pp.408–409.

反垄断运动发生了什么？

1 关于 1940 年之前的诉讼，见 Walton Hamilton 和 Irene Till: *Antitrust in Action*, T.N.E.C. Monograph No. 16 (Washington, 1940)，特别见 135–143 页；另见众议院小企业垄断情况小组委员会的一份评核报告 *United States versus Economic Concentration and Monopoly* (Washington, 1940), pp.276–289。

2 关于欧洲反垄断法的发展，见美国参议院司法委员会反垄断和垄断小组委员会的报告 *Antitrust Developments in the European Common Market*, (U.S. Senate, 88th Cong., 2nd sess. Washington, 1964); *Comparative Aspects of Anti-Trust Law in the United States, the United Kingdom, and the European Economic Community, International and Comparative Law Quarterly* (London, 1963) 补充出版物第 6 号。对美国、加拿大和英国的反托拉斯立法的简要和综述性比较，见 W. Friedmann: *Law in A Changing Society* (London, 1959)，第 8 章。

3 G. W. Stocking and M. W. Watkins: *Monopoly and Free Enterprise* (New York, 1951), p.257.

4 *Congressional Record*, 51st Cong., 1st sess. (March 21, 1890), p.2460. "虽然国会总是很保守,"谢尔曼满怀希望地说,"但是,不管怎么评价它,它不仅一直会维护广义上的民众权利,而且会在企业的财富和权力面前维护个人的权利。"

5 Hans B. Thorelli: *The Federal Antitrust Policy* (Baltimore, 1955), p.198. Arthur P. Dudden 未发表的博士论文就美国传统中有关反垄断方面的思想与实践撰写了大量内容:*Antimonopolism, 1865-1890*, University of Michigan (1950)。当代论者对此提出的观点,也见 Stanford D. Gordon: "Attitudes towards Trusts prior to the Sherman Act", *Southern Economic Journal*, XXX (October 1963), pp.156-167。

6 *Congressional Record*, 51st Cong., 1st sess. (April 8, 1890), p.3146.

7 Hans B. Thorelli 在仔细研究了国会关于《谢尔曼法》的辩论后,得出结论(见 *The Federal Antitrust Policy*, p.227),《谢尔曼法》不能完全被看作是一项经济政策,在保障普通人的商业权利方面,它"所体现的是一个非常引人注目的'社会性'目的"。Thorelli 认为,谢尔曼和他同时代的许多国会成员将该立法"视为一项避免腐败、保持政治生活中独立思考自由的重要手段"。

8 Hans B. Thorelli: *The Federal Antitrust Policy* (Baltimore, 1955), pp.112 n, 316.

9 同上,314-315 页。

10 William Letwin: *Law and Economic Policy in America*: *The Evolution of the Sharman Antitrust Act* (New York, 1965), p.85;关于国会立法意图的总体论述,可参见第三章相关内容。

11 *Congressional Record*, 51st Cong., 1st sess. (March 21, 1890), p.2460. 谢尔曼在此承认,在法律上界定合法和非法联合的确切区别是困难的,他倾向于让法院在具体案件中做出决定。

12 关于伍德罗·威尔逊对垄断的立场,见他的 *The New Freedom* (New York, 1913),163-222 页。William Diamond 在其著作 *The Economic Thought of Woodrow Wilson* (Baltimore, 1943) 中明确指出,威尔逊早年一直对企业规模持一种进化论者的接受态度,但随着他进入公众视野,另外他接受了布兰代斯的建议,他变得更倾向于支持竞争原则。到了 1913 年,他似乎已经认定,肢解大企业是一种必要的策略。他私下写道:"肢解托拉斯是唯一可以令我们满意的做法。"他表示这么做是"为了实现国家良知之要求"所必需的计划之部分。*The New Freedom* (New York, 1913)，p.112.

13 C.W. Eliot:"The Working of the American Democracy", *American Contributions to Civilization* (New York, 1907), pp.85-86. 75 年之后，临时国家经济委员会发现，作为经济组织，全国只有 10 个州的资产超过两个最大的公司，一半以上州的经济规模远不及私营企业。*Final Report and Recommendations of the Temporary National Economic Committee* (Washington, 1941), pp.676-677; David Lynch: *The Concentration of Economic Power* (New York, 1946), pp.112-113.

14 Hans B. Thorelli: *The Federal Antitrust Policy* (Baltimore, 1955) , p.336.

15 Kirk H. Porter 和 Donald B. Johnson: *National Party Platforms* (Urbana, Ill.,1956)，114 页。

16 Woodrow Wilson: *The New Freedom* (New York, 1913), pp.14, 62.

17 同上，57-58 页。

18 Woodrow Wilson: *The New Freedom* (New York, 1913), pp.118, 207, 286. 关于这一观点的后期表述，可参见道格拉斯大法官在美国诉哥伦比亚钢铁公司案中的异议意见，334 U.S. 495 (1948)。

19 William Graham Sumner: *What Social Classes Owe to Each Other* (New Haven, 1925), p.21.

20 Woodrow Wilson: *The New Freedom* (New York, 1913), pp.18-19.

21 引自 John H. Bunzel: *The American Small Businessman* (New York, 1962) p.84。

22 Rudolph L. Weissman: *Small Business and Venture Capital* (New York, 1945), p.164.

23 Burton R. Fisher 和 Stephen B. Withey: *Big Business as the People See It* (Ann Arbor, 1951), 书中各处。

24 Elmo Roper: "The Public Looks at Business", *Harvard Business Review*, XXVII (March 1949), pp.165-174.

25 William H. Whyte, Jr. 在 *Is Anybody Listening?* (New York, 1952) 一书中详细描述了这样一场宣传活动遭遇的失败。

26 M. A. Adelman: "The Measurement of Industrial Concentration", *Review of Economics and Statistics*, XXXIII (November 1951), pp.269-296. 另见 Adelman 等人的讨论 : *Review of Economics and Statistics*, XXXIV

(May 1952)，156 页及之后；G. Warren Nutter : *The Extent of Enterprise Monopoly in the United States, 1899-1939* (Chicago, 1951); George J. Stigler: *Five Lectures on Economic Problems* (London, 1949), pp.46-65。然而，有关那些规模最大的公司的形象以及公司在获得领导地位上的流动性，见 Norman R. Collins 和 Lee E. Preston: "The Size Structure of the Largest Industrial Firms", *American Economic Review*, LI (December 1961), pp.986-1003。Fritz Machlup: *The Political Economy of Monopoly* (Baltimore, 1952)，469-528 页，为该主题的难点提供了指导意见。另见 Edward S. Mason: *Economic Concentration and the Monopoly Problem* (New York: Atheneum ed., 1964), pp.16-43。

27 Woodrow Wilson: *The New Freedom* (New York, 1913), pp.265-266, 270.

28 John Kenneth Galbraith: *American Capitalism* (Boston, 1952), p.96；参见 Joseph A. Schumpeter: *Capitalism, Socialism, and Democracy* (New York, 1947), pp.81-82。

29 对相关结论值得参考的评论，见 Seymour M. Lipset 和 Reinhard Bendix: *Social Mobility in Industrial Society* (Berkeley and Los Angeles, 1960)，第 3 章。

30 关于大公司的政治和社会影响，一份敏锐、有别于正统的陈述，见 M. A. Adelman: "Some Aspects of Corporate Enterprise"，收入 Ralph Freeman 编辑 : *Postwar Economic Trends in the United States* (New York, 1960)，pp.289-308。

31 Seymour M. Lipset and Reinhard Bendix: *Social Mobility in Industrial Society* (Berkeley and Los Angeles, 1960), pp.102-103.

32 Theodore O. Yntema 为 A. D. H. Kaplan: *Small Business: Its Place and Problems* (New York, 1948) 写的前言，vii 页。

33 关于这种对竞争的不理解的有趣说明，见在临时国家经济委员会所作的证词，引自 David Lynch: *The Concentration of Economic Power* (New York, 1946) ，155-156 页。

34 当然，小企业主群体中仍然有少数自由派，有关小企业政治见 John H. Bunzel: *The American Small Businessman* (New York, 1962)，第 5 章。

35 Pearce C. Kelly, Kenneth Lawyer: *How to Organize and Operate a Small Business* (Englewood Cliffs. N. J., 1949), p.11.

36 Merle Fainsod, Lincold Gordon, Joseph C. Palamountain, Jr.: *Government and the American Economy* (New York, 1959), p.549.

37 "The class of '49", *Fortune* (June 1949), pp.84–87.

38 William H. Whyte, Jr.: *The Organization Man* (New York, 1957), p. 70 n.

39 David Riseman: "The Found Generation", in *Abundance for What?* (New York, 1964), pp.309–323.

40 Carl Kaysen: "Big Business and the Liberals, Then and Now", *The New Republic* (November 22, 1954), pp.118–119.

41 David E. Lilienthal: *Big Business: A New Era* (New York, 1953), pp.5, 7, 27, 33, 36, 47, 190，以及书中各处。

42 评论见 Lee Loevinger: "Antitrust and the New Economics", *Minnesota Law Review*, XXXVII (June 1953), pp.505–568；以 及 Edward S. Mason: *Economic Concentration and the Monopoly Problem* (Cambridge, Mass., 1957), pp.371–381。

43 A. A. Berle, Jr.: *Power Without Property* (New York, 1959), pp.11–16.

44 当代的激进分子也不例外。C. Wright Mills 的 The Power Elite 是我们的时代对大企业中占据支配地位的一群人提出的最全面控诉，书中完全没有讨论到市场力量的问题。《谢尔曼法》和《克莱顿法》没有列入该书索引。

45 Gardiner C. Means: *Industrial Prices and Their Relative Inflexibility*, Senate Document No. 13, 74th Cong., 1st sess. 这份文件的部分内容以及后来关于同一主题的论文收入 Gardiner C. Means 的 *The Corporate Revolution in America* (New York, 1962) 一书中。人们之后对该理论产生兴趣，对此现象的批评和一些思考，见 Richard Ruggles: "The Nature of Price Flexibility and the Determinants of Relative Price Changes in the Economy", in *Business Concentration and Price Policy* (Princeton, 1955)，特别是 443–464 页；另外，经济学家在"基福弗委员会" (Kefauver Committee) 表达了相左的观点：*Administered Prices, Hearings before the Subcommitteeon Antitrust and Monopoly of the Committee on the Judiciary, United States Senate* (Washington, 1957)。

46 在 *Final Report and Recommendations of the Temporary National Economic Committee* (Washington, 1941) 开篇（4 页），委员会承认其成员"没有轻率到认为他们可以制定一个方案来解决困扰世界的重大问题，但他们相信，如果本委员会收集的信息最终得到适当的分析和传播，美国人民届时会知道，如要维护人类自由，必须采取哪些行动"。简而言之，委员会不知道该如何准确理解自己收集的数据，但希望公众在未来的某个时间能够知道。见两位委员会成员 Isador Lubin 和 Leon Henderson 撰写的尖锐批评：*Final Report and Recommendations of the Temporary National Economic Committee* (Washington, 1941)，51–52 页。

47 见 Corwin D. Edwards: "Thurman Arnold and the Antitrust Laws"，*Political Science Quarterly*, LVII (September 1943)，338–355 页。

48 见 *Report of the Attorney General's National Committee to Study the Antitrust Laws* (Washington, 1955)。相关评论文章见 Edward S. Mason: *Economic Concentration and the Monopoly Problem* (Cambridge, Mass., 1957)，389–401 页。

49 见 Edward S. Mason 为 Carl Kaysen 和 Donald B. Turner 合著的 *Antitrust Policy* (Cambridge, Mass., 1960) 所写的序言，xx 页；同前，5 页；J. B. Dirlam 和 A. E. Kahn: *Fair Competition* (Ithaca, 1954)，2 页；A. D. Neale: *The Antitrust Laws of the U.S.A* (Cambridge, Eng., 1962)，487 页；John Kenneth Galbraith: *American Capitalism* (Boston, 1952)，27 页。

50 例如，见收入 Dexter M. Keezer 编辑的 "The Effectiveness of the Federal Antitrust Laws" 的专题讨论, *American Economic Review*, XXXIX (June 1949)，689–724 页。

51 参见 Simon N. Whitney: *Antitrust Policies: American Experiences in Twenty Industries*, 2 vols. (New York 1958) 中对每个行业所做的调查 。

"自由银币" 和 "硬币" 哈维的思想

1 Raymond Moley: *After Seven Years* (New York, 1939), pp.159–160; John M. Blum: *From the Morgenthau Diaries* (Boston, 1959), p.186.

2 James A. Barnes: *John G. Carlisle, Financial Statesman* (New York, 1931), pp.449, 452, 438.

3 William Jennings Bryan: *The First Battle* (Chicago, 1896), pp.153–154, 292; *The Forum*, XIX (July 1895), 573 n; Frank L. Mott: *Golden Multitudes: The Story of Best Sellers in the United States* (New York, 1947), pp.170–171. 在 *Coin's Financial School Up to Date* (Chicago, 1895) 中第 i 页，哈维提到每日销售 5000 册。

4 只要花一小时查阅当时的姓名地址录，就能找出《硬币小子的金融学校》中提到的大多数人。然而，并没有叫 "young Medill"（99 页）的人，其他几个名字也可能是错误的。

5 Willard Fisher 就其中的主要文献写了一篇很有见地的评论文章，见 "'Coin' and His Critics", *Quarterly Journal of Economics*, X (January 1896)，187–208 页。哈维针对《硬币小子的金融学校》的批评者写了一篇文章，他说他们是"金钱的奴隶，受命攻击作者"。他说，基督在犹地亚的货币兑换商指使下被杀，而现在他，哈维，正被同样"未被战胜的、无情的"金钱力量迫害。"'Coin's Financial School' and Its Censors", *North American Review*, CLXI (July 1895), pp.72, 74–75.

6 除另有说明外，有关哈维的传记资料均取自 Jeannette P. Nichols 优秀的概述文章："Bryan's Benefactor: Coin Harvey and His World", *Ohio Historical Quarterly*, LXVII (October 1958), pp.299–325.

7 由于俄亥俄州在 1870 年代是绿背纸币运动的中心，哈维很有可能在这些年里首次对货币问题产生了兴趣。

8 关于通货紧缩和恢复硬币支付，见 James K. Kindahl: "Economic Factors in Specie Resumption in the United States, 1865–1870", *Journal of Economic History*, LXIX (February 1961)，30–48 页。关于绿背纸币运动，见 Irwin Unger 的综合性研究:*The Greenback Era* (Princeton, 1964)。关于货币供应量，见两篇论文，分别为 J. G. Gurley 和 E. S. Shaw: "The Growth of Debt and Money in the United States, 1800–1950: A Suggested Interpretation", *Review of Economics and Statistics*, XLI (August 1959)，250–62 页，特别是 258 页，以及 Seymour Harris (ed.): *American Economic History* (New York, 1961) 第 4 章，特别见 111–114 页。关于整个主题的主要作品是 Milton Friedman 和 Anna J. Schwartz 合著的 *A Monetary History of United States, 1867-1960* (Princeton, 1963)。

9 或者说，至少可敬的经济理论是这样告诉我们的。不幸的是，人们在市场上的实际行为并不总是与理论上的预期完全一致。在美国的经验中，相反的事实是，在黄金估值过高的情况下，大量的白银被用于铸币，甚至在白银估值过高的情况下，大量的黄金被用于铸币。见 H. Gordon Hayes 的告诫提醒，"Bimetallism Before and After 1834", *American Economic Review*, XXIII (December 1933)，677–679 页以及 Neil Carothers 在 *Fractional Money* (New York, 1930) 第 7 章中的谨慎描述。虽然有关铸币的事实没有很好地适应经济理论的要求，但实际流通中的货币特征却很好地适应了经济理论。

10 J. Laurence Laughlin: *The History of Bimetallism in the United States* (New York, 1895)，78–79 页；关于 1834 年法的背景也见 52–74 页。我所找

到的有关货币历史信息最丰富、最透彻的著作是 Neil Carothers 的 *Fractional Money*（《辅币》），该书涵盖的内容必然超越了其标题的限制。

11 虽然银币是如此，但银制辅币却不是如此。1853 年，美国国会发现，如果将银质辅币中的白银含量降低到略低于面值的程度，那么就可以保持银质辅币的流通，从而解决长期以来辅币严重短缺的问题。

12 1876 年，绿背党在其第一个全国性纲领中提到了白银，但那只是为了抗议用银币取代纸制辅币的做法，因为这种政策"虽然旨在增加银矿所有者的财富……仍然会在征税方面进一步压迫已经不堪重负的人民"。到了 1880 年，其纲领要求"无限制地铸造银币和金币"。1884 年，其纲领吹嘘道："在我们施压下，银元重新成为法定货币。"这大概是指《布兰德－艾利森法》。K. H. Porter 和 D. B. Johnson: *National Party Platform* (Urbana, Illl, 1956), 52、57、68 页。

13 Jeanette P. Nichols: "John Sherman and the Silver Drive of 1877-78: The Origins of the Gigantic Subsidy", *Ohio Archaeological and Historical Quarterly*, XLVI (April 1937), 164 页；这篇文章提供了关于这一妥协最详细的说明。

14 尽管他们中的大多数都承认，恐慌已经失控。"白银迪克"布兰德这样说："现在恐慌来了，那些密谋造成恐慌的人实现的比他们预料的要严重得多。" William V. Byars: *An American Commoner* (Columbia, Mo., 1900), 330 页；参照来自科罗拉多州的参议员泰勒的观点，见 Elmer Ellis: *Henry Moore Teller* (Caldwell, Idaho, 1941), 222-223 页。

15 Senator William V. Allen: *Congressional Record*, 53rd Cong., 1st sess. (August 24, 1893), pp.788-789.

16 James A. Barnes: *John G. Carlisle, Financial Statesman* (New York, 1931), p.367.

17 有关围绕废除《谢尔曼白银采购法》所发生的斗争，见 Allan Nevins: *Grover Cleveland* (New York, 1932), 第 29 章，另外还有 Jeannette P. Nichols: "The Politics and Personalities of Silver Repeal in the United States Senates", *American Historical Review*, XLI (October 1935), 26-53 页。

18 哈维的文章，"The Free-Silver Argument", *The Forum*, XIX (June 1895), 401-409 页，重述了他书中的主要论点，并且用法令和统计数据，另外还有 1876 年和 1878 年货币委员会的报告来证明这些论点。

19 正如来自伊利诺伊州的议员 Edward Lane 在众议院关于废除《谢尔曼白银采购法》的辩论中所说："议长先生，我的人民不用去请教米歇尔·谢瓦利埃、约翰·密尔、李嘉图或其他任何一个在金融问题上著书立说的作者，便可以理解自己的处境。个人经验告诉他们，他们生活在这个富饶国家最肥沃的土地上；在过去的十年中，他们的收成很不错，但他们的钱袋子却空空如也。" James A. Barnes: *John G. Carlisle, Financial Statesman* (New York, 1931)，268 页。

20 当时最重要的批评是 J. 劳伦斯·劳克林的 *Facts about Money* (Chicago, 1895) 和 Horace White 的 *Coin's Financial Fool* (New York, 1895)，对哈维的论点逐个提出批评。在前面引用过的 Williard Fisher 的文章 "'Coin' and His Critics" 中，Fisher 在他认为批评者对哈维不公正的几个地方为哈维辩护（"哈维作为一个没有受过训练的思考者，他的能力大大超过平均水平"），但也列出了（190-192 页）哈维书中最明显的以及最不该犯的错误。

21 1792 年的铸币规定了价值 10 美元、5 美元和 2.5 美元的三种金币，规定了 1 元银币、半元银币、25 美分、10 美分和 5 美分银币，以及铜制分币、半分币。

22 有关金本位倡导者做出的反驳，见 Laughlin: *Facts about Money*，57-69 页，以及 *The History of Bimetallism in the United States*，95-102 页；Horace White: *Coin's Financial Fool*，44-54 页；David K. Watson: *History of American Coinage* (New York, 1899)，125-137 页。到目前为止，关于 1873 年《铸币法》起源的最有见识、最敏锐的描述是 Neil Carothers 的 *Fractional Money* 第 16 章，我对当时情况的评估以他书中的内容作为指导。

23 1894 年，流通的银元券有 3.269 亿美元，1890 年的国库票据有 1.346 亿美元，银元有 5250 万美元。见 *Historical Statistics of the United States*，648 页。

24 *Principles and Practices of Money and Banking* (New York, 1954)，206-208 页。关于贸易银元，见 Neil Carothers: *Fractional Money*，233-234、275-280 页。从某种意义上说，1876 年把"白银利益集团"作为一种有组织的力量来谈论几乎可以说不符合当时的情况。对白银的感情正在形成，而占主导地位的通货膨胀论仍是绿背党提出的。

Paul M. O'Leary 重新提出了"1873 年罪行"这个概念，当然也经过了很大程度的修改。他指出，货币监理局副局长 John Jay Knox 的特别助理 Henry R. Linderman，作为起草和重新起草 1873 年《铸币法》的活跃人物，他在 1872 年 11 月，亦即该法通过三个月前，已经意识到，在世界上的各种力量的影响下，白银将会贬值。Linderman 是坚定的金本位制支持者，他没有提请即将对该法案投票的国会议员注意相关事实及其影响，尽管他在给财政部长的报告中提到了这些事实。当时至少有一个人——如果财政部长对这份报告表达的言外之意有充分认识，则也许是两个人——意识到白银价值即将下降，并可能意识到停止铸造旧银元在未来会有怎样的影响。

然而，由于贸易银元被接受，随后在美国的流通，1873 年到 1876 年之间，通货膨胀论者有机会阻止废除贸易银元法定货币地位的决定，但他们没有抓住这个机会；人们只能得出这样的结论：虽然 Paul M. O'Leary 提出的因素确实表明，金本位支持者预谋进行破坏，至少是决策环节中的一个重要角色预谋进行破坏，但至关重要的是，在一个混乱和政策不断变化的时代，廉价货币的利益没有得到非常有力的捍卫。另外，1873 年《铸币法》不可能是因为预计到白银价值会产生变化才制定，该法的最初构想早在 1870 年就有了。见 Paul M. O'Leary: "The Scene of the Crime of 1873 Revisited: A Note", *Journal of Political Economy*, LXVIII (August 1960)，388–392 页。

25 Laughlin: "'Coin' Food for the Gullibe", *The Forum*, XIX (July 1895), 577; Fisher: "'Coin' and His Critics", p.192.

26 本段中提到的页码均为哈佛大学出版社版《硬币小子的金融学校》的页码，下同。

当代保守派普遍将这些提案视为一种疯狂的激进主义，因此有必要指出，这种在经济衰退中过度强调货币因素的做法有着潜在的保守主义成分。哈维及其同道的白银党并不是要对工业资本主义进行根本性的批判，而只是想让它运行下去，而且他们相信，只需一个简单的方法便可以实现这一点。批评他们的保守派没有注意到这一前提，但平民党的左翼注意到了。平民党左翼的发言人反对"自由白银"的理由之一是，美国社会的基本弊病不会因此得到很大程度的纾解。

也许有必要指出，1933 年，美元的含金量被降低到以前平价的 59%，希望能带来相应的价格上涨，但此做法并没有发挥作用。

27 *An Honest Dollar* (Hartford, Conn., 1894), pp.26–27.

28 关于此点，见 D. H. Robertson: *Money* (4th ed., Chicago, 1959), pp.117–119。

29 可以参见前文已经引用过的 J. G. Gurley 和 E. S. Shaw: "The Growth of Debt and Money in the United States, 1800–1950: A Suggested Interpretation", *Review of Economics and Statistics*, XLI (August 1959)。关于经济学家对货币因素在 1890 年代大萧条中的作用的看法，Rendigs

Fels 的书中有一段叙述：*American Business Cycles, 1865-1897* (Chapel Hill, N.C., 1959)，第 11 和 12 章。Charles Hoffman 得出的结论是，货币和财政政策所起到的负面作用是次要的："The Depression of the Nineties", *Journal of Economic History*, XVI (June 1956), pp.137-164。Lee Benson 总结了关于运输革命及其对国际社会造成的影响的文献，见 "The Historical Background of Turner's Frontier Essay", *Turner and Beard* (Glencoe, Ill., 1960)，42 页及之后内容；A. E. Musson 也做了同样的总结，见 "The Great Depression in Britain, 1873-1896", *Journal of Economic History*, XIX (June 1959), pp.199-228。J. T. Phinney 撰文说明了金本位制对长期价格下跌影响上的有限："Gold Production and Price Level", *Quarterly Journal of Economics*, XLVII (August 1933), pp.647-679；以及 E. H. Phelps Brown 和 S. A. Ozga: "Economic Growth and the Price Level", *Economic Journal*, LXV (March 1955), pp.1-18。参阅 J. M. Keynes: *Treaties on Money* (London, 1930), II, pp.164-170，以及 W. T. Layton 和 Geoffrey Growther: *An Introduction to the Study of Prices* (London, 1938)，第 8 章。

30 *Facts about Money*, p.233；参考他在 " Coin's Food for the Gullible" 中对"不太幸运的人，不太成功的人，不太聪明的人" 的评论，另外他写道："成功者之所以获得巨大财富乃是由于他们比其他人更勤劳。" *Facts about Money*, pp.574, 576.

31 Allan Nevins: *Grover Cleveland* (New York, 1932), p.594. 货币价值的任何变化都会在社会各阶层之间重新分配收入，而货币价值的变化是政府决策的后果之一——即使只是不采取行动的决策。人们可以很好地理解通货膨胀主义者的愤怒，在实行多年通货紧缩的货币政策之后，他们被告知，他们提出的提高价格的建议缺乏正当理由，是一种不诚实的试图干涉自然进程的做法。金本位制的支持者把话语权拿在手中，如此一来自己怎么都不可能错。

32 Laughlin: *The History of Bimetallism in the United States*, p.70; William Jennings Bryan: *The First Battle* (Chicago, 1896), p.80. D. H. Robertson 在其经典论著 *Money* 第 7 章中，从政策和道德两个方面谨慎地讨论了价格水平问题。也参见凯恩斯做出以下结论所给出的理由："在一个贫困的世界里，引发失业比让食利者失望更糟糕。" *Essays in Persuasion* (London, 1931), p.103.

Milton Friendman 和 Anna J. Schwartz 在 *A Monetary History of the United States, 1867-1960* 中写道，在若干个商业周期中，促进经济增长

的力量在很大程度上与价格的长期趋势无关。他们认为，虽然一般来说，价格的下降或上升对经济增长的速度没有什么影响，"但1890年代初，由于货币在一段时间里不确定性很大，经济增长的长期趋势发生了剧烈的偏离"。他们还提出，"在1890年代普遍低迷的条件下，放弃金本位制会是更好的选择"，但仅仅因为这个选项"当时在政治上不可接受"而没有引发更多讨论。在有关选择金本位所产生的严重通货紧缩的问题上，他们指出："回过头来看似乎是很清楚了，要么在早期阶段接受金本位制，要么更早选择金本位制，都比维持不稳定的妥协要好，因为最终结果不确定，货币也产生巨大波动。"见第3章，特别是93、111、133-134页，在第134页的长脚注中，他们举出理由说明，为什么1897年前选择银本位制可能比金本位更有利。

33 大多数讨论过金银本位之争的历史学家，很大程度上是站在各自意识形态立场来写这段历史。以自由派历史学家处理这个问题的方式看来，他们似乎认为，农民遭受的苦难以及"自由白银"支持者广泛的社会同情心便足以代替合理的补救建议——有点像 Vachel Lindsay 的修辞诗 "Bryan, Bryan, Bryan" 中表达的思想。另一方面，大多数保守派历史学家在详细论述货币论争的价值时，都自动假设劳克林的正统思想依然没有受到任何挑战。他们会让我们不加批判地接受格罗弗·克利夫兰的断言：如果美国不采用金本位制，它"就不能再在一流国家中占有一席之地"。如果美国采用了银本位制，并以此为契机积极努力地与银本位的东方和拉丁美洲开展贸易活动，猜想接下来可能发生什么，会是很有意思的事情。

34 Jeannette P. Nichols 讲述过这些干预，见 "Silver Diplomacy", *Political Science Quarterly*, XLVIII (December 1933), pp.565-588。Henry B. Russell 在其 *International Monetary Conferences* (New York, 1898) 中详细介绍了美国白银政策对国际会议的影响，特别见该书 192-199、260、323-327、369、409-410 页。关于"自由白银"支持者的干预以及他们对金银复本位制的未来的影响，Henry B. Russell 在书中（324-325页）这样写道："没有哪种学说如此需要从其好事的朋友手中解救出来。"

35 人们不禁要问，"硬币"哈维是否知道阿尔弗雷德·罗斯柴尔德在这次会议上的预言，他又会如何看待这些话。"先生们，我不需要提醒你们，世界上的白银存量估计有几亿，如果这次会议在没有达成任何明确结果的情况下便解散，那么白银可能会贬值，此事想想都令人觉得可怕，白银一旦贬值，会引发货币恐慌，其影响会达到什么程度，无人可以预料。"

Henry B. Russell, *International Monetary Conferences* (New York, 1898), p.385.

36 从各方面来看,《双国记》是他的作品中第二受欢迎的。该书定价 50 美分,支持哈维的民众争相购买。我们可能不接受他自己估计的 50 万册发行量,但仅第二版似乎就达到了这个数字的至少五分之一,而且该书还有更多版本。该书的优势在于:它在《硬币小子的金融学校》之后的版本中被宣传为"有史以来最激动人心、最有趣的美国政治小说"。哈维在这些版本中附加了《双国记》的前两章,激发读者对该书的兴趣。

37 像书中的其他政治人物一样,哈维塑造出罗加斯纳可能也在影射一个真实人物。以下是许多"自由白银"的忠实支持者所接受的传说之中的部分内容:一位叫 Ernest Seyd 的伦敦银行家带着 50 万美元来到美国,为了让 1873 年《铸币法》获得通过而贿赂国会议员。"自由白银"支持者甚至声称,一位丹佛商人有一份宣誓书,显示 Ernest Seyd 后来私下承认自己发挥过这样的作用。这个有关"1873 年罪行"如何发生的说法在倡导"自由白银"的小册子中很常见,哈维不会没有读过。[我看到的最充分的说法是 Gordon Clark 的 *Handbook of Money*(1896 年由 Silver Knight Publishing Company 出版,无出版地),189–206 页。]

    Ernest Seyd 实际上是一个伦敦的银行家,出生于德意志,在美国生活了很多年,在旧金山做生意。没有可靠的证据表明他 1872 年在美国,但众议员 Samuel C. Hooper 曾就 1873 年《铸币法》咨询过 Ernest Seyd 的意见,Ernest Seyd 于 1872 年 2 月 17 日就该众议员写了一封主要是专业性内容的长信,建议以他认为的切实可行的重量,重新引入早已不再流通的银元,认为应当坚持实行金银复本位制。见 *Documentary History of the Coinage Act of February 12, 1873* (Washington, U.S. Government Printing Office, n, d. [1894?]), pp.95–106 ;可以参考 Ernest Seyd 的 *Suggestions in Reference to the Metallic Coinage of the United States of America* (London, 1871), 以及他给 1876 年货币委员会的信,Senate Report 703, 44th Cong., 2nd sess. (1876), *Documents Accompanying the Report of the U.S. Monetary Commission*, II, pp.106–135。

    1881 年去世的 Ernest Seyd 是英国皇家统计学会的成员,也是英国比较有名的金银复本位制倡导者之一。大多数讨论这个问题的"自由白银"支持者都知道他一生都在倡导金银复本位制,但在他们看来,这绝不意味着他对英国这个金本位大国的忠诚就不可能强过他的个人信念。如财政部长 John G. Carlisle 这样的从坚定地支持金银复本位制转而捍卫金本位制的人，他们也不是没看到过。就像罗加斯纳一样，Ernest Seyd 也可能知善而为恶。Gordon Clark 这样写 Ernest Seyd："罗斯柴尔德家族的那位能干的熟人——一位有着相同的希伯来血统的绅士——在通常情况下，不会去行贿，同时也是一位真诚的金银复本位制支持者。但他也是'英格兰银行的财务顾问'，当那只巨大的章鱼在美国看到它肥美的猎物时，他只得将自己的理论放到次要位置。"（195-196 页）

Ernest Seyd 的故事在 1890 年和 1893 年成为国会的讨论对象。有关 1893 年 的 讨 论，见 *Congressional Record*, 53rd Cong., 1st sess., pp.474-476, 584-589, 1059。

38 68 页。对于伊格内修斯·唐纳利类似的矛盾心理的分析，见 Martin Ridge: *Ignatius Donnelly* (Chicago, 1962), pp.263-264, 266 n., 305, 321-323, 336-337, 396-396。C. Vann Woodward 指出，1890 年代，反犹主义并非平民党专属，见他的 *The Burden of Southern History* (Baton Rouge, La., 1960)，154-155 页的评论。

39 *Monte Ne. Ark.*, 1920, p.18.

40 有关《申命记》中禁止放贷的历史解释，见 Benjamin F. Nelson: *The Idea of Usury* (Princeton, 1949)。

41 *The Patriots of America* (Chicago, 1895), pp.12, 28, 39-40.

42 Nichols: "Bryan's Benefactor", pp.321-322.

43 William Jennings Bryan: *The First Battle* (Chicago, 1896), p.292.

44 农业部长对此感到非常恼火，他一直认为哈维和他的名著是"巨大的笑话"。D. F. Houston: *Eight Years with Wilson's Cabinet* (New York, 1926), I, p.43.

45 *Coin on Money, Trusts, and Imperialism* (Chicago, 1899), pp.5-6, 9, 31-41, 78, 107, 135, 142-143, 157, 160-161, 171.

46 引用自 1950 年 7 月 1 日当地 *Rogers Daily News* 的纪念刊，其中包括新闻故事、图片和回忆，本文中有关哈维生命最后阶段的资料主要来源于此刊。另外，我也在哈维于 1920 年和 1925 年每隔一段时间出版的期刊 *The Palladium* 以及 Joseph E. Reeve 所著 *Monetary Reform Movements* (Washington, 1943) 中收集了一些资料。

47 引用自 Clara B. Kennan: "The Ozark Trails and Arkansas's Pathfinder, Coin Harvey", *Arkansas Historical Quarterly*, VII (Winter 1948), pp.321-313。

48 殉道的主题以及他对基督的认同，早在前文已经引用过的写于 1895 年的

"'Coin's Financial School' and Its Censors" 中就已经很明显了。